普通高等教育经管类专业"十三五"规划教材

企业财务业务一体化实训教程

(用友U8 V10.1)(微课版)

张莉莉　武刚　编著

清华大学出版社

北　京

内 容 简 介

本书以"强化实践实训、突出技能培养"为目标,以商贸企业购销存和财务等内容的一体化业务活动案例贯穿始终,借助用友ERP-U8 V10.1软件,学习如何使用信息化手段来管理企业的购销存业务及其财务活动,体验企业业务流、资金流和信息流的集成性、一致性和实时性,注重理论知识和实际应用的紧密结合,注重实际操作和实践能力的训练。

本书共分七章:第一章讲解用友ERP-U8 V10.1软件系统的运行环境配置及系统软件运行异常问题处理;第二章讲解使用用友ERP-U8 V10.1软件的系统管理模块对案例企业账套的管理;第三章讲解企业基础档案资料的设置;第四章讲解企业采购管理、销售管理、库存管理、存货核算、固定资产管理、薪资管理、总账管理和会计报表管理各个子系统的参数及核算规则设置;第五章以企业日常业务活动为任务项,讲解用友ERP-U8 V10.1软件系统处理企业各项业务活动的操作方法;第六章讲解企业各个业务模块的期末结账处理;第七章讲解编制企业会计报表的方法。

本书可以用作高等学校会计学、工商管理、信息管理与信息系统等相关专业的企业业务与财务一体化信息管理的实验教学用书,也可用作企业相关工作人员提升业务能力的参考读本。

本书封面贴有清华大学出版社防伪标签,无标签者不得销售。
版权所有,侵权必究。举报: 010-62782989, beiqinquan@tup.tsinghua.edu.cn。

图书在版编目(CIP)数据

企业财务业务一体化实训教程:用友U8 V10.1:微课版 / 张莉莉,武刚 编著. —北京:清华大学出版社,2019(2024.1重印)

(普通高等教育经管类专业"十三五"规划教材)

ISBN 978-7-302-50604-1

Ⅰ.①企… Ⅱ.①张… ②武… Ⅲ.①企业管理—财务管理—计算机管理系统—应用软件—高等学校—教材 Ⅳ.①F275-39

中国版本图书馆CIP数据核字(2018)第153404号

责任编辑:刘金喜
封面设计:常雪影
版式设计:妙思品位
责任校对:牛艳敏
责任印制:沈 露

出版发行:清华大学出版社
网　　址:https://www.tup.com.cn,https://www.wqxuetang.com
地　　址:北京清华大学学研大厦A座　　邮　编:100084
社 总 机:010-83470000　　邮　购:010-62786544
投稿与读者服务:010-62776969,c-service@tup.tsinghua.edu.cn
质 量 反 馈:010-62772015,zhiliang@tup.tsinghua.edu.cn

印 装 者:大厂回族自治县彩虹印刷有限公司
经　　销:全国新华书店
开　　本:185mm×260mm　　印　张:18.5　　字　数:405千字
版　　次:2019年1月第1版　　印　次:2024年1月第2次印刷
定　　价:49.00元

产品编号:079701-01

序

用 ERP 武装中国企业

中国企业在经历了"发挥劳动力成本优势""装备现代化"两个发展阶段后,现在正进入以应用 ERP 为代表的"企业信息化"发展阶段,并为"自主技术与产品研发"阶段建立基础。

ERP(企业资源计划)系统是当今世界企业经营与管理技术进步的代表。对企业来说,应用 ERP 的价值就在于通过系统的计划和控制等功能,结合企业的流程优化,有效地配制各项资源,以加快对市场的响应、降低成本、提高效率和效益,从而提升企业的竞争力。

在发达国家,ERP 从 20 世纪 90 年代中期开始普及。中国从 20 世纪 80 年代开始导入 ERP 的前身 MRP 及 MRP II,经过导入期和发展期,现在开始进入 ERP 普及应用期。在 ERP 普及时代,ERP 将不只是少数大型企业的贵族式消费,而是更广泛企业(包括中小企业)的大众化应用。

在中国 ERP 的发展时期,国产 ERP 产品和服务能力得到长足发展。国产 ERP 以其产品结合中国和亚洲商业环境与管理模式、技术上的后发优势、深入的服务网络,以及良好的性价比在中国和亚洲市场逐步成为主流,将对中国 ERP 的普及发挥主力军作用。

在 ERP 普及时代,企业需要大量的 ERP 应用人才,全社会需要 ERP 知识的广泛普及。用友公司作为中国 ERP 应用市场最大的软件及服务提供商,不仅把推动 ERP 在中国企业的普及作为商业计划,更将其作为全体用友人的历史使命和共同追求的事业。出版"用友 ERP 系列丛书"就是用友普及教育计划的一个重要组成部分。

ERP 应用是中国企业继装备现代化("硬武装")之后的又一次武装("软武装")。我们期待着 ERP 在中国企业的普及应用,能够让千百万中国企业的经营与管理水平获得一次历史性的进步,使中国企业在全球市场的竞争力实现跨越式提升。

用友网络科技股份有限公司董事长兼总裁

前　　言

当今社会，随着人才竞争日趋激烈，企业对人才的要求也日趋全面化、专业化和职业化。如何培养符合社会需求的行业人才，成为现今高等教育、高职教育、中职教育，以及社会教育发展研究的一大课题。然而，从目前社会和用人单位反馈的信息来看，对管理类毕业生的企业管理岗位的胜任能力普遍不满意，主要表现在专业知识结构不合理、实际动手能力差等方面，这表明院校教育在对学生的管理能力、知识素养和实践技能的培养方面还需改进和完善。

随着信息经济和全球经济一体化时代的到来，现代社会对管理类应用型人才提出了新的要求。现代企业对人才的能力和素质的具体要求更多强调具有踏实的作风、协作与沟通能力、创新能力、主动参与能力、动态管理能力、全面的知识，以及实践操作等方面。因此，高校所培养的学生不仅应具备扎实全面的理论知识结构，而且应具有较全面的综合素质、较强的社会责任心和崇高的理想，并具有独创性的思维及不断进取的精神。

目前，我国院校管理教育的最大弊端仍在于侧重于课堂内的教学活动，教学过程以教师讲授为主，教学目标以记忆为主；学生实践教学环节发展滞后，重数量不重质量，有限的教学资源无法有效加强实践教学。

基于上述国情和现状，我国在《国家中长期人才发展规划纲要(2010—2020 年)》《国家中长期教育改革和发展纲要(2010—2020 年)》和《关于实施高等学校本科教学质量与教学改革工程的意见》(教高〔2007〕1 号)中就明确指出要"大力加强实验、实践教学改革""推进高校实验教学内容、方法、手段、队伍、管理及实验教学模式的改革与创新"，"全面提高劳动者职业技能水平，加快技能人才队伍建设，加强职业培训和促进就业"。

经过多年来国家对院校教育实践教学改革的引导和推动，同时，院校教育中对培养和提升学生实践应用能力的各种教学方法的不断出现和实施应用，实践教学已经成为当前我国高等院校、高职及中职院校教学中的一个重要方向和目标。强化实践实训，突出技能培养，一个"面向市场、行业主导、适时互动"的实验、实习和实训体系正在形成。

作为课程建设与改革核心的实践性教学是培养高级技术型人才的重要环节，与理论教学并重。实践性教学不仅验证理论、提高动手能力，而且还注重分析能力和应用能力的培养，注重对实操过程进行教学，注重对已有的设计、决策、规划等成果进行创造性的实施，并转换成产品应用能力的培养。通过改变实践教学模式，创建新的实践课程体系，利用多功能实践性教学基地，可加大对学生动手能力和创造能力的训练，从而培养学生的职业技能和综合职业能力。因此，实践性教学要改变过分依附理论教学的状况，应注重培养学生的职业能力，以高技术职业岗位对技能和知识的实际需要为依据，探索建立相对独立的实践教学体系，形成"基本实践能力与操作技能、专业技术应用能力与专业技能、综合实践能力与综合技能"有机结合的实践教学体系。

基于上述目的，本书对企业经营活动业务的案例资料以任务的形式展现出来，以用友ERP 管理软件为工具，讲授对企业各项业务活动的处理方法，使学生学会使用信息化手段处理企业业务的技能，加深理解在信息化管理环境下企业购销存等业务管理与财务会计管理的关系，以便更好地理解企业的业务流、资金流与信息流的集成性、统一性、实时性和共享性的内涵。

  本书的结构是以商贸企业日常经营活动为原型设计的，突出实战是其主导思想，重点讲授在信息化管理环境下企业各项业务的处理方法和处理流程。本书通过一系列任务提供了业务案例资料，注重体现业务流程的思想，因此，在使用 ERP 软件系统对每项任务进行操作处理时，会涉及多个模块和多项功能命令的使用，充分体现出业务流程的特点和工作的协同性。

  本书共分七章：第一章讲解用友 ERP-U8 V10.1 软件系统的运行环境配置及系统软件运行异常问题处理；第二章讲解使用用友 ERP-U8 V10.1 软件的系统管理模块对企业账套进行管理，包括案例企业基本情况以及会计规范要求、案例企业账套的建立与修改、用户管理及其权限设置等；第三章详细讲解对企业基础档案资料的设置，包括部门及其人员、存货、客商信息、会计科目、业务类型等公共资料；第四章详细讲解企业采购管理、销售管理、库存管理、存货核算、固定资产管理、薪资管理、总账管理和会计报表管理各个子系统的参数及核算规则设置；第五章以企业日常业务活动为任务项，详细讲解使用用友 ERP-U8 V10.1 软件系统处理各项业务活动的操作方法，涉及采购订货、销售订货、库存出入库管理、库存盘点、存货成本核算、付款、收款、固定资产变动、薪资管理、账务处理、会计报表编制等企业业务活动的全过程；第六章讲解企业各个业务模块的期末结账处理；第七章讲解编制企业会计报表的方法。

  为了更好地辅助教与学活动顺利进行，本书提供了新建账套、初始资料设置、实训业务内容等共计 51 个数据账套，以便学员可以随时从任一业务节点开始学习，满足不同学习进度学员的需求，提高学习的灵活性和效率。

  为了方便学员自学，以微课的形式，针对每一个实训内容制作了视频学习文件(MP4 格式)共计 48 个，同时制作二维码文件 48 个，在计算机和手机上均可播放使用，为学习提供了极大便利。

  本书提供数据账套、微课视频、用友 ERP-U8 V10.1 教学版软件等，可通过 http://www.tupwk.com.cn/downpage 网站下载(通过书名或书号搜索)。

  本书由张莉莉、武刚负责案例企业业务设计、数据制作和测试、教材撰写等工作。在本书的编写过程中，得到了北京林业大学经济管理学院企业管理专业研究生夏明慧、曹茂莲、孙璐婧、付浦君、刘紫菁的大力协助，他们对案例数据进行测试、修改和校对，为数据账套制作和业务实训操作视频录制等工作付出了大量的心血和努力，在此对她们表示衷心感谢！

  限于编者水平，书中可能存在不当和错误之处，恳请读者多提宝贵意见，以备来日进一步修改完善。

张莉莉 武刚
2018 年 7 月于北京

教学资源使用说明

欢迎您使用《企业财务业务一体化实训教程(用友 U8 V10.1)(微课版)》(以下简称"实训教程"),此实训教程提供如下教学资源:

- 用友 U8 V10.1 软件(教学版);
- 实验账套备份;
- 微课操作视频。

上述资源存放在百度网盘上(均为压缩文件),读者可通过 http://www.tupwk.com.cn/ downpage 网站,输入书名或书号搜索到具体网盘链接地址:http://pan.baidu.com/s/InWtqsMDkyGzcLatmpIJxcw。也可扫描下方二维码,将链接地址推送到自己的邮箱。

1. 用友 U8 V10.1 软件安装

该实训教程是在用友 U8 V10.1 系统中操作的,您必须在计算机中安装用友 U8 V10.1 教学版软件,然后进行实验的操作。

用友 U8 V10.1 的具体安装方法和设置请参见软件安装包中的"用友 U8 V10.1 产品安装手册.pdf"。

2. 账套使用方法

本教程所提供的备份账套均为"压缩""只读"文件,需要将相应的压缩文件用解压缩工具进行解压,得到相应可以引用的账套。引入账套之前,将已解压到硬盘中的账套备份文件的"只读"属性去掉,否则将不能引入相应的账套。

您可以在做实验前引入相应的账套,也可以将实验结果与备份账套相核对以验证实验的正确性。

3. 实验操作视频

为便于读者进行上机操作,本书提供了各实验的操作视频(MP4 格式),读者除可将其下载到计算机上观看外,还可通过扫描二维码观看。

读者若因链接问题出现资源无法下载等情况,请致电 010-62784096,也可发邮件至服务邮箱 hnliujinxi@163.com,wkservice@vip.163.com。

目　　录

第一章　U8系统运行环境准备 ………… 1
　一、系统运行环境配置 ………………… 1
　　（一）操作系统 ……………………… 1
　　（二）数据库 ………………………… 2
　　（三）浏览器 ………………………… 2
　　（四）互联网信息服务(IIS) ………… 2
　　（五）.NET运行环境 ………………… 3
　二、系统软件安装及初始化
　　　数据库设置 ………………………… 3
　　（一）系统软件安装 ………………… 3
　　（二）初始化数据库设置 …………… 3
　三、系统运行及异常问题处理 ………… 4
　　（一）U8系统运行 …………………… 4
　　（二）异常问题解决 ………………… 4
第二章　企业账套创建与管理 …………… 6
　一、企业情况介绍 ……………………… 7
　　（一）企业基本情况 ………………… 7
　　（二）企业内部会计制度 …………… 7
　　（三）操作员权限 …………………… 9
　二、账套建立及管理 …………………… 10
　　（一）添加操作员 …………………… 10
　　（二）建立核算单位账套 …………… 11
　　（三）设置操作员权限 ……………… 14
　　（四）修改账套信息 ………………… 14
　　（五）账套输出 ……………………… 15
　　（六）账套引入 ……………………… 16
　三、系统管理员与
　　　账套主管的权限 …………………… 17
第三章　企业基础档案设置 ……………… 19

　一、部门档案设置 ……………………… 20
　二、企业人员类别设置 ………………… 20
　三、人员档案设置 ……………………… 21
　四、地区分类设置 ……………………… 22
　五、供应商分类设置 …………………… 23
　六、供应商档案设置 …………………… 23
　七、客户分类设置 ……………………… 24
　八、客户级别设置 ……………………… 24
　九、客户档案设置 ……………………… 25
　十、存货分类设置 ……………………… 25
　十一、存货计量单位组与
　　　　计量单位设置 …………………… 26
　十二、存货档案设置 …………………… 27
　十三、会计科目及其
　　　　期初余额设置及录入 …………… 27
　十四、项目目录设置 …………………… 37
　十五、凭证类别设置 …………………… 39
　十六、结算方式设置 …………………… 39
　十七、付款条件设置 …………………… 39
　十八、开户银行设置 …………………… 40
　十九、仓库档案设置 …………………… 40
　二十、收发类别设置 …………………… 41
　二十一、采购类型设置 ………………… 41
　二十二、销售类型设置 ………………… 42
　二十三、费用项目分类设置 …………… 42
　二十四、费用项目设置 ………………… 42
　二十五、发运方式设置 ………………… 42
　二十六、单据编号设置 ………………… 43
第四章　业务子系统初始设置 …………… 44
　一、采购管理与应付款管理 …………… 45

（一）采购管理与应付款管理的
参数设置与核算规则设置······ 45
（二）采购管理与应付款管理的
期初数据录入······ 49
二、销售管理与应收款管理······ 56
（一）销售管理与应收款管理的
参数设置与核算规则设置······ 56
（二）销售管理与应收款管理的
期初数据录入······ 63
三、库存管理与存货核算管理······ 66
四、固定资产管理······ 71
五、薪资管理······ 81
六、总账系统······ 92

第五章　企业日常业务处理······ 94
实训一　缴纳上一季度税费······ 95
【任务一】······ 95
实训二　收取定金的销售业务······ 99
【任务二】······ 99
实训三　签订分批发货的
销售业务······ 103
【任务三】······ 103
实训四　签订采购合同······ 109
【任务四】······ 109
实训五　缴纳社会保险和
住房公积金······ 110
【任务五】······ 110
实训六　支付定金的采购业务······ 114
【任务六】······ 114
实训七　分批付款的采购业务······ 117
【任务七】······ 117
实训八　招聘新员工······ 122
【任务八】······ 122
实训九　采购暂估入库业务处理······ 125

【任务九】······ 125
实训十　报销差旅费······ 132
【任务十】······ 132
实训十一　采购到货付款业务······ 134
【任务十一】······ 134
实训十二　采购退货业务······ 140
【任务十二】······ 140
实训十三　采购到货入库及
发票业务······ 145
【任务十三】······ 145
实训十四　处理上月销售货物的
到款业务······ 148
【任务十四】······ 148
实训十五　采购到货入库业务······ 150
【任务十五】······ 150
实训十六　赊销业务······ 152
【任务十六】······ 152
实训十七　委托代销业务······ 155
【任务十七】······ 155
实训十八　销售发货业务······ 157
【任务十八】······ 157
实训十九　分批发货业务······ 163
【任务十九】······ 163
实训二十　支付采购尾款业务······ 165
【任务二十】······ 165
实训二十一　现金折扣处理······ 168
【任务二十一】······ 168
实训二十二　购置固定资产业务······ 171
【任务二十二】······ 171
实训二十三　坏账处理······ 176
【任务二十三】······ 176
实训二十四　固定资产调配业务······ 178

【任务二十四】……………… 178

实训二十五 存货盘点业务…… 180
　　【任务二十五】……………… 180

实训二十六 委托代销结算业务…… 184
　　【任务二十六】……………… 184

实训二十七 检查存货入库单…… 187
　　【任务二十七】……………… 187

实训二十八 采购成本结算和
　　　　　　运费分摊…………… 188
　　【任务二十八】……………… 188

实训二十九 存货的正常单据
　　　　　　记账及期末处理…… 191
　　【任务二十九】……………… 191

实训三十 存货核算的制单业务…… 193
　　【任务三十】………………… 193

实训三十一 计提本月
　　　　　　固定资产折旧……… 199
　　【任务三十一】……………… 199

实训三十二 固定资产报废处理…… 201
　　【任务三十二】……………… 201

实训三十三 工资数据变动处理…… 205
　　【任务三十三】……………… 205

实训三十四 分配职工工资……… 207
　　【任务三十四】……………… 207

实训三十五 结转代扣个人三险一金
　　　　　　及个人所得税并委托
　　　　　　银行代发工资……… 211
　　【任务三十五】……………… 211

实训三十六 计提单位承担的
　　　　　　五险一金…………… 218
　　【任务三十六】……………… 218

实训三十七 计提工会经费及
　　　　　　职工教育经费……… 221

【任务三十七】……………… 221

实训三十八 查询并输出工资表… 223
　　【任务三十八】……………… 223

实训三十九 处理盘亏及
　　　　　　盘盈业务…………… 225
　　【任务三十九】……………… 225

实训四十 计算应交增值税及
　　　　　结转未交增值税……… 231
　　【任务四十】………………… 231

实训四十一 计算城市维护建设税及
　　　　　　教育费附加………… 236
　　【任务四十一】……………… 236

实训四十二 期间损益结转处理… 238
　　【任务四十二】……………… 238

实训四十三 计算并结转本月
　　　　　　企业所得税………… 241
　　【任务四十三】……………… 241

实训四十四 银行对账处理……… 245
　　【任务四十四】……………… 245

第六章 企业月末结账处理……… 253

实训一 各业务子系统月末
　　　　结账处理………………… 253
　　【任务一】对采购管理系统
　　　　　　　进行月末结账处理…… 254
　　【任务二】对销售管理系统
　　　　　　　进行月末结账处理…… 255
　　【任务三】对库存管理系统
　　　　　　　进行月末结账处理…… 256
　　【任务四】对存货核算系统
　　　　　　　进行月末结账处理…… 256
　　【任务五】对固定资产管理系统
　　　　　　　进行月末结账处理…… 257
　　【任务六】对薪资管理系统
　　　　　　　进行月末结账处理…… 258

实训二　各财务子系统月末
　　　　结账处理 ·················· 260
　　【任务七】对应收款管理系统
　　　　　　进行月末结账处理 ······ 260
　　【任务八】对应付款管理系统
　　　　　　进行月末结账处理 ······ 261
　　【任务九】对总账系统进行月末对账
　　　　　　及月末结账处理 ········ 261
第七章　企业会计报表编制 ·········· 264
　实训一　利用 UFO 报表模板生成
　　　　　"资产负债表"和
　　　　　"利润表" ·················· 265

　　【任务一】编制资产负债表 ·········· 265
　　【任务二】编制利润表 ·············· 270
　实训二　利用自定义报表功能编制
　　　　　"企业财务分析表" ······ 272
　　【任务三】编制企业财务分析表的
　　　　　　报表样式 ················ 273
　　【任务四】定义关键字和
　　　　　　单元格计算公式 ········ 277
　　【任务五】报表数据计算 ············ 280
　实训三　会计报表数据结果查询 ······ 281

第一章

U8 系统运行环境准备

内容概述

本章的主要内容是配置用友 ERP-U8 V10.1 管理软件的运行环境，以及学习安装用友 ERP-U8 V10.1 管理软件，是学习本书案例任务实训的基础，主要包括以下内容。

- 系统运行环境配置：为了保证计算机上能够顺利地安装用友 ERP-U8 V10.1 管理软件，在安装 ERP 软件之前，计算机中的操作系统、数据库、浏览器、互联网信息服务器(IIS)、.NET 运行环境等都必须满足一定的配置要求，若没有，则需要进行安装，否则，将无法安装用友 ERP-U8 V10.1 管理软件。
- 系统软件安装及初始化数据库设置：要处理本书案例中的企业日常业务活动，需要安装用友 ERP-U8 V10.1 管理软件，软件安装完成后，系统会自动配置数据源，数据源名称默认为 U8101。
- 运行异常问题解决：系统管理员(admin)要对系统运行安全负责，在系统管理中，管理员可以对整个系统的运行过程进行监控，及时清除系统运行过程中的异常任务，以保证整个系统的正常运行。本章列举出几种异常问题的解决办法。

目的与要求

了解安装用友 ERP-U8 V10.1 管理软件之前计算机所需运行环境的各项配置，掌握安装用友 ERP-U8 V10.1 管理软件的操作方法，学习解决常见异常问题的处理方法。

一、系统运行环境配置

(一) 操作系统

1. 配置要求

- Windows 2003 Server Enterprise + SP2(推荐)
- Windows 2003 Server Enterprise R2 + SP2(推荐)
- Windows 2008 Server Enterprise + SP2(推荐)

- Windows 2008 Server Enterprise R2 + SP2(推荐)
- Windows XP + SP2 以上(推荐)
- Windows 7+ SP1 以上(推荐)
- Windows Vista + SP1

2. 安装过程

通过选择"我的电脑/属性/常规"选项查看计算机上所安装的操作系统是否满足上述要求(通常使用 Windows XP + SP2 或 SP3)。

(二) 数据库

1. 配置要求

- Microsoft SQL Server 2000 + SP4 以上(推荐)
- Microsoft SQL Server 2005 + SP2 以上
- Microsoft SQL Server 2008 + SP2 以上
- Microsoft SQL Server 2008 R2 + SP2 以上

2. 安装过程

安装 SQL Server 2000 时，可设置 SA 密码为空。安装完成 SQL Server 2000 后，再运行 setup.exe 安装 SP4 补丁程序。

注意：

如果用户之前安装过 SQL Server，再次安装时可能会出现"从前的安装程序操作使安装程序操作挂起，需要重新启动计算机"提示，可执行"开始/运行"命令，在"运行"对话框中输入 regedit 命令，打开"注册表编辑器"窗口，找到如下目录：HKEY_LOCAL_MACHINE\ SYSTEM\ CurrentControlSet\Control\SessionManager，删除 PendingFileRenameOperations 项，然后重新安装 SQL Server 2000 程序。

(三) 浏览器

1. 配置要求

Internet Explorer 6.0 + SP1 或更高版本。

2. 安装过程

Windows XP + SP2(或更高版本)操作系统自带 Internet Explorer 6.0，所以不需要单独安装。

(四) 互联网信息服务(IIS)

1. 配置要求

IIS 5.0 或更高版本。

2. 安装过程

安装 IIS(Internet 信息服务)，可通过执行"控制面板/添加或删除程序/Windows 组件/添加 IIS 组件"命令来安装。安装过程中需要用到 Windows XP 系统安装程序。

(五) .NET 运行环境

1. 配置要求

使用.NET Framework 2.0 Service Pack 1 以上。

2. 安装过程

安装.NET 运行环境：.NET Framework 2.0 Service Pack 1。安装文件位于教学资源"用友 ERP-U8 V10.1 安装程序\3rdProgram\NetFx20SP1_x86.exe"文件中。

二、系统软件安装及初始化数据库设置

(一) 系统软件安装

(1) 双击教学资源中的"用友 ERP-U8 V10.1 安装程序\setup.exe"文件，运行安装程序。

(2) 在打开的界面中选择"安装 U8 V10.1"选项，然后根据提示单击"下一步"按钮进行操作，直至出现选择安装类型界面，选择"全产品"安装类型。

(3) 单击"下一步"按钮，然后进行"系统环境检测"，查看"基础环境"和"缺省组件"是否已经满足所需条件。若有未满足的条件，则安装不能向下进行，并在图中给出未满足的项目，此时可单击未满足的项目链接，系统会自动定位到组件所在位置，让用户手动安装。

(4) 单击"安装"按钮，即可进行安装。

(5) 安装完成后，单击"完成"按钮，重新启动计算机。

(6) 系统重启后，出现"正在完成最后的配置"提示信息。在其中输入数据库名称(即本地计算机名称)，SA 口令为空(安装 SQL Server 时设置为空)，单击"测试连接"按钮，测试数据库连接。若一切正常，则会提示"连接成功"。

(7) 接下来系统会提示"是否初始化数据库"，单击"是"按钮，提示"正在初始化数据库实例，请稍候……"。数据库初始化完成后，出现"系统管理"的"登录"窗口，此时即已完成 U8 V10.1 的安装。

(二) 初始化数据库设置

ERP-U8 V10.1 软件安装完成后，系统会自动配置数据源，数据源名称默认为 U8101。若提示数据源出现异常，可以对数据源进行重新配置，并对数据库进行初始化。

1. 配置数据源：连接数据库服务器

菜单路径：开始/程序/用友 ERP-U8 V10.1/系统服务/应用服务器配置

在配置工具窗口中，单击"数据库服务器"按钮，进入数据源配置窗口，单击"增加"按钮，建立数据源(任意起名)，数据库服务器为计算机名称或 IP 地址，SA 用户密码为安装 SQL Server 数据库时设定的密码，也可在此处修改认证的密码。

2. 初始化数据库：创建数据库结构

岗位：系统管理员(admin)

菜单路径：开始/程序/用友 ERP-U8 V10.1/系统服务/系统管理/系统/初始化数据库

数据库实例为计算机名称，输入 SA 密码后，单击"确定"按钮。

三、系统运行及异常问题处理

(一) U8 系统运行

(1) 启动 SQL Server 服务管理器。

(2) 启动 U8 系统应用服务器。

在配置完成上述运行环境以后，运行 U8 系统前，需要先启动这两个服务，成功后即可运行系统管理、企业应用平台等各项 U8 模块。

(二) 异常问题解决

(1) MS-SQL Server 中的 MSDTC 服务不可用。

解决方法：在 Windows 控制面板/管理工具/服务/Distributed Transaction Coordinator/属性/启动中，启动类型选择手动或自动。

(2) 启用时若提示"其他系统独占使用，无法启用某些模块"，这是因为已登录的系统关闭后，没有在系统管理中注销它，或者在使用过程中，数据库关闭产生的异常或非正常退出，都会在任务表中保存记录，认为该用户还在使用系统。

解决方法：在 SQL Server 企业管理器中打开数据库 UFSystem 中的 Ua_Task_common 和 Ua_TaskLog 两个表，将其中的记录都删除即可。操作指导：执行"开始/程序/Microsoft SQL Server/企业管理器"操作，打开 UFSystem 数据库，再双击其中的表，然后再打开 Ua_Task_common 表和 Ua_TaskLog 表(单击右键，打开表/返回所有行)，逐一删除记录。

(3) 用友 U8 "科目(××××××)正在被机器(××××)上的用户(×××)进行(××××)操作锁定，请稍候再试"。

解决方法：在 SQL Server 企业管理器中打开数据库 UFDATA_001_2012 中的表 GL_mccontrol，将其中的记录删除。

(4) 启动 Distributed Transaction Coordinator 服务时，提示 Windows 不能在本地计算机

启动 Distributed Transaction Coordinator，有关更多信息，查阅系统事务日志。如果这是非 Microsoft 服务，请与厂商联系，并参考特定服务错误代码 -1073337669。

解决方法：执行"开始/运行"命令，输入 cmd，确定后进入命令提示窗，输入 msdtc –resetlog 命令，执行完成后，即可启动服务。

(5) 系统出现异常现象时。

解决方法：进入 SQL Server 企业管理器中，打开"UFDATA_账套号_年度"或 UFSystem 数据库，找到下列对应表，清除里面的所有记录内容即可。

- Ua_task(功能操作控制表)
- Ua_tasklog(功能操作控制表日志)
- LockVouch(单据锁定表)
- GL_mccontrol(科目并发控制表)
- GL_mvocontrol(凭证并发控制表)
- Gl_mvcontrol(外部凭证并发控制表)
- Fa_control(固定资产并发控制表)
- FD_LOCKS(并发控制表)
- AP_LOCK(操作互斥表)
- ia_pzmutex(核算控制表)——临时表
- gl_lockrows(项目维护控制表)——临时表

第二章

企业账套创建与管理

内容概述

本章的主要任务是建立企业账套基本信息以及对账套信息的管理，在系统管理中进行相关操作。系统管理是用友 ERP-U8 V10.1 的运行基础，对 U8 管理系统的各个子系统进行统一管理和数据维护，为其他子系统提供公共的账套、年度账及其他相关的基础数据，各子系统的操作员也需要在系统管理中统一设置并分配权限。主要内容包括以下几个方面。

- 企业情况介绍：主要包括北京品尚箱包有限公司的基本情况、公司所采用的内部会计制度，以及企业员工的岗位分工情况。
- 账套建立：账套指的是一组相互关联的数据，每一个企业或每一个独立核算部门的数据在系统内部都体现为一个账套。一个账套的基本信息主要包括账套信息、单位信息、核算类型、基础信息、编码方案和数据精度 6 个方面。可以根据企业的基本情况、内部会计制度及人员分工信息来建立账套。一个账套包含多个年份的账套库，一个账套库包含一个年份的数据。
- 用户及其权限设置：为了保证系统数据的安全与保密，系统管理提供了用户及其功能权限的集中管理功能。但在进行权限设置之前，首先需要添加系统用户信息，添加完成后，系统管理者可以根据用户的不同岗位分工来设置其操作权限，这样一方面可以避免与业务无关的人员进入系统进行非法操作，另一方面也可以根据企业需要对各个用户进行管理授权，以保证各司其职，各负其责，使得工作流程清晰顺畅。
- 账套管理：账套建立以后，可以根据企业实际情况进行修改完善，对账套进行导入和备份等操作。

目的与要求

学习并掌握用友 ERP-U8 V10.1 系统管理的主要功能和操作方法，理解账套管理在用友 ERP-U8 V10.1 系统中的重要作用，掌握在系统管理中进行用户设置、企业账套建立和企业员工权限设置的方法，掌握对账套输出和引入的方法。

一、企业情况介绍

(一) 企业基本情况

(1) 基本情况。北京品尚箱包有限公司(简称品尚公司)的注册类型为有限责任公司，是一家专业销售箱包批发的商贸企业，主营产品为潮流女包、精品男包等。公司创立于 2009 年 2 月 1 日，注册资本为 80 万元。公司成立以来，秉着诚信服务、务实进取的服务宗旨，以合理的价格、优良的服务与广州聚龙有限公司、广州欣悦有限公司、北京会友商贸有限公司、北京嘉美有限公司等多家企业建立了长期稳定的合作关系，取得了长足发展与进步。目前，公司经营状况良好，主要经营的产品类型有牛皮单肩女包、牛仔布双肩女包、羊皮男式商务包和男式双肩电脑包 4 种，2017 年主营业务收入达 690 万元，同比 2016 年增长 8.6%，销售净利率为 12%，资产利润率为 9%，偿债能力、营运能力和盈利能力与同行业平均水平持平。该公司常年四季货源不断，库存量大，货源保证，货品齐全。公司位于北京市海淀区新华路 26 号。该公司开户银行为中国工商银行北京市海淀支行，账号为 622202020087(要求 12 位)，该公司为一般纳税人，统一社会信用代码为 91110108122567 2986。法人代表为邓国平，咨询热线为 010-64186661。公司网址为 www.shangpin.com，邮箱为 pinshangxiangbao@163.com，邮政编码为 100085。

(2) 组织结构。公司董事会下设总经理，总经理管理总经理办公室、财务部、销售部、采购部、仓管部、人力资源部 6 个部门。股东由 3 个自然人组成，其中，邓国平出资额占 70%，由其出任董事长兼总经理，是公司的法人代表；徐腾飞和刘旭各出资 15%，均为董事会成员。总经理下设 4 位副总经理，其中，徐腾飞担任营销副总，刘旭担任采购副总，张德担任财务副总，王致远担任行政副总。

(二) 企业内部会计制度

(1) 会计科目编码采用 4-2-2 方式，即一级科目 4 位字长，二级科目 2 位字长，三级科目 2 位字长。

(2) 科目设置要求：应付账款科目下设暂估应付账款和一般应付账款两个二级科目，其中，一般应付账款设置为受控于应付款系统，暂估应付账款科目设置为不受控于应付款系统。

(3) 项目核算：设置在途物资、库存商品、主营业务收入、主营业务成本 4 个项目核算科目。项目大类名称为"商品项目管理"，项目分类定义为潮流女包和精品男包，项目目录分为牛皮单肩女包、牛仔布双肩女包、羊皮男式商务包、男式双肩电脑包，该项目设置由上述 4 个科目进行核算。其中，牛皮单肩女包和牛仔布双肩女包为潮流女包类，羊皮男式商务包和男式双肩电脑包为精品男包类。

(4) 会计核算的基本规定：采用科目汇总表账务处理程序；采用复式记账法，分收、付、转 3 种类型；会计凭证按月类别连续编号；公司开设总分类账、明细分类账、现金和银行存款日记账等。

(5) 货币资金的核算方法：每日，对库存现金进行实地盘点。银行存款每月根据银行对账单进行核对清查，若发现不符，及时查明原因并做出处理。公司采用的结算方式包括现金、现金支票、转账支票、银行汇票、银行承兑汇票、电汇、同城特约委托收款等。

(6) 职工薪酬的核算方法：公司按照有关规定由单位承担并缴纳的养老保险、医疗保险、失业保险、工伤保险、生育保险、住房公积金分别按照上年度缴费职工月平均工资(上年度缴费职工月平均工资与本月应发工资数相同)的 20%、10%、1%、1%、0.8%、12%计算；职工个人承担的养老保险、医疗保险、失业保险、住房公积金分别按照本人上月平均工资总额的 8%、2%、0.2%、12%计算。各种社会保险金和住房公积金当月计提，下月缴纳。按照国家有关规定，单位代扣个人所得税。按工资总额的 2%计提工会经费，按工资总额的 2.5%计提职工教育经费。按照国家有关规定，单位代扣个人所得税，其扣除标准为 3 500 元，附加费用为 1 300 元。职工当月工资委托银行当月发放。工资分摊制单时，对科目和辅助项相同的采用合并制单。

(7) 固定资产的核算方法：公司的固定资产包括房屋及建筑物、机器设备、交通运输设备和电子设备，均为在用状态；按照企业会计制度规定，公司采用平均年限法按月计提折旧，当月新增的固定资产，自下月开始计提；当月减少的固定资产，当月照提折旧。

(8) 存货的核算方法：企业存货分类包括各种箱包(箱包分为潮流女包、精品男包两大类)、包装材料和办公用品等，各类存货按照实际成本核算，采用永续盘存制；在核算过程中，存货发出的计价方法采用全月一次加权平均法。

(9) 税务的会计处理：本公司为增值税一般纳税人，税率为 17%，按月缴纳，运费按 7%作进项税额抵扣；企业所得税采用资产负债表债务法，除应收账款外，假设资产、负债的账面价值与其计税基础一致，未产生暂时性差异。企业所得税的计税依据为应纳税所得额，税率为 25%，按月预计，按季预缴，全年汇算清缴。按当期应交增值税的 7%和 3%计算城市维护建设税和教育费附加。

(10) 财产清查的要求：公司每月末对存货进行清查，年末对固定资产进行清查，根据盘点结果编制"盘点表"，并与账面数据进行比较，报经主管领导审批后进行处理。

(11) 坏账损失的核算方法：除应收账款外，其他的应收款项不计提坏账准备。每年年末，按应收账款余额百分比法计提坏账准备，提取比例为期末余额的 0.5%。对于可能成为坏账的应收账款应当报告有关决策机构，由其进行审查和确认；发生的各种坏账应查明原因，及时做出会计处理；已注销的坏账又收回时应当及时入账。

(12) 利润分配规定：根据公司章程，公司税后利润按以下顺序及规定分配，即 A——弥补亏损；B——按10%提取法定盈余公积；C——提取任意盈余公积；D——向投资者分配利润。

(13) 月末将各损益类账户余额转入本年利润账户。

(三) 操作员权限

操作员权限设置如表 2-1 所示。

表 2-1　操作员权限设置

编号	人员姓名	隶属部门	职务	操作权限	权限设置
001	邓国平	总经理办公室	总经理	系统初始设置、所有业务单据审核与批复	账套主管
002	张德	财务部	财务经理	会计业务主管签字、审核凭证、审核销售发票和收款单及付款单、对账、结账、编制会计报表、财务指标分析	公共单据、总账、应收款管理、应付款管理、UFO报表、销售管理
003	王致远	财务部	会计	开具销售发票、编制记账凭证、记账、固定资产折旧及增减变动业务、工资分摊、银行对账	公共单据、总账、应收款管理、应付款管理、固定资产、销售管理、薪资管理
004	王艳	财务部	出纳	填制收款单和付款单、出纳签字	总账、应收款管理、应付款管理
005	徐腾飞	销售部	销售员	销售订单、发货	销售管理
006	郑爽	销售部	销售员	销售订单、发货	销售管理
007	刘旭	采购部	采购员	采购订单、到货单、录入采购发票	采购管理
008	张晓琪	仓管部	库管员	入库、出库、盘点、存货核算	公共单据、库存管理、存货核算
009	姜伟	人力资源部	经理	人员增减变动、工资变动、辅助系统初始设置	公用目录设置、薪资管理

注：用户权限设置的操作指导参见"第四章/五.薪资管理/2.工资类别/(3)数据权限控制设置和数据权限分配"。

(1) 打开"企业应用平台/系统服务/权限/数据权限控制设置"选项，不勾选"用户"复选框，张德和王致远即可以审核销售发票和制单。

(2) 打开"企业应用平台/系统服务/权限/数据权限分配"选项，选择"姜伟"和"王致远"，在"业务对象"中选择"工资权限"，勾选"工资类别主管"复选框，保存并重新登录生效后，姜伟即可操作工资模块。注意，此设置在薪资账套建立后，才可设置成功。

二、账套建立及管理

（一）添加操作员

【操作要求】

按照表 2-1 的资料添加操作。

【操作指导】

（1）执行"开始/所有程序/用友 ERP-U8 V10.1/系统服务/系统管理"命令，进入"系统管理"界面，单击"系统"菜单中的"注册"命令，进入"登录"界面，如图 2-1 所示。操作员输入 admin，密码为空。单击"登录"按钮后进入"系统管理"窗口，如图 2-2 所示。

图 2-1　系统管理"登录"界面

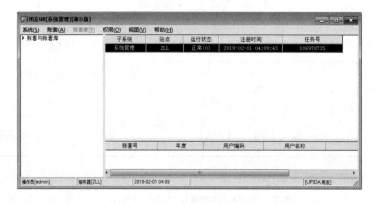

图 2-2　"系统管理"窗口

提示：

用友 ERP-U8 V10.1 管理软件默认的系统管理员(admin)密码为空，建议不要修改密码。

（2）执行"权限/用户"命令，进入用户管理界面(操作员详细情况)，单击"增加"按钮，添加"邓国平"用户，输入其编号、姓名、口令以及所属部门等信息，单击"确定"按钮，即完成操作员的添加，如图 2-3 所示。同理，将其他用户全部添加完成。

第二章 企业账套创建与管理

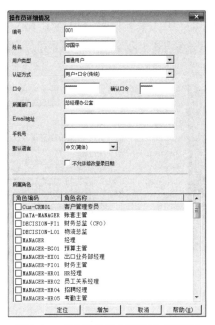

图 2-3 "操作员详细情况"对话框

(二) 建立核算单位账套

【操作要求】

建立核算单位账套，并启用采购管理、销售管理、库存管理、存货核算、固定资产管理、薪资管理、应收款管理、应付款管理、总账子系统。

【操作指导】

(1) 执行"账套/建立"命令，进入"创建账套"窗口，选中"新建空白账套"复选框，单击"下一步"按钮，按照向导操作完成资料的录入。

(2) 录入账套号 001；账套名称"品尚公司"；账套路径用户可选择默认路径，也可以利用"…"按钮自行更改路径；启用会计期为"2018 年 2 月"，如图 2-4 所示。

图 2-4 账套信息设置

(3) 单击"下一步"按钮，在"单位信息"窗口中录入单位信息，如图 2-5 所示。

图 2-5　单位信息设置

(4) 单击"下一步"按钮，在"核算类型"窗口中录入本币代码 RMB；本币名称"人民币"；企业类型"商业"；行业性质"2007 年新会计制度科目"；账套主管选择"[001] 邓国平"；勾选"按行业性质预置科目"复选框，如图 2-6 所示。

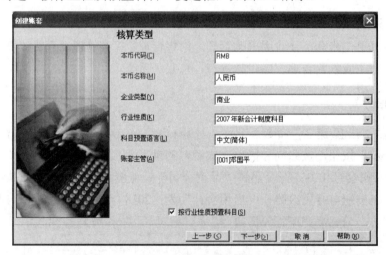

图 2-6　核算类型设置

(5) 单击"下一步"按钮，在"基础信息"窗口选中"存货是否分类""客户是否分类""供应商是否分类"3 个复选框。单击"下一步"按钮，弹出"创建账套—开始"窗口，单击"完成"按钮，弹出"可以创建账套了么？"提示窗口，单击"是"按钮。进入"编码方案"窗口后，对会计科目编码级次录入第 2 级和第 3 级的位长为 2，其他编码分类采用系统默认值，如图 2-7 所示。

(6) 单击"确定"按钮，再单击"取消"按钮，进入"数据精度"窗口，数据精度采用系统默认值，如图 2-8 所示。

图 2-7 编码方案设置

图 2-8 数据精度设置

(7) 单击"确定"按钮,直到出现系统提示建账成功,并询问是否现在进行系统启用的设置,如图 2-9 所示,若单击"是"按钮,则运行"系统启用"模块。

(8) 在系统启用窗口中,分别勾选启用本账套要启用的"总账""应收款管理""应付款管理""固定资产""销售管理""采购管理""库存管理""存货核算""薪资管理"子系统,启用时间为 2018 年 2 月 1 日,如图 2-10 所示,单击"确定"按钮后,即可完成各子系统的启用,单击"退出"按钮,提示可以进入企业应用平台进行业务操作,单击"确定"按钮后返回"创建账套—开始"窗口,可见各项设置已完成。单击"退出"按钮后,返回"系统管理"窗口,可见所建立的账套信息,如图 2-11 所示,表明新账套建立成功。

图 2-9 是否进行系统启用提示

图 2-10 "系统启用"窗口

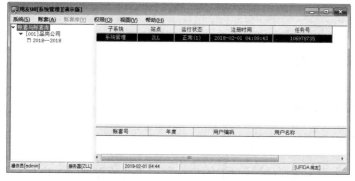

图 2-11 新账套建立成功

提示：

弹出系统提示"现在进行系统启用的设置吗？"时，也可单击"否"按钮，提示账套创建成功。然后使用邓国平身份(账套主管)登录"企业应用平台"进行各子系统启用设置(同上)，操作路径为"企业应用平台/基础设置/基本信息/系统启用"。

(三) 设置操作员权限

【操作要求】

按照表 2-1 的资料设置操作员权限。

【操作指导】

(1) 在"系统管理"界面中，执行"权限/权限"命令，进入"操作员权限"窗口，在窗口左侧选择操作员"张德"，单击"修改"按钮，在窗口右侧选择对应账套"001 品尚公司"和年度"2018—2018"，按照表 2-1 中的资料要求勾选相应的功能项目，如图 2-12 所示。单击"保存"按钮，即可完成操作员功能权限的设置。

图 2-12　操作员功能权限设置

(2) 同理，按照表 2-1 中的资料要求完成其他操作员的功能权限设置。

提示：

由于在建立账套时已指定"邓国平"为账套主管，此处无须再设置。账套主管自动拥有管理该账套的所有权限。

(四) 修改账套信息

【操作指导】

(1) 以账套主管邓国平(编号 001)的身份登录"系统管理"，执行"系统/注册"命令，进入系统管理的"登录"对话框。输入操作员为 001 或"邓国平",密码为空,选择账套"[001]U8 101 品尚公司",操作日期为 2018-02-01,如图 2-13 所示。

图 2-13 账套主管登录系统管理

(2) 单击"登录"按钮,进入"系统管理"窗口,菜单中显示黑色字体的部分为账套主管可以操作的功能命令。

(3) 执行"账套/修改"命令,进入"修改账套"窗口,可修改的账套信息以白色显示,不可修改的账套信息以灰色显示。按照向导逐步完成账套信息的修改。

(4) 所有账套信息修改完成后,单击"完成"按钮,弹出系统提示信息"确认修改账套么?",单击"是"按钮,进一步修改"编码方案"和"数据精度",完成后,系统提示"修改账套成功!"。

(五) 账套输出

【操作指导】

(1) 以系统管理员(admin)的身份注册进入"系统管理"模块。

(2) 执行"账套/输出"命令,打开"账套输出"对话框,在"账套号"处选择需要输出的账套"[001]品尚公司",在"输出文件位置"处选择或输入要存放的目标驱动器和文件夹,如图 2-14 所示。

图 2-14 "账套输出"对话框

(3) 单击"确认"按钮,系统压缩数据形成备份文件,备份完成后,弹出"输出成功"提示窗口,单击"确定"按钮后,即返回系统管理界面。

提示：
- 只有系统管理员(admin)才能对账套进行输出。账套输出的文件名为 UFDATA.BAK 和 UfErpAct.Lst。
- 正在使用的账套是不允许删除的。若要删除被选中的某账套数据，则在输出账套时，勾选"删除当前输出账套"选项即可。
- 若要输出年度账(账套库)，则需要以账套主管身份(如邓国平)登录系统管理，执行"账套库/输出"功能，选择相应年度，单击"确认"按钮后即可完成。账套库(年度账)输出的文件名为 UFDATA.BAK 和 UfErpYer.Lst。

(六) 账套引入

【操作指导】

(1) 以系统管理员(admin)的身份注册进入"系统管理"模块。

(2) 执行"账套/引入"命令，选择账套引导文件 UfErpAct.Lst，提示当前默认路径，如图 2-15 所示，单击"确定"按钮后，需要选择引入账套的存放路径(可以选默认路径，也可以新建文件夹)。然后，弹出如图 2-16 所示的提示对话框，若要覆盖原来账套，则单击"是"按钮。引入成功后，系统将弹出"引入成功"提示窗口，如图 2-17 所示。

图 2-15　账套引入一

图 2-16　账套引入二

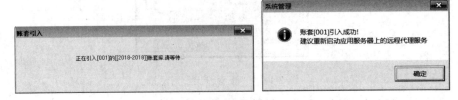

图 2-17　账套引入三

提示：
- 只有系统管理员(admin)可以执行引入账套的功能。被引入的账套文件名为 UFDATA.BAK 和 UfErpAct.Lst。
- 只有账套主管可以执行引入账套库(年度账)的功能，完成某年度账套数据的导入。被引入的某年度账套库文件名为 UFDATA.BAK 和 UfErpYer.Lst。

三、系统管理员与账套主管的权限

用友 ERP-U8 软件系统由多个子系统构成，各个子系统之间集成在一起、共享数据，实现财务业务一体化的管理，达到集成性、实时性、一致性。"系统管理"子系统是用友 ERP-U8 V10.1 的运行基础，为其他子系统提供账套、账套库及其他相关的基础信息。

系统管理的主要功能包括：对账套的建立、修改、引入和输出管理；对账套库(年度账)的建立、引入、输出、初始化、清空账套库数据；对角色、用户、权限分配的集中管理，以及对系统安全的管理等。系统管理的使用者是企业的信息管理人员，包括系统管理员 admin、安全管理员 Sadmin、管理员用户和账套主管，他们拥有不同操作权限，如表 2-2 所示。

表 2-2 系统管理员(admin)、安全管理员(Sadmin)、管理员用户和账套主管权限明细

主要功能	详细功能1	详细功能2	系统管理员(admin)	安全管理员(Sadmin)	管理员用户	账套主管
账套操作	账套建立	建立新账套	Y	N	N	N
		建立账套库	N	N	N	Y
	账套修改		N	N	N	Y
	数据删除	账套数据删除	Y	N	N	N
		账套库数据删除	N	N	N	Y
	账套备份	账套数据输出	Y	N	N	N
		账套库数据输出	N	N	N	Y
	设置备份计划	设置账套数据备份计划	Y	N	N	N
		设置账套库数据备份计划	Y	N	Y	Y
		设置账套库增量备份计划	Y	N	Y	Y
	账套数据引入	账套数据引入	Y	N	N	N
		账套库数据引入	N	N	N	Y
	升级 SQL Server 数据		Y	N	Y	Y
	语言扩展		N	N	N	Y
	清空账套库数据		N	N	N	Y
	账套库初始化		N	N	N	Y

(续表)

主要功能	详细功能1	详细功能2	系统管理员(admin)	安全管理员(Sadmin)	管理员用户	账套主管
操作员与权限	角色	角色操作	Y	N	Y	N
	用户	用户操作	Y	N	Y	N
	权限	设置普通用户、角色权限	Y	N	Y	Y
其他操作	设置管理员用户权限		Y	N	N	N
	安全策略		N	Y	N	N
	数据清除及还原	日志数据清除及还原	N	Y	N	N
		工作流数据清除及还原	Y	N	N	N
	清除异常任务		Y	N	Y	N
	清除所有任务		Y	N	Y	N
	清除选定任务		Y	N	Y	N
	清退站点		Y	N	Y	N
	清除单据锁定		Y	N	Y	N
	上机日志		Y	Y	Y	N
	视图	刷新	Y	Y	Y	Y

注：Y表示具有权限，N表示不具有权限；管理员用户可操作的功能，以其实际拥有的权限为准，本表以最大权限为例。

由表2-2可知，系统管理员(admin)主要完成建立新账套、用户增删改、角色及用户权限设置、账套输出与引入、日志管理、系统异常处理等工作；账套主管主要完成修改账套、账套库建立与清除及备份与引入、其他用户权限设置等。

系统管理员(admin)不能登录"企业应用平台"操作业务工作。账套主管可以进入"企业应用平台"完成各项业务工作。一个账套的业务管理可以有一个或多个账套主管，一个账套主管也可以管理多个账套的业务工作。

第三章 企业基础档案设置

内容概述

本章的主要内容是在企业应用平台中进行操作的。企业应用平台是用友 ERP-U8 V10.1 管理软件的集成应用平台,它是访问系统的唯一入口,可以实现企业基础档案和基础数据的设置和维护、信息的及时沟通和传递、资源的有效利用等。

本章的主要内容是设置企业的基础档案信息、单据信息和会计科目期初余额等。

- 基础档案设置:设置用友 ERP-U8 V10.1 管理软件各个子系统公用的基础档案信息,主要包括企业部门档案、人员档案、客商信息、存货档案、财务信息、收付结算信息、业务信息的设置等。
- 单据设置:包括单据格式设置、单据编号设置、单据打印控制,可以根据实际情况添加或删除单据的某些设置,提供了个性化单据显示及打印格式的定义。
- 会计科目期初余额:期初余额以上期期末余额为基础,反映了以前期间的交易和上期采用的会计政策的结果。期初已存在的账户余额是由上期结转至本期的金额,或是上期期末余额调整后的金额。本章需要在总账系统中录入上月的会计科目期末余额数据信息作为本月会计科目期初余额数据,以保证数据的完整性和连贯性。

目的与要求

掌握在企业应用平台中建立企业的各项基础档案、进行单据设置以及期初余额录入的操作方法,理解各项企业基础档案设置在实际操作中所起的作用和含义,了解会计科目期初余额的录入在用友 ERP-U8 V10.1 系统中的重要作用。

企业"基础档案"资料由账套主管邓国平(人员编码001)登录企业应用平台进行设置。

【实验数据准备】

(1) 系统时间为 2018 年 2 月 1 日。
(2) 引入教学资源"实验数据"文件夹中的"第三章 数据账套准备"数据账套。

一、部门档案设置

完成企业各个职能部门的档案设置。品尚公司部门档案资料如表 3-1 所示。

【操作路径】企业应用平台/基础设置/基础档案/机构人员/部门档案

表 3-1 品尚公司部门档案资料

部门编码	部门名称	成立时间
1	总经理办公室	2009.02.01
2	财务部	2009.02.01
3	销售部	2009.02.01
4	采购部	2009.02.01
5	仓管部	2009.02.01
6	人力资源部	2009.02.01

二、企业人员类别设置

完成企业各部门人员类别的设置。品尚公司人员类别编码资料如表 3-2 所示。

【操作路径】企业应用平台/基础设置/基础档案/机构人员/人员类别

表 3-2 品尚公司人员类别编码资料

人员类别编码与名称	档案编码	档案名称
101 正式工	10101	企管人员
101 正式工	10102	财务人员
101 正式工	10103	采购人员
101 正式工	10104	销售人员
101 正式工	10105	库管人员
101 正式工	10106	研发人员
101 正式工	10107	后勤人员
101 正式工	10108	其他人员
104 其他		其他

【操作指导】

(1) 在企业应用平台中,执行"基础设置/基础档案/机构人员/人员类别"命令,进入"人员类别"窗口,单击"增加"按钮,弹出"增加档案项"窗口,输入档案编码为 104,档案名称为"其他",如图 3-1 所示。

图 3-1 "增加档案项"窗口

(2) 同理,单击"正式工"选项,再单击"增加"按钮,按照表 3-2 录入相关信息,结果如图 3-2 所示。

图 3-2 "人员类别"窗口

三、人员档案设置

完成企业各个部门的人员档案设置。品尚公司人员档案资料如表 3-3 所示。

【操作路径】企业应用平台/基础设置/基础档案/机构人员/人员档案

表 3-3 品尚公司人员档案资料

人员编码	人员姓名	性别	行政部门	人员类别	雇佣状态	银行名称	银行账号	是否操作员	是否业务员
001	邓国平	男	总经理办公室	企管人员	在职	中国工商银行	62220202001	否	是
002	张 德	男	财务部	财务人员	在职	中国工商银行	62220202002	否	是
003	王致远	男	财务部	财务人员	在职	中国工商银行	62220202003	否	是
004	王 艳	女	财务部	财务人员	在职	中国工商银行	62220202004	否	是
005	徐腾飞	男	销售部	销售人员	在职	中国工商银行	62220202005	否	是
006	郑 爽	女	销售部	销售人员	在职	中国工商银行	62220202006	否	是
007	刘 旭	男	采购部	采购人员	在职	中国工商银行	62220202007	否	是
008	张晓琪	女	仓管部	库管人员	在职	中国工商银行	62220202008	否	是
009	姜 伟	男	人力资源部	企管人员	在职	中国工商银行	62220202009	否	是

【操作指导】

按照上述操作路径进入"人员档案"窗口,单击"增加"按钮,对人员档案信息进行设置。以"邓国平(编码 001)"为例,如图 3-3 所示。

图 3-3 "人员档案"窗口

四、地区分类设置

完成企业的地区分类设置。品尚公司地区分类设置资料如表 3-4 所示。

【操作路径】企业应用平台/基础设置/基础档案/客商信息/地区分类

表 3-4 品尚公司地区分类设置资料

分类编码	分类名称
01	华北
02	东北
03	华东
04	华中
05	华南
06	西南
07	西北

五、供应商分类设置

完成企业的供应商分类设置。品尚公司供应商分类资料如表 3-5 所示。
【操作路径】 企业应用平台/基础设置/基础档案/客商信息/供应商分类

表 3-5　品尚公司供应商分类资料

一级分类编码与名称	二级分类编码与名称
01 箱包商	01001 批发商
	01002 代销商
02 材料商	02001 批发商
03 汽车商	

六、供应商档案设置

完成企业的供应商档案设置。品尚公司供应商档案资料如表 3-6 所示。
【操作路径】 企业应用平台/基础设置/基础档案/客商信息/供应商档案

表 3-6　品尚公司供应商档案资料

编码	供应商名称	供应商简称	所属分类	币种	采购/委外/服务	所属地区	税号	开户银行	银行账号	地址	电话	发展日期
001	广州聚龙有限公司	聚龙公司	箱包批发商	人民币	采购	05	440055551212889	中国工商银行广州市海珠分理处	0200005010106132314	广州市海珠区海珠路8号	020-52012825	2016-09-01
002	广州欣悦有限公司	欣悦公司	箱包批发商	人民币	采购	05	440605763378906	中国建设银行广州市白云分理处	4600005006110629367	广州市白云北路98号	020-48201246	2016-09-01
003	北京易达有限公司	易达公司	材料批发商	人民币	采购	01	440681172527825	招商银行北京市西三环分理处	5532505362106547	北京市海淀区北沙滩路6号	010-68716667	2016-09-01
004	北京越阳汽车有限责任公司	越阳汽车公司	汽车商	人民币	采购	01	440574986994350	招商银行北京市中关村分理处	5532505362105987	北京市海淀区北清路11号	010-62698887	2015-07-01

【操作指导】

按照上述操作路径进入"修改供应商档案"窗口，进行供应商档案信息的设置。以"聚龙公司(编码001)"为例，结果如图3-4所示。

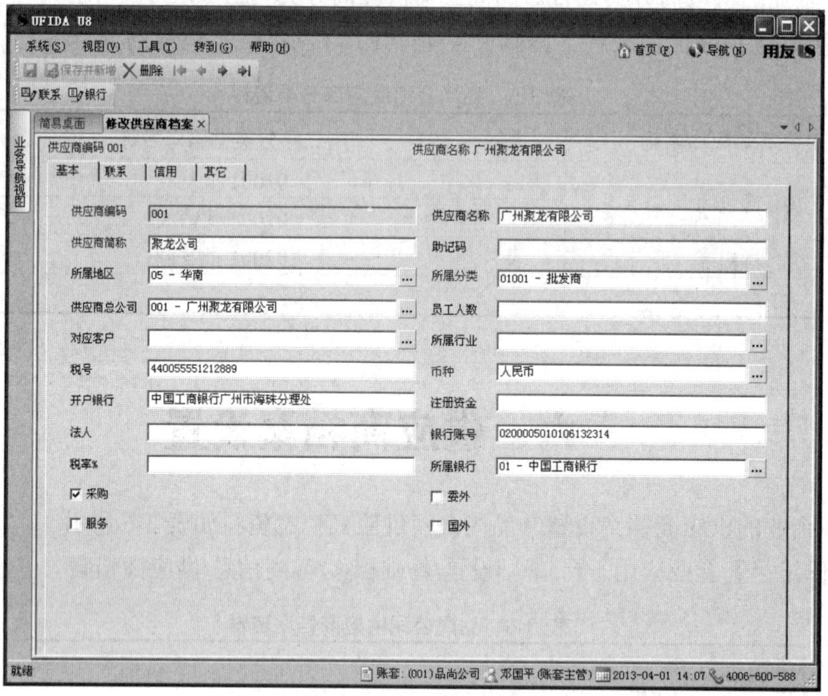

图3-4 "修改供应商档案"窗口

七、客户分类设置

完成企业的客户分类设置。品尚公司客户分类资料如表3-7所示。

【操作路径】企业应用平台/基础设置/基础档案/客商信息/客户分类

表3-7 品尚公司客户分类资料

客户分类编码	客户分类名称
01	零售商
02	批发商

八、客户级别设置

完成企业的客户级别设置。品尚公司客户级别资料如表3-8所示。

【操作路径】企业应用平台/基础设置/基础档案/客商信息/客户级别

表 3-8　品尚公司客户级别资料

客户级别编码	客户级别名称
01	VIP 客户
02	重要客户
03	一般客户

九、客户档案设置

完成企业的客户档案设置。品尚公司客户档案资料如表 3-9 所示。

【操作路径】企业应用平台/基础设置/基础档案/机构人员/客户档案

表 3-9　品尚公司客户档案资料

客户编码	客户名称	客户简称	所属分类	币种	所属地区	税号	开户银行	银行账号	地址	电话	发展日期
001	北京会友商贸有限公司	会友商场	零售商	人民币	华北	110120376458231	中国工商银行北京市西三旗分理处	0200001004105314875	北京市海淀区西三旗路 12 号	010-62107564	2016-09-01
002	北京嘉美有限公司	嘉美公司	批发商	人民币	华北	110612796122154	中国工商银行北京市安慧里分理处	0200001005103452871	北京市朝阳区安慧里路 1 号	010-65622301	2016-09-01
003	河北飞扬有限公司	飞扬公司	批发商	人民币	华北	110876970589876	中国工商银行保定市天威分理处	0200001006625103562	河北省保定市新市区天威路 81 号	0312-45318979	2016-09-01

十、存货分类设置

完成企业的存货分类设置。品尚公司存货分类资料如表 3-10 所示。

【操作路径】企业应用平台/基础设置/基础档案/存货/存货分类

表 3-10　品尚公司存货分类资料

一级分类编码与名称	二级分类编码与名称
01 商品	0101 箱包
	0102 包装材料
	0103 固定资产
02 劳务	

十一、存货计量单位组与计量单位设置

完成企业的存货计量单位组设置。品尚公司存货计量单位组资料如表3-11~表3-13所示。

【操作路径】企业应用平台/基础设置/基础档案/存货/计量单位

表3-11 品尚公司存货计量单位组资料

计量单位组编码	计量单位组名称	计量单位组类别
01	无固定换算率	无换算率

表3-12 品尚公司存货计量单位资料

计量单位编码	计量单位名称	计量单位组
01	个	01 无固定换算率
02	件	01 无固定换算率
03	元	01 无固定换算率
04	次	01 无固定换算率
05	辆	01 无固定换算率

表3-13 计量单位

计量单位编码	计量单位名称	计量单位组编码	计量单位组名称	计量单位组类别
01	个	01	无固定换算率	无换算率
02	件	01	无固定换算率	无换算率
03	元	01	无固定换算率	无换算率
04	次	01	无固定换算率	无换算率
05	辆	01	无固定换算率	无换算率

【操作指导】

(1) 按照上述操作路径进入"计量单位"窗口,单击"分组"按钮,进入"计量单位组"窗口进行相关设置,结果如图3-5所示,单击"退出"按钮。

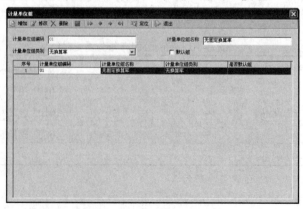

图3-5 "计量单位组"窗口

(2) 在"计量单位"窗口，单击"单位"按钮，进入"计量单位"窗口，按照表 3-12 和表 3-13 的内容进行相关设置，结果如图 3-6 所示。

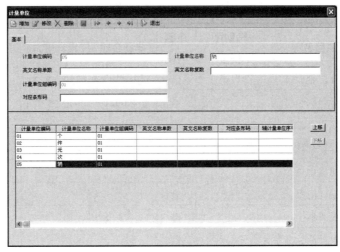

图 3-6 "计量单位"窗口

十二、存货档案设置

完成企业的存货档案设置。品尚公司存货档案资料如表 3-14 所示。

【操作路径】企业应用平台/基础设置/基础档案/存货/存货档案

表 3-14 品尚公司存货档案资料

基本					
存货编码	存货名称	主计量单位	税率/%	存货分类	存货属性
00001	牛皮单肩女包	个	17	0101 箱包	外购、内销、外销
00002	牛仔布双肩女包	个	17	0101 箱包	外购、内销、外销
00003	羊皮男士商务包	个	17	0101 箱包	外购、内销、外销
00004	男士双肩电脑包	个	17	0101 箱包	外购、内销、外销
00005	运输费	次	7	02 劳务	应税劳务
00006	汽车	辆	17	0103 固定资产	外购、资产

十三、会计科目及其期初余额设置及录入

完成企业会计科目设置及其期初余额录入。品尚公司会计科目设置及其余额录入资料如表 3-15 所示。

会计科目设置路径：

【操作路径】企业应用平台/基础设置/基础档案/财务/会计科目

期初余额录入路径：

【操作路径】 企业应用平台/业务工作/财务会计/总账/设置/期初余额

表3-15　品尚公司会计科目设置及其余额录入资料

科目编码	科目名称	辅助账类型	余额方向	年初余额	累计借方	累计贷方	期初余额
1001	库存现金	日记	借	39 772.38	30 096.24	15 000	54 868.62
1002	银行存款		借	260 097	972 257	920 000	312 354
100201	工行存款	银行、日记	借	260 097	972 257	920 000	312 354
100202	建行存款	银行、日记	借				
1012	其他货币资金		借				
101201	银行汇票		借				
1121	应收票据		借				
112101	银行承兑汇票		借				
112102	商业承兑汇票		借				
1122	应收账款	客户往来	借	47 472	50 000	71 700	25 772
1123	预付账款	供应商往来	借				
1221	其他应收款		借				
1231	坏账准备		贷	800			800
1401	材料采购		借				
1402	在途物资	项目核算	借				
1403	原材料		借				
1405	库存商品	项目核算	借	242 500	900 000	825 000	317 500
1406	发出商品		借	63 710	70 000	112 650	21 060
1409	委托代销商品		借				
1511	长期股权投资		借				
151101	其他股权投资		借				
1531	长期应收款		借				
1601	固定资产		借	216 000			216 000
1602	累计折旧		贷	33 091.20		6 012	39 103.20
1603	固定资产减值准备		贷				

(续表)

科目编码	科目名称	辅助账类型	余额方向	年初余额	累计借方	累计贷方	期初余额
1604	在建工程		借				
1606	固定资产清理		借				
1701	无形资产		借				
1703	无形资产减值准备		贷				
1801	长期待摊费用		借				
1901	待处理财产损溢		借				
190101	待处理流动资产损溢		借				
190102	待处理固定资产损溢		借				
2001	短期借款		贷				
2201	应付票据		贷				
220101	银行承兑汇票		贷				
220102	商业承兑汇票		贷				
2202	应付账款		贷	182 250	227 900	207 500	161 850
220201	暂估应付账款	供应商往来	贷	112 500	140 000	125 000	97 500
220202	一般应付账款	供应商往来	贷	69 750	87 900	82 500	64 350
2203	预收账款	客户往来	贷				
2211	应付职工薪酬		贷	4 859.15	162 072	169 948	12 735.15
221101	工资	部门核算	贷		130 000	130 000	
221102	职工福利	部门核算	贷				
221103	社会保险费	部门核算	贷	663.90	14 392	18 568	4 839.9
221104	住房公积金	部门核算	贷	3 342	11 280	13 680	5 742
221105	工会经费	部门核算	贷	557	2 800	3 200	957
221106	职工教育经费	部门核算	贷	296.25	3 600	4 500	1 196.25
221107	其他	部门核算	贷				

(续表)

科目编码	科目名称	辅助账类型	余额方向	年初余额	累计借方	累计贷方	期初余额
2221	应交税费		贷	13 368.33	105 795.47	140 270.71	47 843.57
222101	应交增值税		贷				
22210101	进项税额		贷				
22210102	进项税额转出		贷				
22210103	销项税额		贷				
22210104	已交税金		贷				
22210105	出口退税		贷				
22210106	转出未交增值税		贷				
222102	未交增值税		贷		65 314	97 971	32 657
222103	应交所得税		贷	10 000	30 000	31 400	11 400
222104	应交个人所得税		贷	619.22	1 200.96	1 102.61	520.87
222105	应交城市维护建设税		贷	2 028.78	6 600.76	6 857.97	2 285.99
222106	应交教育费附加		贷	720.33	2 679.75	2 939.13	979.71
2231	应付利息		贷				
2241	其他应付款		贷	6 182.70	20 868	25 308	10 622.70
224101	应付社会保险费		贷	2 840.70	9 588	11 628	4 880.70
224102	应付住房公积金		贷	3 342	11 280	13 680	5 742
2501	长期借款		贷				
2701	长期应付款		贷				
4001	实收资本		贷	375 000			375 000
4002	资本公积		贷				
4101	盈余公积		贷	54 000			54 000
4103	本年利润		贷		1 267 347	1 312 947	45 600
4104	利润分配		贷	200 000			200 000
410401	提取法定盈余公积		贷				

(续表)

科目编码	科目名称	辅助账类型	余额方向	年初余额	累计借方	累计贷方	期初余额
410402	提取任意盈余公积		贷				
410403	应付现金股利或利润		贷				
410404	转作股本的股利		贷				
410405	盈余公积补亏		贷				
410406	未分配利润		贷	200 000			200 000
6001	主营业务收入	项目核算	贷		1 890 000	1 890 000	
6051	其他业务收入		贷				
6301	营业外收入		贷				
6401	主营业务成本	项目核算	借		1 530 500	1 530 500	
6402	其他业务成本		借				
6403	营业税金及附加		借		2 400	2 400	
6601	销售费用		借		56 543	56 543	
660101	包装费		借				
660102	广告费		借				
660103	运杂费		借		3 600	3 600	
660104	职工薪酬		借		41 400	41 400	
660105	业务招待费		借				
660106	折旧费		借		7 803	7 803	
660107	差旅费		借		3 740	3 740	
660108	其他		借				
6602	管理费用		借		117 128	117 128	
660201	职工薪酬	部门核算	借		110 550	110 550	
660202	办公费	部门核算	借				
660203	差旅费	部门核算	借				
660204	业务招待费	部门核算	借				
660205	折旧费	部门核算	借		1 934	1 934	

(续表)

科目编码	科目名称	辅助账类型	余额方向	年初余额	累计借方	累计贷方	期初余额
660206	其他	部门核算	借		4 644	4 644	
6603	财务费用		借				
6701	资产减值损失		借				
6711	营业外支出		借				
6801	所得税费用		借		33 000	33 000	
6901	以前年度损益调整		借				

会计科目期初余额明细资料如下。

(1) "一般应付账款"科目设置为应付系统受控科目;"暂估应付账款"科目设置为应付系统不受控科目。

(2) 应收账款期初往来明细表如表3-16所示。应收账款期初余额为飞扬公司购买牛仔布双肩女包的货款25 272元和代垫运费500元,合计25 772元。

表3-16 应收账款期初往来明细表

日期	客户	业务员	摘要	方向	金额	票号	票据日期
2017-04-20	飞扬公司	郑爽	销售牛仔布双肩女包	借	25 272	12500331	2017-04-20
2017-04-20	飞扬公司	郑爽	代垫运费	借	500		

【操作指导】

① 执行"企业应用平台/业务工作/财务会计/总账/设置/期初余额"命令,进入"期初余额录入"窗口,双击"应收账款"科目所在行的"期初余额"栏,进入"辅助期初余额"窗口,再单击"往来明细"按钮,进入"期初往来明细"界面,单击"增行"按钮,按照表3-15中的内容,录入应收账款的期初往来明细资料,结果如图3-7所示。

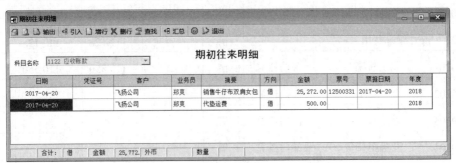

图3-7 应收账款的期初往来明细

② 单击"汇总"按钮，完成往来明细的汇总计算，退出窗口，返回"辅助期初余额"窗口，再完成累计借方和累计贷方金额的录入，结果如图 3-8 所示。

图 3-8　应收账款辅助期初余额

(3) 库存商品期初余额与累计发生额明细表信息如表 3-17 所示。

表 3-17　库存商品期初余额与累计发生额明细表信息

库存商品	累计借方金额	累计贷方金额	期初余额
牛仔布双肩女包	450 000	400 000	220 000
羊皮男士商务包	450 000	425 000	97 500
合计	900 000	825 000	317 500

(4) 应付账款期初往来明细表信息如表 3-18 所示。此笔业务为与供应商的往来金额 161 850 元，其中欣悦公司的"牛仔布双肩女包"为一般应付账款 64 350 元，聚龙公司的"羊皮男士商务包"为暂估应付账款 97 500 元。操作步骤如下。

表 3-18　应付账款期初往来明细表

日期	供应商	业务员	摘要	方向	金额	票号	票据日期
2018-01-19	聚龙公司	刘旭	购买羊皮男士商务包暂估入库	贷	97 500		
2018-01-15	欣悦公司	刘旭	购买牛仔布双肩女包	贷	64 350	G0010	2018-01-15

【操作指导】

① 执行"企业应用平台/业务工作/财务会计/总账/设置/期初余额"命令，进入"期初余额录入"窗口，双击"暂估应付账款"科目所在行的"期初余额"栏，进入"辅助期初余额"窗口，单击"往来明细"按钮，进入"期初往来明细"界面，单击"增行"按钮，按照表 3-18 期初往来明细内容录入，结果如图 3-9 所示。

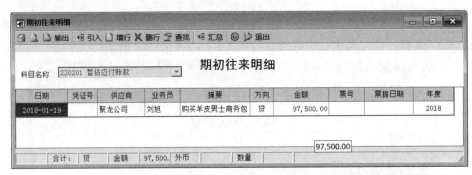

图 3-9 暂估应付账款的期初往来明细

② 单击"汇总"按钮,完成往来明细的汇总计算,退出窗口,返回"辅助期初余额"窗口,再完成累计借方和累计贷方金额的录入,结果如图 3-10 所示。

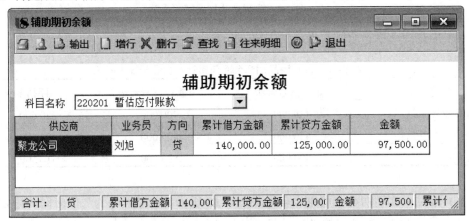

图 3-10 暂估应付账款的辅助期初余额

③ 同理,在"期初余额录入"窗口,双击"一般应付账款"科目所在行的"期初余额"栏,进入"辅助期初余额"窗口,单击"往来明细"按钮,进入"期初往来明细"界面,单击"增行"按钮,按照表 3-18 录入期初往来明细,结果如图 3-11 所示。

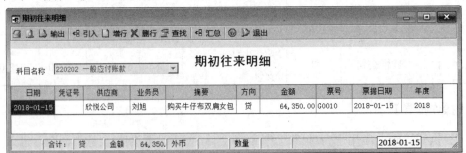

图 3-11 一般应付账款的期初往来明细

④ 单击"汇总"按钮,完成往来明细的汇总计算,退出窗口,返回"辅助期初余额"窗口,再完成累计借方和累计贷方金额的录入,结果如图 3-12 所示。

图 3-12　一般应付账款的辅助期初余额

(5) 应付职工薪酬科目期初余额与累计发生额明细表如表 3-19 所示。

表 3-19　应付职工薪酬科目期初余额与累计发生额明细表

	累计借方金额	累计贷方金额	期初余额
应付职工薪酬——工资	130 000	130 000	
总经理办公室	40 000	40 000	
财务部	30 000	30 000	
销售部	30 000	30 000	
采购部	10 000	10 000	
仓管部	10 000	10 000	
人力资源部	10 000	10 000	
应付职工薪酬——社会保险费	14 392	18 568	4 839.9
总经理办公室	4 530.32	5 080	1 081.2
财务部	3 802.15	5 103.2	1 331.1
销售部	3 570.02	4 741.6	1 407.6
采购部	856.67	1 247.2	346.8
仓管部	776.17	1 148.8	331.5
人力资源部	856.67	1 247.2	341.7
应付职工薪酬——住房公积金	11 280	13 680	5 742
总经理办公室	1 781	2 160	1 320
财务部	3 651	4 428	1 566
销售部	2 939	3 564	1 656
采购部	980	1 188	408
仓管部	949	1 152	390
人力资源部	980	1 188	402
应付职工薪酬——工会经费	2 800	3 200	957
总经理办公室	442	505	220

(续表)

	累计借方金额	累计贷方金额	期初余额
财务部	906	1 036	261
销售部	729	834	276
采购部	243	278	68
仓管部	237	269	65
人力资源部	243	278	67
应付职工薪酬——职工教育经费	3 600	4 500	1 196.25
总经理办公室	989	1 132	275
财务部	1 003	1 295	326.25
销售部	808	1 042	345
采购部	269	347	85
仓管部	262	337	81.25
人力资源部	269	347	83.75

(6) 主营业务收入、主营业务成本均设置为牛皮单肩女包的收入和成本。

(7) 管理费用科目累计发生额明细表如表3-20所示。

表 3-20 管理费用科目累计发生额明细表

	累计借方金额	累计贷方金额
管理费用——职工薪酬	110 550	110 550
总经理办公室	39 150	39 150
财务部	41 400	41 400
采购部	10 200	10 200
仓管部	9 750	9 750
人力资源部	10 050	10 050
管理费用——折旧费	1 934	1 934
总经理办公室	952	952
财务部	982	982
管理费用——其他	4 644	4 644
总经理办公室	1 744	1 744
财务部	1 608	1 608
采购部	436	436
仓管部	420	420
人力资源部	436	436

十四、项目目录设置

完成商品项目管理的目录设置,相关资料如表 3-21 所示。

【操作路径】企业应用平台/基础设置/基础档案/财务/项目目录

表 3-21　项目目录设置

项目 设置步骤	设置内容			
项目大类	商品项目管理	商品项目管理	商品项目管理	商品项目管理
核算科目	在途物资	库存商品	主营业务收入	主营业务成本
项目分类	1 潮流女包 2 精品男包	1 潮流女包 2 精品男包	1 潮流女包 2 精品男包	1 潮流女包 2 精品男包
项目目录	101 牛皮单肩女包 102 牛仔布双肩女包 201 羊皮男士商务包 202 男士双肩电脑包	101 牛皮单肩女包 102 牛仔布双肩女包 201 羊皮男士商务包 202 男士双肩电脑包	101 牛皮单肩女包 102 牛仔布双肩女包 201 羊皮男士商务包 202 男士双肩电脑包	101 牛皮单肩女包 102 牛仔布双肩女包 201 羊皮男士商务包 202 男士双肩电脑包

【操作指导】

(1) 定义项目大类。

按照上述操作路径进入"项目档案"窗口,单击"增加"按钮,打开"项目大类定义增加"对话框,输入新项目大类名称为"商品项目管理",单击"下一步"按钮,其他设置均采用系统默认值。最后单击"完成"按钮,返回"项目档案"窗口。

(2) 指定核算科目。

在"项目档案"窗口中,打开"核算科目"选项卡,选择项目大类为"商品项目管理",再单击">"按钮分别选择要参加核算的科目"在途物资""库存商品""主营业务收入""主营业务成本",单击"确定"按钮完成,如图 3-13 所示。

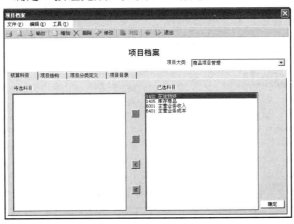

图 3-13　项目档案—核算科目设置

(3) 定义项目分类。

在"项目档案"窗口中,打开"项目分类定义"选项卡,单击右下角的"增加"按钮,输入分类编码 1,输入分类名称"潮流女包",单击"确定"按钮。同理,参照表 3-21 定义"2 精品男包"项目分类,如图 3-14 所示。

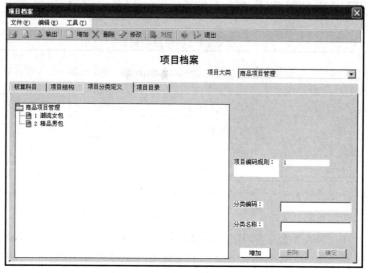

图 3-14 项目档案—项目分类定义

(4) 定义项目目录。

在"项目档案"窗口中,打开"项目目录"选项卡,单击"维护"按钮,进入"项目目录维护"窗口,单击"增加"按钮,输入项目编号 101,输入项目名称"牛皮单肩女包",选择所属分类码 1。同理,参照表 3-21 继续增加"牛仔布双肩女包""羊皮男士商务包""男士双肩电脑包"项目,结果如图 3-15 所示。

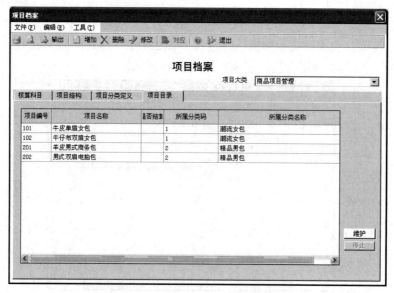

图 3-15 项目档案—项目目录设置

十五、凭证类别设置

完成企业凭证类别设置。凭证类别资料如表 3-22 所示。

【操作路径】企业应用平台/基础设置/基础档案/财务/凭证类别

表 3-22 凭证类别资料

类别字	类别名称	限制类型	限制科目
收	收款凭证	借方必有	1001,1002
付	付款凭证	贷方必有	1001,1002
转	转账凭证	凭证必无	1001,1002

十六、结算方式设置

完成企业结算方式设置。结算方式资料如表 3-23 所示。

【操作路径】企业应用平台/基础设置/基础档案/收付结算/结算方式

表 3-23 结算方式资料

一级结算方式编码及名称	二级结算方式编码	二级结算方式名称
1 现金		
2 支票	201	现金支票
	202	转账支票
3 银行汇票		
4 商业汇票	401	银行承兑汇票
	402	商业承兑汇票
5 电汇		
6 同城特约委托收款		

十七、付款条件设置

完成企业付款条件设置。付款条件资料如表 3-24 所示。30 天付款，无优惠；若 10 天内付款，优惠 2%。

【操作路径】企业应用平台/基础设置/基础档案/收付结算/付款条件

表 3-24 付款条件资料

付款条件编码	付款条件名称	信用天数	优惠天数 1	优惠率 1	优惠天数 2	优惠率 2
01	2/10, n/30	30	10	2	30	0

【操作指导】

按照上述操作路径进入"付款条件"界面,录入相关信息,如图 3-16 所示。

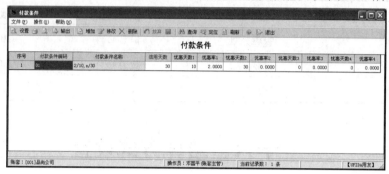

图 3-16 付款条件设置

十八、开户银行设置

完成企业开户银行设置。品尚公司开户银行资料如表 3-25 所示。

【操作路径】企业应用平台/基础设置/基础档案/收付结算/本单位开户银行

表 3-25 品尚公司开户银行资料

编码	银行账号	开户银行	所属银行编码	签约标志
01	622202020087	中国工商银行北京市海淀支行	01 中国工商银行	检查收付账号

十九、仓库档案设置

完成企业仓库档案设置。仓库档案资料如表 3-26 所示。

【操作路径】企业应用平台/基础设置/基础档案/业务/仓库档案

表 3-26 仓库档案资料

仓库编码	仓库名称	部门	计价方式	仓库属性	参与 MRP、ROP 计算	记入成本	纳入可用量计算	资产仓
0010	女包仓库	仓管部	全月平均法	普通仓	否、否	是	是	否
0020	男包仓库	仓管部	全月平均法	普通仓	否、否	是	是	否
0030	材料仓库	仓管部	全月平均法	普通仓	否、否	是	是	否
0040	固定资产仓库	仓管部	全月平均法	普通仓	否、否	否	是	是

二十、收发类别设置

完成企业收发类别设置。收发类别资料如表 3-27 所示。

【操作路径】企业应用平台/基础设置/基础档案/业务/收发类别

表 3-27 收发类别资料

收发类别编码	收发类别名称	收发类别标志
1	正常入库	收
11	采购入库	
12	采购退货	
13	调拨入库	
14	其他入库	
2	非正常入库	
21	盘盈入库	
22	其他入库	
6	正常出库	发
61	销售出库	
62	销售退货	
63	调拨出库	
64	其他出库	
7	非正常出库	
71	盘亏出库	
72	其他出库	

二十一、采购类型设置

完成企业采购类型设置。采购类型资料如表 3-28 所示。

【操作路径】企业应用平台/基础设置/基础档案/业务/采购类型

表 3-28 采购类型资料

采购类型编码	采购类型名称	入库类别	列入 MPS/MRP 计划
01	厂家供货	11(采购入库)	否
02	批发商供货	11(采购入库)	否
03	代销商供货	11(采购入库)	否
04	采购退回	12(采购退货)	否

二十二、销售类型设置

完成企业销售类型设置。销售类型资料如表 3-29 所示。

【操作路径】企业应用平台/基础设置/基础档案/业务/销售类型

表 3-29 销售类型资料

销售类型编码	销售类型名称	出库类别	列入 MPS/MRP 计划
01	批发	61(销售出库)	否
02	零售	61(销售出库)	否
03	销售退回	61(销售出库)	否

二十三、费用项目分类设置

完成企业费用项目分类设置。费用项目分类资料如表 3-30 所示。

【操作路径】企业应用平台/基础设置/基础档案/业务/费用项目分类

表 3-30 费用项目分类资料

分类编码	分类名称
1	销售费用
2	管理费用

二十四、费用项目设置

完成企业费用项目设置。费用项目资料如表 3-31 所示。

【操作路径】企业应用平台/基础设置/基础档案/业务/费用项目

表 3-31 费用项目资料

费用项目编码	费用项目名称	费用项目分类名称
01	运杂费	1 销售费用
02	包装费	1 销售费用
03	业务招待费	2 管理费用

二十五、发运方式设置

完成企业发运方式设置。发运方式资料如表 3-32 所示。

【操作路径】企业应用平台/基础设置/基础档案/业务/发运方式

表 3-32　发运方式资料

发运方式编码	发运方式名称
01	送货
02	提货
03	发货

二十六、单据编号设置

将"采购订单""采购专用发票""采购普通发票""采购运费发票""销售订单""销售专用发票""销售普通发票"的单据编号设置修改为"手工改动,重号时自动重取"。

【操作路径】企业应用平台/基础设置/单据设置/单据编号设置

【操作指导】

按照上述操作路径进入"单据编号设置"窗口,进行相关设置。以"采购订单"为例,在单据类型中查到采购订单,单击"修改"按钮,勾选"手工改动,重号时自动重取"复选框,单击"保存"按钮,结果如图 3-17 所示。

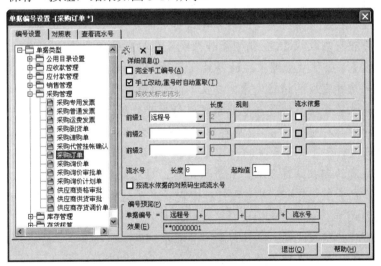

图 3-17　采购订单单据编号设置

第四章 业务子系统初始设置

内容概述

本章内容是在企业应用平台中进行操作的，包括设置各业务子系统的初始参数及进行期初数据的录入。期初数据的完整准确可以保证手工业务与软件处理的衔接和数据的连贯。主要内容包括以下几个方面。

- 采购管理与应付款管理：采购管理系统及应付款管理系统的参数包括其子系统选项参数设置、应付款管理系统的科目设置等。期初数据包括采购与应付款业务上月期末尚未结算完成的采购发票、应付单、预付单据、应付票据等。期初数据录入完成后，应付款管理系统要与总账系统进行对账处理，完成账账核对。
- 销售管理与应收款管理：销售管理系统及应收款管理系统的参数包括其子系统选项参数设置、应收款管理系统的科目设置等。期初数据包括销售与应收款业务上月期末尚未结算完成的销售发票、应收单、预收单据、应收票据等。期初数据录入完成后，应收款管理系统要与总账系统进行对账处理，完成账账核对。
- 库存管理与存货核算管理：库存管理系统和存货核算管理系统的参数包括其子系统选项设置、存货核算系统的科目设置等。期初数据包括各仓库存货的期初结存数量和各存货的期初结存金额，并进行记账、对账处理。
- 固定资产管理：期初设置主要针对固定资产系统的各项参数、折旧科目、折旧方法、增减方式等，以及企业固定资产原始卡片。
- 薪资管理：期初设置主要针对薪资管理系统的账套参数、工资类别、工资项目、工资公式等，以及在职人员信息、企业员工期初工资数据等。
- 总账系统：期初设置包括设置总账系统各项参数、指定会计科目等，以及与各业务子系统进行期初数据对账。

目的与要求

掌握在企业应用平台中对各业务子系统初始设置和期初数据录入的操作方法，理解各业务子系统的初始设置在实际操作中所起的作用和含义。

业务子系统初始资料设置由账套主管邓国平(人员编码 001)登录企业应用平台进行设置。

第四章 业务子系统初始设置

【实验数据准备】

(1) 系统时间为 2018 年 2 月 1 日。

(2) 引入教学资源"实验数据"文件夹中的"第四章 数据账套准备"数据账套。

一、采购管理与应付款管理

(一) 采购管理与应付款管理的参数设置与核算规则设置

1. 采购管理系统参数设置

除系统默认设置之外,还需如下参数设置。

业务及期限控制:将"订单\到货单\发票单价录入方式"设置为"取自供应商存货价格表价格"。

【操作指导】

(1) 在企业应用平台中,执行"业务工作/供应链/采购管理/设置/采购选项"命令,打开"采购系统选项设置"窗口。

(2) 在"业务及权限控制"选项卡中,选择"订单\到货单\发票单价录入方式"为"取自供应商存货价格表价格",其他选项按系统默认设置,如图 4-1 所示。单击"确定"按钮,保存系统参数的设置,关闭"采购系统选项设置"窗口。

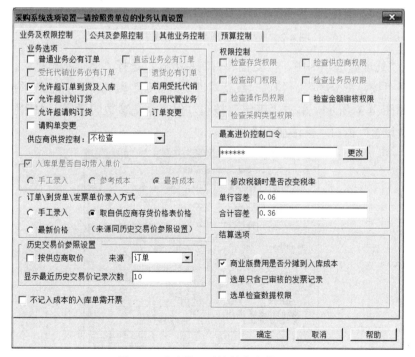

图 4-1 采购管理系统基本参数设置

2. 应付款管理系统参数设置

除系统默认设置之外，还需如下参数设置。
- 常规："单据审核日期依据"选择"单据日期"。
- 凭证："受控科目制单方式"选择"明细到单据"，"采购科目依据"选择"按存货分类"，勾选"红票对冲生成凭证"。

【操作指导】

(1) 在企业应用平台中，执行"业务工作/财务会计/应付款管理/设置/选项"命令，打开"账套参数设置"窗口。

(2) 在"常规"选项卡中，单击"编辑"按钮，使所有参数处于可修改状态，"单据审核日期依据"选择"单据日期"，其他选项按系统默认设置(其中"应付账款核算模型"默认为"详细核算")，如图 4-2 所示。

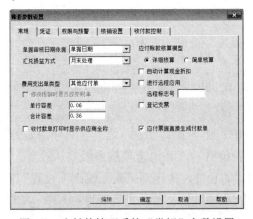

图 4-2　应付款管理系统"常规"参数设置

(3) 在"凭证"选项卡中，"受控科目制单方式"选择"明细到单据"，"采购科目依据"选择"按存货分类"，勾选"红票对冲生成凭证"复选框，其他选项按系统默认设置，结果如图 4-3 所示。单击"确定"按钮，保存系统参数的设置，关闭应付款管理的"账套参数设置"窗口，重注册修改生效。

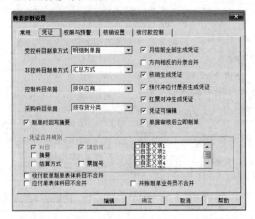

图 4-3　应付款管理系统"凭证"参数设置

3. 应付款管理系统科目设置

完成应付款管理系统相应科目设置，资料如表4-1所示。

【操作路径】 业务工作/财务会计/应付款管理/设置/初始设置

表4-1 应付款管理系统科目设置

科目类别	设置方式
基本科目设置	应付科目(本币)：220202 应付账款——一般应付账款
	预付科目(本币)：1123 预付账款
	采购科目：1402 在途物资
	税金科目：22210101 应交税费——应交增值税——进项税额
	固定资产采购科目：1601 固定资产
产品科目设置	0101 箱包　采购科目：1402 在途物资
	税金科目：22210101 应交税费——应交增值税——进项税额
结算方式科目设置	结算方式为现金；科目为1001 库存现金
	结算方式为现金支票；科目为100201 银行存款——工行存款
	结算方式为转账支票；科目为100201 银行存款——工行存款
	结算方式为银行汇票；科目为101201 其他货币资金——银行汇票
	结算方式为银行承兑汇票；科目为220101 应付票据——银行承兑汇票
	结算方式为商业承兑汇票；科目为220102 应付票据——商业承兑汇票
	结算方式为电汇；科目为100201 银行存款——工行存款
	结算方式为同城特约委托收款；科目为100201 银行存款——工行存款

注：(1) 基本科目设置：在应付款管理系统中，按照表4-1中的资料录入基本会计科目。

(2) 产品科目与结算方式科目设置：在应付款管理系统中，按照表4-1中的资料录入对应的会计科目。结算方式科目设置币种均为"人民币"。

【操作指导】

(1) 在企业应用平台中，执行"业务工作/财务会计/应付款管理/设置/初始设置"命令，打开"初始设置"窗口。单击左边栏设置科目下的"基本科目设置"，再单击"增加"按钮，在"基础科目种类"列表框下，选择"应付科目"对应的"科目"为220202，币种为"人民币"。同理，依次根据表4-1完成相应基本科目设置，结果如图4-4所示。

(2) 单击"设置科目"中的"产品科目设置"，参照表4-1完成应付款管理系统中产品科目设置的相应内容，结果如图4-5所示。

(3) 单击"设置科目"中的"结算方式科目设置"，根据表4-1中的内容，完成对应付款管理系统结算方式科目的设置，结果如图4-6所示。

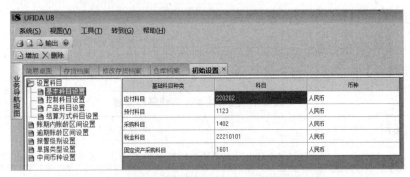

图 4-4　应付款管理系统基本科目设置

图 4-5　应付款管理系统产品科目设置

图 4-6　应付款管理系统结算方式科目设置

提示：
- 应付和预付科目已经在科目档案中指定为应付款管理系统的受控科目。
- 应付票据科目设置为不受控科目，在结算方式科目设置中录入其对应的应付票据明细科目。
- 如果需要为不同的供应商(供应商分类、地区分类)分别设置应付款核算科目和预付款核算科目，则在"控制科目设置"中设置。

4. 账龄区间与逾期账龄区间设置

账龄区间与逾期账龄区间设置如表 4-2 所示。

表 4-2 账龄区间与逾期账龄区间设置

序号	起止天数	总天数
01	0～30	30
02	31～60	60
03	61～90	90
04	91～120	120
05	121 以上	

【操作指导】

(1) 在企业应用平台中,执行"业务工作/财务会计/应付款管理/设置/初始设置"命令,打开"初始设置"窗口。

(2) 单击"账期内账龄区间设置",根据表 4-2 中的内容,在"起止天数"栏录入相应的天数,完成对应付款管理账龄区间的设置,结果如图 4-7 所示。

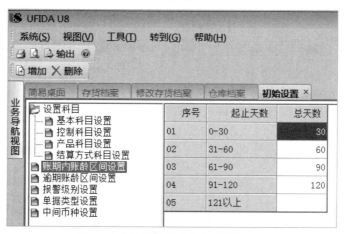

图 4-7 应付款管理系统账龄区间设置

(3) 单击"逾期账龄区间设置",根据表 4-2 中的内容,在"总天数"栏录入相应的天数,完成对应付款管理逾期账龄区间的设置。

(二) 采购管理与应付款管理的期初数据录入

1. 采购管理系统期初采购入库单

2018 年 1 月 19 日,采购部刘旭签订合同购入聚龙公司羊皮男士商务包 150 套,暂估单价为 650 元,验收合格后入男包仓库。发票未收到。

【操作指导】

(1) 在企业应用平台中，执行"业务工作/供应链/采购管理/采购入库/采购入库单"命令，打开"期初采购入库单"窗口。

(2) 单击"增加"按钮，修改新增入库单表头的"入库日期"为 2018-01-19，"仓库"为"男包仓库"，"供货单位"为"聚龙公司"，"部门"为"采购部"，"业务员"为"刘旭"，"入库类别"为"采购入库"，其他项按系统默认设置。

(3) 双击表体第一行的"存货编码"栏，并在打开的"采购存货档案"窗口中选择"羊皮男士商务包"后返回"期初采购入库单"窗口，完成存货的参照生成。

(4) 在表体第一行的"数量"栏输入 150，在"本币单价"栏输入 650，结果如图 4-8 所示。单击"保存"按钮，即完成暂估入库单信息的录入。

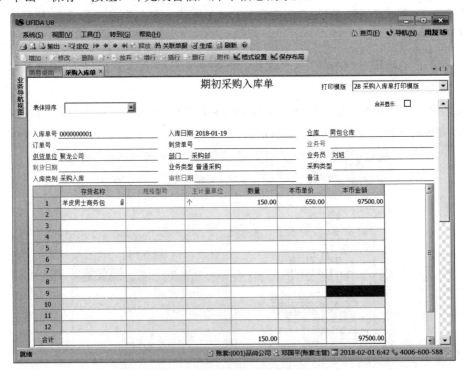

图 4-8 期初暂估入库单信息

提示：
- 采购管理系统的期初数据都必须在采购期初记账之前进行录入。
- 期初暂估入库单由采购管理系统的"采购入库"功能录入。当采购期初记账以后，采购入库单只能在库存管理系统的"入库业务/采购入库单"命令中录入或生成。
- 暂估入库单，在采购管理系统期初记账前可以修改和删除，但在期初记账后，不允许修改和删除。
- 如果需要修改期初暂估入库单的信息，则打开需要修改的暂估单，单击"修改"按钮，修改完毕后单击"保存"按钮即可。
- 如果需要删除暂估单，则打开需要删除的暂估单，单击"删除"按钮即可。

- 若企业有"票到货未到"的在途物资，则可先录入期初采购发票，待货物运达后再办理采购结算。

2. 采购管理系统期初采购专用发票

2018年1月15日，购买欣悦公司550个牛仔布双肩女包的采购专用发票(票号G0010)如表4-3所示。

表4-3 采购期初专用发票

发票类型	发票号	开票日期	供应商	采购类型	部门名称	业务员	发票日期	存货名称	数量	原币单价	价税合计
专用发票	G0010	2018-01-15	欣悦公司	批发商供货	采购部	刘旭	2018-01-15	牛仔布双肩女包	550	100	64 350

【操作指导】

在企业应用平台中，执行"业务工作/供应链/采购管理/采购发票/采购专用发票"命令，打开"期初专用发票"窗口，单击"增加"按钮，修改"发票号"为G0010，"开票日期"为2018-01-15，"供应商"为"欣悦公司"，"采购类型"为"批发商供货"，"业务员"为"刘旭"，"发票日期"为2018-01-15。表体中"存货编码"选择00002，"数量"为550，"原币单价"为100。单击"保存"按钮即完成录入，如图4-9所示。

图4-9 期初采购专用发票

3. 采购管理系统期初记账

【操作指导】

(1) 在企业应用平台中,执行"业务工作/供应链/采购管理/设置/采购期初记账"命令,打开"期初记账"窗口,如图 4-10 所示。

图 4-10　采购管理系统期初记账

(2) 单击"记账"按钮,系统弹出"期初记账完毕"信息提示框,单击"确定"按钮,完成采购管理系统期初记账。

提示:

- 采购期初记账是表明采购管理业务的往期单据录入工作已完成之后,进行的期初记账业务工作。
- 如果没有期初单据,可以不输入期初单据数据,但必须执行记账操作功能。

4. 供应商存货调价表

供应商存货调价表如表 4-4 所示。

表 4-4　供应商存货调价表

供应商	存货名称	原币单价	含税单价	数量下限	生效日期	是否促销价	税率/%	币种
欣悦公司	牛皮单肩女包	200	234	100	2018-02-01	否	17	人民币
	牛仔布双肩女包	100	117	100	2018-02-01	否	17	人民币
聚龙公司	羊皮男士商务包	500	585	100	2018-02-01	否	17	人民币
	男士双肩电脑包	150	175.5	100	2018-02-01	否	17	人民币

【操作指导】

(1) 在企业应用平台中,执行"业务工作/供应链/采购管理/供应商管理/供应商供货信息/供应商存货调价单"命令,打开"供应商存货调价单"窗口。

(2) 单击"增加"按钮，确认表头的"价格标识"为"含税价"，根据表 4-4 中的内容设置供应商存货调价单信息，结果如图4-11所示。

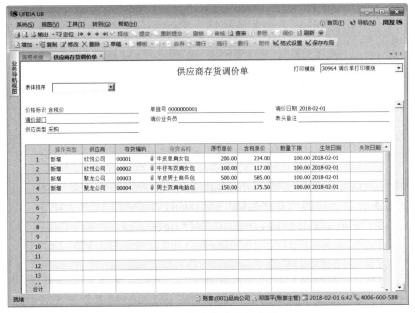

图4-11　供应商存货调价单

(3) 单击"保存"按钮，保存调价单。单击"审核"按钮，审核通过调价单，系统将自动更新供应商存货价格表，完成存货的"定价"操作，价格生效。

提示：
- 供应商存货价格表用于供应商存货价格的查询和调价，由供应商存货调价单审批通过后生成。
- 供应商的属性可能为货物、委外、服务或国外。在采购管理系统中，单据取价只取供应类型为采购的相应记录。

5. 库存管理系统期初数据

女包仓库牛仔布双肩女包期初库存数量为 2 200 个，无税单价为 100 元。男包仓库羊皮男士商务包期初库存数量为150 个，暂估单价为650 元。

【操作指导】

(1) 在企业应用平台中，执行"业务工作/供应链/库存管理/初始设置/期初结存"命令，打开"库存期初数据录入"窗口。

(2) 选择"仓库"为"女包仓库"后，单击"修改"按钮，然后参照选择表体第一行的"存货编码"为00002(牛仔布双肩女包)，在"数量"栏输入2 200，在"单价"栏输入100，"入库类别"为"采购入库"。

(3) 单击"保存"按钮，保存录入的存货信息，然后"审核"或"批审"存货信息，库存现存量即被更新，如图 4-12 所示。

图 4-12 库存期初余额录入

(4) 同理，在"库存期初"窗口中，选择"仓库"为"男包仓库"。单击"修改"按钮，然后参照选择表体第一行的"存货编码"为 00003(羊皮男士商务包)，在"数量"栏输入 150，在"单价"栏输入 650。依次单击"保存"和"审核"按钮。

提示：

- 库存期初结存数据必须按照仓库分别录入，且录入完成后必须审核。期初结存数据的审核实际是期初记账的过程，表明该仓库期初数据录入工作的完成。
- 库存期初数据审核是分仓库分存货进行的，即"审核"功能仅针对当前仓库的某存货进行审核；"批审"功能是对当前仓库的所有存货执行审核，而非针对所有仓库的存货。
- 审核后的库存期初数据不能修改、删除，但可以"弃审"后进行修改或删除。
- 由库存管理模块输入的期初数据，可以被存货核算系统中的"期初余额"的"取数"功能将此数据记录到存货核算模块中，以便存货核算模块和库存管理模块在对账时能够相符。

6. 应付账款期初余额与对账

2018 年 1 月 15 日购买欣悦公司牛仔布双肩女包的应付账款余额为 64 350 元，如表 4-5 所示。

表 4-5 应付账款期初余额

单据名称	方向	开票日期	发票号	供应商名称	采购部门	科目	货物名称	数量/件	原币单价	价税合计
采购专用发票	正	2018-01-15	G0010	欣悦公司	采购部	220202	牛仔布双肩女包	550	100	64 350

【操作指导】

(1) 在企业应用平台中，执行"业务工作/财务会计/应付款管理/设置/期初余额"命令，打开"期初余额—查询"窗口。

(2) 在"期初余额—查询"窗口中,选择"单据名称"为"采购发票","单据类型"为"01 采购专用发票",查询条件选择后,单击"确定"按钮,进入"期初余额明细表"窗口。

(3) 单击"增加"按钮,打开如图 4-13 所示的"单据类别"窗口。选择"单据类型"为"采购专用发票",单击"确定"按钮,进入"采购专用发票"窗口。

图 4-13 单据类别选择窗口

(4) 在"采购专用发票"窗口,单击"增加"按钮后,修改表头的"发票号"为 G0010,"开票日期"为 2018-01-15,"供应商"为"欣悦公司","科目"为 220202,"部门"为"采购部","业务员"为"刘旭"。

(5) 在表体的第一行"存货编码"栏选择 00002(牛仔布双肩女包),在"数量"栏输入 550,在"原币单价"栏输入 100,其他栏位的数据由系统自动计算带出,结果如图 4-14 所示。

图 4-14 录入期初采购专用发票

(6) 单击"保存"按钮,完成期初采购专用发票的录入。

(7) 单击"对账"按钮，与总账系统进行对账，差额显示都为零即对账正确，如图 4-15 所示。

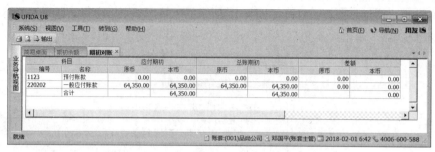

图 4-15　应付款管理系统与总账系统期初对账

提示：
- "单据名称"包括采购发票、应付单、预付款和应付票据 4 种，以实现应付款期初余额的录入，包括未结算完的发票和应付单、预付款单据、未结算完的应付票据以及未结算完毕的合同金额。这些期初数据必须是账套启用会计期间前的数据。
- 初次使用本系统时，要将上一个会计期未处理完成的单据录入本系统，以保证记账的连续性。当进入第二年度处理时，系统自动将上年度未处理完成的单据结转成为下一年度的期初余额。在下一年度的第一个会计期间，可直接进行期初余额的调整。

二、销售管理与应收款管理

(一) 销售管理与应收款管理的参数设置与核算规则设置

1. 销售管理系统参数设置

除系统默认设置之外，还需如下参数设置。
- 业务控制：选择"有委托代销业务""委托代销必有订单""销售生成出库单"和"允许超发货量开票"复选框。
- 其他控制："新增退货单默认"选择"参照订单"，"新增发票默认"选择"参照发货"。
- 可用量控制："发货单/发票非追踪型存货可用量控制公式"的"预计出库"不勾选"待发货量"。

【操作指导】

(1) 在企业应用平台中，执行"业务工作/供应链/销售管理/设置/销售选项"命令，打开"销售选项"窗口。

(2) 在"业务控制"选项卡中，勾选"有委托代销业务""委托代销必有订单""销售生成出库单"和"允许超发货量开票"复选框，结果如图4-16所示。

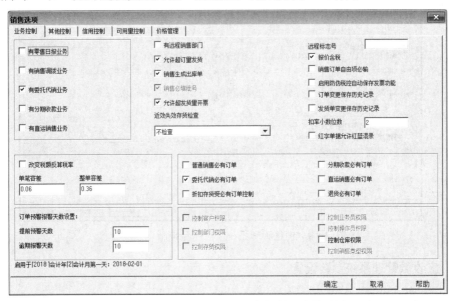

图4-16 销售管理系统"业务控制"参数设置

(3) 在"其他控制"选项卡中，选中"新增退货单默认"方式为"参照订单"；"新增发票默认"方式为"参照发货"，结果如图4-17所示。

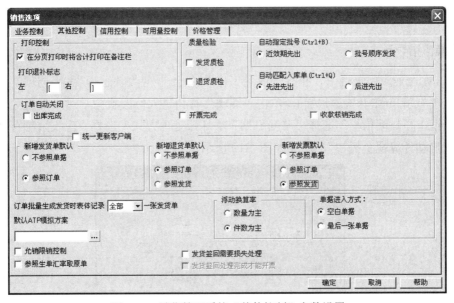

图4-17 销售管理系统"其他控制"参数设置

(4) 在"可用量控制"选项卡中，"发货单/发票非追踪型存货可用量控制公式"的"预计出库"不勾选"待发货量"，结果如图4-18所示。

(5) 其他选项按系统默认设置，单击"确定"按钮，保存系统参数的设置。

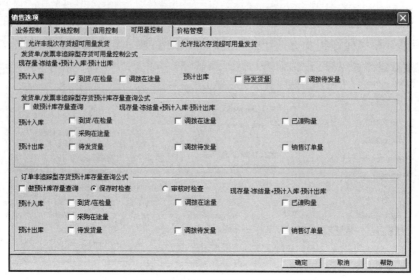

图 4-18 销售管理系统"可用量控制"参数设置

2. 应收款管理系统参数设置

除系统默认设置之外,还需如下参数设置。

- 常规:"单据审核日期依据"选择"单据日期","坏账处理方式"选择"应收余额百分比法",勾选"自动计算现金折扣"复选框。
- 凭证:"受控科目制单方式"为"明细到单据","销售科目依据"选择"按存货分类",勾选"核销生成凭证"和"预收冲应收生成凭证"复选框。

【操作指导】

(1) 在企业应用平台中,执行"业务工作/财务会计/应收款管理/设置/选项"命令,打开"选项"窗口(账套参数设置),单击"编辑"按钮进入修改状态,对"常规"选项卡中的"单据审核日期依据"选择"单据日期","坏账处理方式"选择"应收余额百分比法",勾选"自动计算现金折扣",结果如图 4-19 所示。

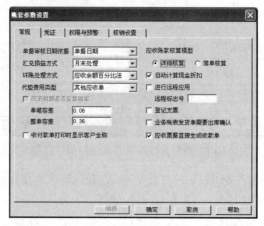

图 4-19 应收款管理系统"常规"参数设置

(2) 在"凭证"选项卡中,将"受控科目制单方式"选择为"明细到单据","销售科目依据"选择"按存货分类",勾选"核销生成凭证"和"预收冲应收生成凭证",其他选项按系统默认设置,单击"确定"按钮完成设置,结果如图 4-20 所示。

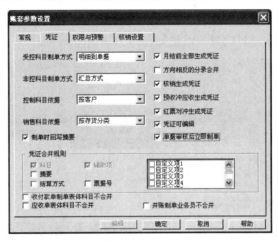

图 4-20 应收款管理系统"凭证"参数设置

3. 应收款管理系统科目设置

应收款管理系统科目设置如表 4-6 所示。

表 4-6 应收款管理系统科目设置

科目类别	设置方式
基本科目设置	应收科目:1122 应收账款
	预收科目:2203 预收账款
	销售收入科目:6001 主营业务收入
	销售退回科目:660206 管理费用—其他
	代垫费用科目:1001 库存现金
	现金折扣科目:6603 财务费用
	税金科目:22210103 应交税费—应交增值税—销项税额
结算方式科目设置	结算方式为现金;科目为1001 库存现金
	结算方式为现金支票;科目为100201 银行存款—工行存款
	结算方式为转账支票;科目为100201 银行存款—工行存款
	结算方式为银行汇票;科目为101201 其他货币资金—银行汇票
	结算方式为银行承兑汇票;科目为112101 应收票据—银行承兑汇票
	结算方式为商业承兑汇票;科目为112102 应收票据—银行承兑汇票
	结算方式为电汇;科目为100201 银行存款—工行存款
	结算方式为同城特约委托收款;科目为100201 银行存款—工行存款

【操作指导】

(1) 在企业应用平台中，执行"业务工作/财务会计/应收款管理/设置/初始设置"命令，打开"初始设置"窗口，选择左侧的"基本科目设置"选项，单击"增加"按钮，在"基础科目种类"下选择"应收科目"，"科目"输入1122，"币种"为"人民币"。同理，依次设置表4-6中其他基本科目信息，结果如图4-21所示。

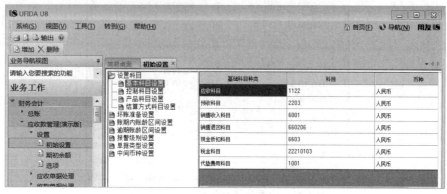

图4-21　应收款管理系统基本科目设置

(2) 单击"结算方式科目设置"，根据表4-6中的内容，完成对应收款管理结算方式科目的设置，结果如图4-22所示。

图4-22　应收款管理系统结算方式科目设置

4. 坏账准备、账期内账龄区间和逾期账龄区间设置

坏账准备、账期内账龄区间和逾期账龄区间设置如表4-7～表4-9所示。

表4-7　坏账准备

控制参数	参数设置
提取比例	0.5%
坏账准备期初余额	800
坏账准备科目	1231(坏账准备)
对方科目	6701(资产减值损失)

表 4-8　账期内账龄区间

序号	起止天数	总天数
01	0～30	30
02	31～60	60
03	61～90	90
04	91～120	120
05	121 以上	

表 4-9　逾期账龄区间

序号	起止天数	总天数
01	1～30	30
02	31～60	60
03	61～90	90
04	91～120	120
05	121 以上	

5. 报警级别设置

报警级别设置如表 4-10 所示。

表 4-10　报警级别

级别	A	B	C	D	E	F
总比率	10%	20%	30%	40%	50%	
起止比率	0～10%	10%～20%	20%～30%	30%～40%	40%～50%	50%以上

【操作指导】

(1) 在企业应用平台中，执行"业务工作/财务会计/应收款管理/设置/初始设置"命令，打开"初始设置"窗口，单击"坏账准备设置"，在"提取比例"框中输入 0.5%，在"坏账准备期初余额"框中输入 800，在"坏账准备科目"框中输入 1231，在"对方科目"框中输入 6701，单击"确定"按钮完成设置，结果如图 4-23 所示。

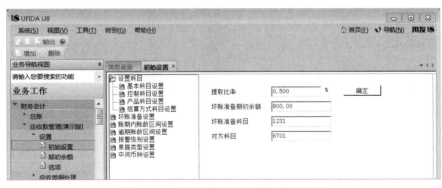

图 4-23　应收款管理系统坏账准备设置

(2) 单击"账期内账龄区间设置",在"总天数"列表框中由上至下依次输入 30、60、90、120,如图 4-24 所示。

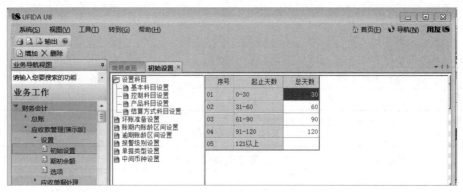

图 4-24　应收款管理系统账期内账龄区间设置

(3) 单击"逾期账龄区间设置",在"总天数"列表框中由上至下依次输入 30、60、90、120,如图 4-25 所示。

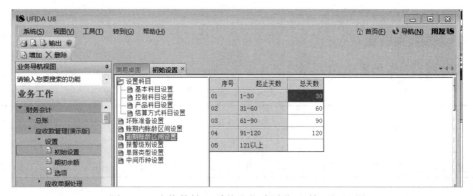

图 4-25　应收款管理系统账期内逾期账龄区间设置

(4) 双击"报警级别设置",在"总比率"列表框中从上到下依次输入 10、20、30、40、50,在"级别名称"列表框中从上到下依次输入 A、B、C、D、E、F,结果如图 4-26 所示。

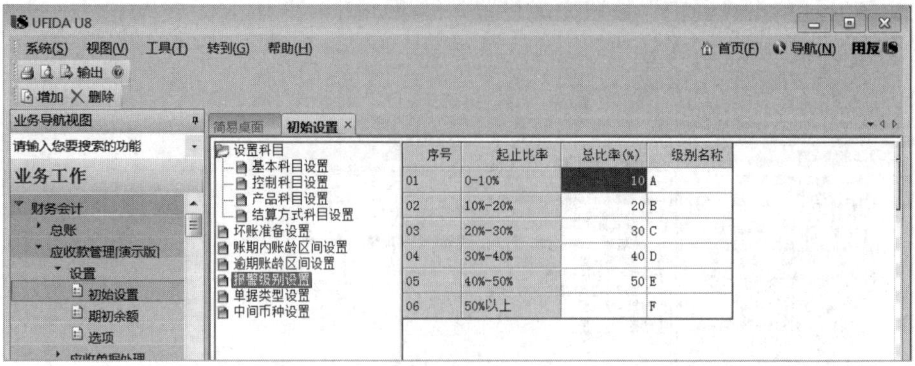

图 4-26　应收款管理系统报警级别设置

(二) 销售管理与应收款管理的期初数据录入

1. 销售管理系统期初数据

2018年1月22日,根据订单,销售部向会友商场出售一批男士双肩电脑包,数量为100个,无税单价为180元,增值税税率为17%,价税合计21 060元。货已发出,发票尚未开出,款项均未收。

【操作指导】

(1) 在企业应用平台中,双击"业务工作/供应链/销售管理/设置/期初录入/期初发货单"命令,进入"期初发货单"窗口。

(2) 单击"增加"按钮,然后在新增的期初发货单中输入"发货日期"为2018-01-22,选择"业务类型"为"普通销售"、"销售类型"为"批发"、"客户简称"为"会友商场"、"销售部门"为"销售部"、"业务员"为"郑爽",在"仓库名称"栏中选择"男包仓库","存货名称"选择"男士双肩电脑包",输入"数量"为100,"无税单价"为180,其他数据系统自动带出。

(3) 单击"保存"按钮,保存该期初发货单。单击"审核"按钮,结果如图4-27所示。

图4-27 销售管理系统期初发货单

2. 设置存货销售调价单

存货调价单的设置如表4-11所示。

表4-11 存货调价单

存货名称	数量下限	无税价	批发价1	零售价1	生效日期	是否促销价
牛皮单肩女包	150	250	292.5		2018-02-01	否
牛仔布双肩女包	150	130	152.1		2018-02-01	否
羊皮男士商务包	150	650	760.5		2018-02-01	否
男士双肩电脑包	150	180	210.6		2018-02-01	否

注:"批发价1"为含税单价。

【操作指导】

(1) 在企业应用平台中，执行"业务工作/供应链/销售管理/价格管理/存货价格/存货调价单"命令，进入"存货调价单"窗口。

(2) 单击"增加"按钮，然后在新增的存货调价单中输入"存货编码"为00001，"数量下限"为150，"批发价1"为292.5；在新的一行中输入"存货编码"为00002，"数量下限"为150，"批发价1"为152.1；在新的一行中输入"存货编码"为00003，"数量下限"为150，"批发价1"为760.5；在新的一行中输入"存货编码"为00004，"数量下限"为150，"批发价1"为210.6；系统自动填充其他数据。

(3) 单击"保存"按钮，保存该存货调价单。单击"审核"按钮，结果如图4-28所示。

图4-28 销售管理系统存货调价单

3. 应收账款期初余额与对账

2017年向飞扬公司发货120个男士双肩电脑包，代垫运费500元，应收账款余额为25 272元，如表4-12和表4-13所示。

表4-12 销售专用发票

开票日期	发票号	客户	销售部门	科目	货物名称	数量	无税单价	税率	价税合计
2017-04-20	12500331	飞扬公司	销售部	应收账款	男士双肩电脑包	120	180	17%	25 272

表4-13 其他应收单

日期	部门	客户	科目	单价	摘要
2017-04-20	销售部	飞扬公司	应收账款	500	代垫运费

【操作指导】

(1) 在企业应用平台中，双击"业务工作/应收款管理/设置/期初余额"菜单，打开"期初余额—查询"窗口。单击"确定"按钮，进入"期初余额明细表"窗口。

(2) 单击"增加"按钮，打开"单据类别"窗口。选择"单据名称"为"销售发票"、"单据类型"为"销售专用发票"，单击"确定"按钮，进入"销售专用发票"窗口。

(3) 单击"增加"按钮，在新增的其他应收单中修改"开票日期"为 2017-04-20，"发票号"为 12500331，"客户名称"为"飞扬公司"，"销售部门"为"销售部"，"货物编号"为 00004，"数量"为 120，"无税单价"为 180，系统自动填充其他数据，结果如图 4-29 所示。单击"保存"按钮，完成销售发票的录入。

图 4-29　应收款管理系统期初发票录入

(4) 同理，在企业应用平台中，执行"业务工作/应收款管理/设置/期初余额"命令，打开"期初余额—查询"窗口。单击"确定"按钮，进入"期初余额明细表"窗口。

(5) 单击"增加"按钮，打开"单据类别"窗口。选择"单据名称"为"应收单"，"单据类型"为"其他应收单"，然后单击"确定"按钮，进入"应收单"窗口。

(6) 单击"增加"按钮，在新增的其他应收单中修改"单据日期"为 2017-04-20，"客户"为"飞扬公司"，"金额"为 500，如图 4-30 所示。系统自动填充其他数据，单击"保存"按钮，保存该应收单。

图 4-30　应收款管理系统期初应收单据

(7) 单击"对账"按钮，与总账系统进行对账，显示差额都为零即对账相符，如图 4-31 所示。

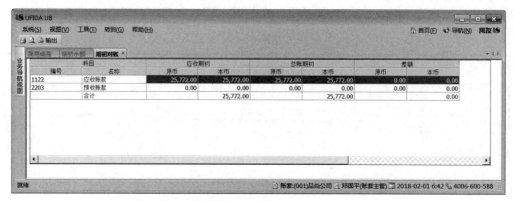

图 4-31 应收款管理系统与总账系统期初对账

三、库存管理与存货核算管理

1. 库存管理系统参数设置

除系统默认设置之外，还需如下参数设置。

- 通用设置："业务设置"选择"有无委托代销业务"；"修改现存量时点"选择"采购入库审核时改现存量""销售出库审核时改现存量""其它出入库审核时改现存量"；"业务校验"设置为不选择"审核时检查货位"。
- 专用设置："自动带出单价的单据"选择"采购入库单""采购入库取价按采购管理选项""销售出库单""其他入库单""其他出库单"和"调拨单"。
- 预计可用量设置："预计可用量检查公式"勾选"出入库检查预计可用量"。

【操作指导】

(1) 在企业应用平台中，执行"业务工作/供应链/库存管理/初始设置/选项"命令，打开"库存选项设置"窗口。

(2) 在"通用设置"选项卡中，勾选"业务设置"区的"有无委托代销业务"复选框与"修改现存量时点"区的"采购入库审核时改现存量""销售出库审核时改现存量"和"其它出入库审核时改现存量"复选框，取消"业务校验"区的"审核时检查货位"复选框的默认选中状态，其他选项按系统默认设置，结果如图 4-32 所示。

(3) 在"专用设置"选项卡中，选中"自动带出单价的单据"区的"采购入库单"及其子项"采购入库取价按采购管理选项""销售出库单""其他入库单""其他出库单"和"调拨单"复选框，其他选项按系统默认设置，结果如图 4-33 所示。

第四章 业务子系统初始设置

图 4-32　库存管理系统"通用设置"参数设置　　　图 4-33　库存管理系统"专用设置"参数设置

(4) 在"预计可用量设置"选项卡中,选中"预计可用量检查公式"区的"出入库检查预计可用量"复选框,其他选项按系统默认设置,结果如图 4-34 所示。单击"确定"按钮,保存系统参数的设置,关闭"库存选项设置"窗口。

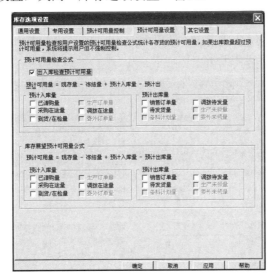

图 4-34　库存管理系统"预计可用量设置"参数设置

2. 存货管理系统参数设置

除系统默认设置之外,在"核算方式"选项卡中,"零成本出库选择"选择"参考成本",在"控制方式"选项卡中,选择"结算单价与暂估单价不一致是否调整出库成本"复选框。

【操作指导】

(1) 在企业应用平台中,执行"业务工作/供应链/存货核算/初始设置/选项/选项录入"命令,打开"选项录入"窗口。

(2) 在"核算方式"选项卡中,选中"零成本出库选择"区的"参考成本"选项,其他选项按系统默认设置,结果如图 4-35 所示。

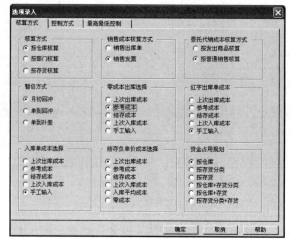

图 4-35　存货管理系统"核算方式"参数设置

(3) 在"控制方式"选项卡中,勾选"结算单价与暂估单价不一致是否调整出库成本"复选框,其他选项按系统默认设置,结果如图 4-36 所示。单击"确定"按钮,保存系统参数的设置,关闭"选项录入"窗口。

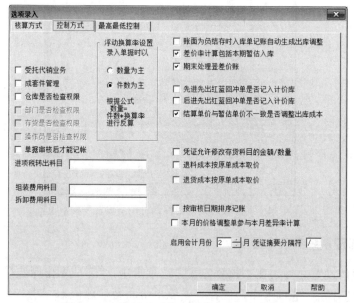

图 4-36　存货管理系统"控制方式"参数设置

3. 存货管理系统科目设置

【操作路径】业务工作/供应链/存货核算/初始设置/科目设置/存货科目
【操作路径】业务工作/供应链/存货核算/初始设置/科目设置/对方科目
存货科目和存货对方科目设置分别如表 4-14 和表 4-15 所示。

表 4-14 存货科目设置

仓库	存货编码	存货名称	存货科目编码	存货科目名称
0010	00001	牛皮单肩女包	1405	库存商品
0010	00002	牛仔布双肩女包	1405	库存商品
0020	00003	男士双肩电脑包	1405	库存商品
0020	00004	羊皮男士商务包	1405	库存商品

表 4-15 存货对方科目设置

收发类别编码	收发类别名称	对方科目编码	对方科目名称	暂估科目名称
11	采购入库	1402	在途物资	220201 暂估应付账款
61	销售出库	6401	主营业务成本	
21	盘盈入库	190101	待处理财产损溢—待处理流动资产损溢	
71	盘亏出库	190101	待处理财产损溢—待处理流动资产损溢	

4. 存货期初数据生成与记账

【操作指导】

(1) 在企业应用平台中,执行"业务工作/供应链/存货核算/初始设置/期初数据/期初余额"命令,进入"期初余额"窗口,在"仓库"下拉列表中选择"女包仓库",单击"取数"按钮,如图 4-37 所示。同理,选择"仓库"为"男包仓库",单击"取数"按钮,完成期初取数。

图 4-37 女包仓库期初余额取数

(2) 单击"对账"按钮,系统弹出"库存与存货期初对账查询条件"对话框,单击"确定"按钮,系统弹出"对账成功!"提示信息,如图 4-38 所示。单击"确定"按钮,即完成库存与存货期初对账。

图 4-38 库存与存货期初对账

(3) 单击"记账"按钮，系统弹出"期初记账成功！"提示框，如图 4-39 所示。单击"确定"按钮完成存货期初记账。

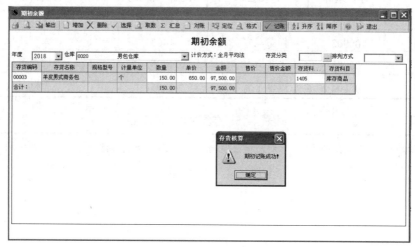

图 4-39　存货核算系统期初记账

(4) 单击"汇总"按钮，系统弹出"期初汇总条件选择"对话框，仓库默认为"全选"，选择存货级次为"明细"，如图 4-40 所示。

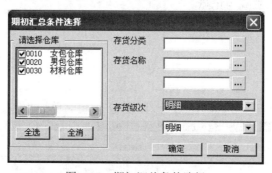

图 4-40　期初汇总条件选择

(5) 单击"确定"按钮，进入"期初数据汇总表"窗口。在"期初数据汇总表"中列出了期初结存明细数据，如图 4-41 所示。单击"退出"按钮完成期初数据汇总。

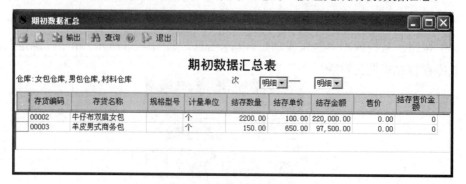

图 4-41　期初数据汇总表

四、固定资产管理

1. 系统参数与规则

启用月份为当前日期；固定资产采用"平均年限法(一)"计提折旧，折旧汇总分配周期为一个月；当"月初已计提月份=可使用月份－1"时将剩余折旧全部提足。资产类别编码方式为2112，固定资产编码方式按"类别编号+序号"采用自动编码方法，序号长度为5位。要求固定资产系统与总账系统进行对账，固定资产对账科目为"1601，固定资产"，累计折旧对账科目为"1602，累计折旧"，若对账不平衡，允许固定资产系统月末结账。"固定资产"默认入账科目为"1601，固定资产"，"累计折旧"默认入账科目为"1602，累计折旧"，"减值准备"默认入账科目为"1603，固定资产减值准备"，"增值税进项税额"默认入账科目为"22210101，进项税额"，"固定资产清理"默认入账科目为"1606，固定资产清理"。

【操作指导】

(1) 在企业应用平台中，执行"业务工作/财务会计/固定资产"命令，系统将弹出"固定资产"是否进行初始化的信息提示框，单击"是"按钮，打开"初始化账套向导"对话框，当前显示"1. 约定及说明"。

(2) 选中"我同意"单选按钮后，单击"下一步"按钮，进入"2. 启用月份"，结果如图4-42所示。

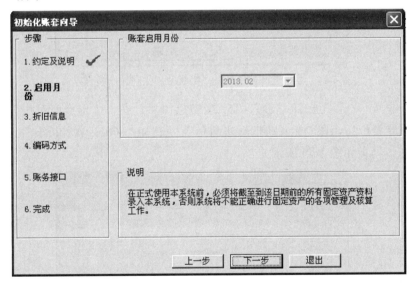

图4-42　固定资产管理系统"账套初始化向导—启用月份"

(3) 单击"下一步"按钮，进入"3. 折旧信息"，选择"主要折旧方法"为"平均年限法(一)"，其他选项为系统默认值，结果如图4-43所示。

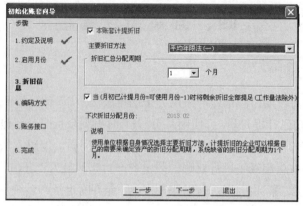

图 4-43　固定资产管理系统"账套初始化向导—折旧信息"

(4) 单击"下一步"按钮，进入"4. 编码方式"，选择"固定资产编码方式"为"自动编码"的"类别编号+序号"，其他选项为系统默认值，结果如图 4-44 所示。

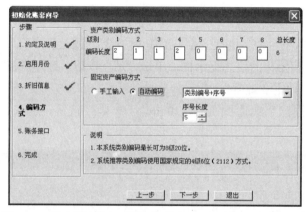

图 4-44　固定资产管理系统"账套初始化向导—编码方式"

(5) 单击"下一步"按钮，进入"5. 账务接口"，在"固定资产对账科目"栏录入"1601，固定资产"，在"累计折旧对账科目"栏录入"1602，累计折旧"，其他选项为系统默认值，结果如图 4-45 所示。

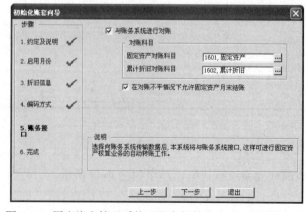

图 4-45　固定资产管理系统"账套初始化向导—账务接口"

(6) 单击"下一步"按钮,进入"6.完成",再单击"完成"按钮,系统弹出如图 4-46 所示的信息提示框。

图 4-46　固定资产管理系统账套初始化完成信息提示框

(7) 单击"是"按钮,系统弹出"已成功初始化本固定资产账套!"信息提示框。单击"确定"按钮,完成固定资产的初始化工作。

(8) 执行"业务工作/财务会计/固定资产/设置/选项"命令,系统打开"选项"对话框,单击"与账务系统接口"选项卡,然后单击"编辑"按钮,参照生成"[固定资产]缺省入账科目"为"1601,固定资产","[累计折旧]缺省入账科目"为"1602,累计折旧","[减值准备]缺省入账科目"为"1603,固定资产减值准备","[增值税进项税额]缺省入账科目"为"22210101,进项税额","[固定资产清理]缺省入账科目"为"1606,固定资产清理",结果如图 4-47 所示。单击"确定"按钮,完成固定资产账套参数设置工作。

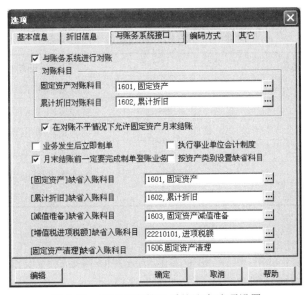

图 4-47　固定资产管理系统账套选项设置

提示:
- 在用友 ERP 系统中,固定资产账套与企业账套是不同层次的概念。企业账套是在系统管理中建立的,是针对整套企业的业务数据;而固定资产账套是在固定资产管理系统中创建的,是企业账套的一个组成部分。类似地,工资账套(在薪资管理中创建)也是企业账套的一个组成部分。

- 启用月份：查看本账套固定资产开始使用的年份和会计期间，启用日期只能查看不可修改。要录入系统的期初资料，一般指截止该期间的期初资料。
- 资产类别编码方式设定以后，如果某一级资产设置了类别，则该级的长度不能修改，没有使用过的各级的长度可修改；每一个账套中资产的自动编码方式只能有一种，一经设定，该自动编码方式不得修改。
- 只有存在对应总账系统的情况下才要与账务系统对账。对账的含义是将固定资产系统内所有资产的原值、累计折旧和总账系统中的固定资产科目和累计折旧科目的余额核对，看数值是否相等。
- 系统初始化中有些参数一旦设置完成，退出初始化向导后就不能修改了。如果要修改，只能通过系统管理中的"重新初始化"功能实现，重新初始化将清空企业账套中所有数据。所以，如果有些参数设置不能确定，可单击"上一步"按钮重新设置。确认无误后，再单击"完成"按钮保存退出。

2. 部门对应折旧科目

固定资产计提折旧后必须把折旧归入成本或费用，本账套需要按部门归集。部门对应折旧科目设置就是给部门选择一个折旧科目，如表4-16所示。录入卡片时，该科目自动显示在卡片中，不必逐一输入，可提高工作效率；在生成部门折旧分配表时，每一部门按折旧科目汇总，生成记账凭证。

表4-16　固定资产部门对应折旧科目表

部门名称	对应折旧科目
总经理办公室	管理费用/折旧费(660205)
财务部	管理费用/折旧费(660205)
销售部	销售费用/折旧费(660106)
采购部	管理费用/折旧费(660205)
仓管部	管理费用/折旧费(660205)
人力资源部	管理费用/折旧费(660205)

【操作指导】

(1) 在企业应用平台中，执行"业务工作/财务会计/固定资产/设置/部门对应折旧科目"命令，进入"部门对应折旧科目—列表视图"窗口。

(2) 在左窗格双击"总经理办公室"所在行，窗口中将仅显示总经理办公室，此时单击"修改"按钮，系统将打开"部门对应折旧科目-单张视图"窗口。在"折旧科目"栏录入或参照生成660205，如图4-48所示。

第四章 业务子系统初始设置

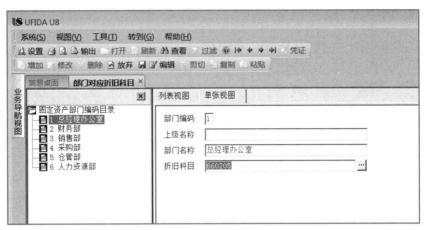

图 4-48 部门对应折旧科目—单张视图

(3) 单击"保存"按钮,返回"部门对应折旧科目—列表视图"窗口,但此时仅显示"财务部"。单击左窗格的"固定资产部门编码目录"菜单项,"部门对应折旧科目—列表视图"窗口中将显示所有的部门及相应的折旧科目。

(4) 重复步骤(2)和(3),完成表 4-16 中其他部门对应的折旧科目设置,如图 4-49 所示。

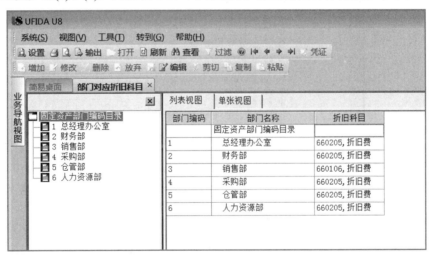

图 4-49 部门对应折旧科目—列表视图

3. 固定资产类别与折旧方法

固定资产类别与折旧方法如表 4-17 所示。

表 4-17 固定资产类别与折旧方法

编码	类别名称	使用年限(月)	净残值率	计提属性	折旧方法	卡片样式
01	房屋及建筑物			正常计提	平均年限法(一)	通用样式
011	办公楼	360	2%	正常计提	平均年限法(一)	通用样式
012	厂房	360	2%	正常计提	平均年限法(一)	通用样式
02	机器设备			正常计提	平均年限法(一)	通用样式

(续表)

编码	类别名称	使用年限(月)	净残值率	计提属性	折旧方法	卡片样式
021	生产线	120	3%	正常计提	平均年限法(一)	通用样式
022	办公设备	60	3%	正常计提	平均年限法(一)	通用样式
03	运输工具			正常计提	平均年限法(一)	通用样式

【操作指导】

(1) 在企业应用平台中,执行"业务工作/财务会计/固定资产/设置/资产类别"命令,进入"资产类别—列表视图"窗口。单击"增加"按钮,打开"资产类别—单张视图"窗口。

(2) 在"类别名称"栏录入"房屋及建筑物","计提属性"为"正常计提","折旧方法"为"平均年限法(一)","卡片样式"为"通用样式",如图4-50所示。

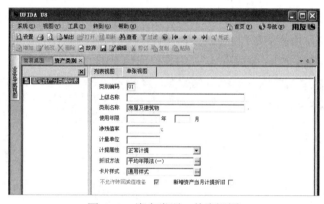

图4-50 资产类别—单张视图

(3) 单击"保存"按钮,根据表4-17中的相关信息,继续录入和保存02号"机器设备"和03号"运输工具"的相关信息。单击"是"按钮,返回"资产类别—列表视图"窗口。

(4) 选中左窗格的"固定资产分类编码表"下的"01 房屋及建筑物"分类,再单击"增加"按钮,在"类别名称"栏录入"办公楼",在"使用年限(月)"栏输入360,"净残值率(%)"为2。单击"保存"按钮,即完成录入。同理,继续录入表4-17中其他的固定资产类别资料,结果如图4-51所示。

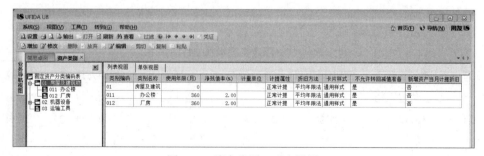

图4-51 资产类别—列表视图

提示：
- 应先建立上级固定资产类别后再建立下级类别，且下级类别继承上级的使用年限、净残值率，可修改。只有在最新会计期间可以增加，月末结账后则不能增加。
- 资产类别编码不能重复，同级的类别名称不能相同。
- 类别编码、名称、计提属性、卡片样式不能为空。
- 使用过的类别的计提属性不能修改。未使用过的明细级类别编码修改时只能修改本级的编码。
- 系统已使用(录入卡片时选用过)的类别不允许删除。

4. 增减方式

固定资产增减方式如表 4-18 所示。

表 4-18　固定资产增减方式

增加方式	对应入账科目	减少方式	对应入账科目
直接购入	银行存款—工行存款(100201)	出售	固定资产清理(1606)
投资者投入	实收资本(4001)	投资转出	长期股权投资—其他股权投资(151101)
捐赠	营业外收入(6301)	捐赠转出	固定资产清理(1606)
盘盈	以前年度损益调整(6901)	盘亏	待处理财产损溢—待处理固定资产损溢(190102)
在建工程转入	在建工程(1604)	报废	固定资产清理(1606)
融资租入	长期应付款(2701)	毁损	固定资产清理(1606)
		融资租出	长期应收款(1531)
		拆分减少	固定资产清理(1606)

【操作指导】

(1) 在企业应用平台中，执行"业务工作/财务会计/固定资产/设置/增减方式"命令，进入"增减方式目录表—列表视图"窗口。

(2) 选中"1. 增加方式"下的"直接购入"，打开"增减方式目录表—单张视图"窗口，单击"修改"按钮，在"对应入账科目"栏录入或参照生成"100201，工行存款"，结果如图 4-52 所示。

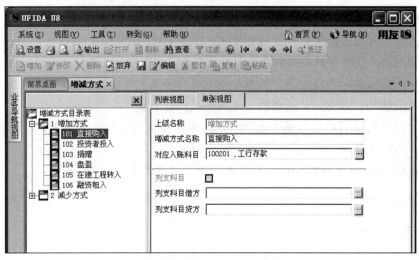

图 4-52 增减方式目录表—单张视图

(3) 单击"保存"按钮,即完成。同理,继续录入表 4-18 中其他增减方式对应的入账科目,结果如图 4-53 所示。

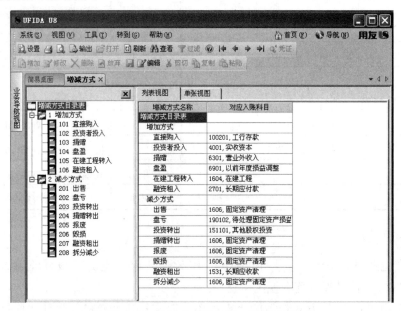

图 4-53 增减方式目录表—列表视图

提示:
- 固定资产增减方式中设置的对应入账科目是系统生成凭证时的默认科目。
- 已使用(卡片已选用过)的方式不能删除。非明细级方式不能删除。
- 系统默认的增减方式"盘盈""盘亏"和"毁损"不能删除。

5. 固定资产原始卡片录入

固定资产原始卡片录入如表 4-19 所示。

表 4-19 固定资产原始卡片

卡片编号	00001	00002	00003	00004	00005
固定资产编号	02200001	02200002	02200003	02200004	0300001
固定资产名称	惠普 T6 电脑	戴尔 TR50 电脑	华硕 F4202 电脑	华硕 F3202 电脑	现代汽车
类别编号	022	022	022	022	03
类别名称	办公设备	办公设备	办公设备	办公设备	运输工具
部门名称	总经理办公室	财务部	销售部	销售部	销售部
增加方式	直接购入	直接购入	直接购入	直接购入	直接购入
使用状况	在用	在用	在用	在用	在用
使用年限	5 年	5 年	5 年	5 年	10 年
折旧方法	平均年限法(一)	平均年限法(一)	平均年限法(一)	平均年限法(一)	平均年限法(一)
开始使用日期	2015-04-01	2016-09-01	2016-09-01	2016-09-01	2016-06-01
币种	人民币	人民币	人民币	人民币	人民币
原值	10 000	10 000	8 000	8 000	180 000
净残值率	3%	3%	3%	3%	5%
净残值	300	300	240	240	9 000
累计折旧	5 346	2 592	2 073.6	2 073.6	27 018
月折旧率	0.0162	0.0162	0.0162	0.0162	0.0079
月折旧额	162	162	129.6	129.6	1 422
净值	4 654	7 408	5 926.4	5 926.4	152 982
对应折旧科目	660205 管理费用—折旧费	660205 管理费用—折旧费	660106 销售费用—折旧费	660106 销售费用—折旧费	660106 销售费用—折旧费

【操作指导】

(1) 在企业应用平台中，执行"业务工作/财务会计/固定资产/卡片/录入原始卡片"命令，系统打开"固定资产类别档案"窗口。

(2) 双击 022"办公设备"所在行，进入"固定资产卡片"窗口，"卡片编号"默认为 00001；在"固定资产名称"栏录入"惠普 T6 电脑"，单击"使用部门"栏，此时出现"使用部门"按钮，单击该按钮，系统打开如图 4-54 所示的"固定资产—本资产部门使用方式"对话框，选中"单部门使用"单选按钮，单击"确定"按钮，在系统打开的"部门基本参照"窗口中，双击"总经理办公室"所在行，选择"总经理办公室"并返回"固定资产卡片"窗口。

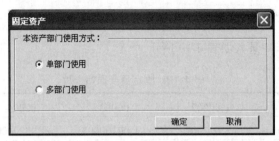

图 4-54　固定资产—本资产部门使用方式

(3) 单击"增加方式"栏，此时出现"增加方式"按钮，单击该按钮，系统打开"固定资产增减方式"对话框，双击"直接购入"所在行，返回"固定资产卡片"窗口。

(4) 单击"使用状况"栏，此时出现"使用状况"按钮，单击该按钮，系统打开"使用状况参照"对话框，双击"在用"所在行，返回"固定资产卡片"窗口。

(5) 在"开始使用日期"栏录入 2015-04-01，在"原值"栏录入 10 000，在"累计折旧"栏输入 5 346，结果如图 4-55 所示。

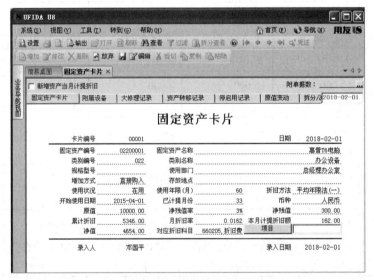

图 4-55　固定资产卡片

(6) 单击"保存"按钮，系统提示"数据成功保存！"，单击"确定"按钮，即完成。同理，继续录入并完成表 4-19 中其他固定资产卡片的信息录入工作。

提示：
- 原始卡片是指已使用过并已计提折旧的固定资产卡片。
- 在"固定资产卡片"窗口中，除了主卡片外，还有若干的附属选项卡。在录入主卡片信息后，可编辑附属设备和录入以前卡片发生的各种变动。但附属选项卡上的信息只供参考，不参与计算。
- 可以为一个资产选择多个"使用部门"，并且当资产为多部门使用时，累计折旧采用与使用比例相同的比例在多部门间分摊。

五、薪资管理

1. 账套参数

启用日期为当前日期(2018 年 2 月 1 日)；工资类别个数为多个；要求从工资中代扣个人所得税；进行扣零至元；人员编码长度为 3 位。

【操作指导】

(1) 在企业应用平台中，执行"业务工作/人力资源/薪资管理"命令，系统提示"请先设置工资类别"，单击"确定"按钮后，系统弹出"建立工资套"对话框，当前显示"1. 参数设置"，界面如图 4-56 所示。

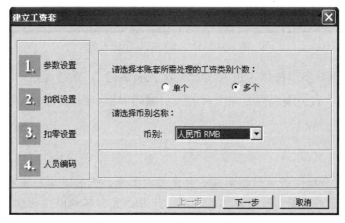

图 4-56　建立工资套—参数设置

(2) 选择本工资账套所需的工资类别个数为"多个"后，单击"下一步"按钮，进入"2. 扣税设置"，选中"是否从工资中代扣个人所得税"复选框，要求从工资中代扣个人所得税，如图 4-57 所示。

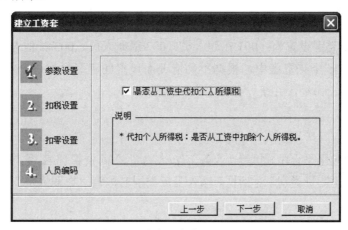

图 4-57　建立工资套—扣税设置

(3) 单击"下一步"按钮,进入步骤"3. 扣零设置",先选中"扣零"复选框,然后选中"扣零至元"单选按钮,结果如图4-58所示。

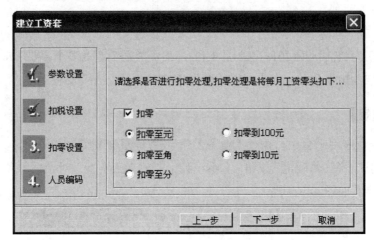

图4-58 建立工资套—扣零设置

(4) 单击"下一步"按钮,进入步骤"4. 人员编码",系统提示"本系统要求您对员工进行统一编码,人员编码同公共平台的人员编码保持一致";单击"完成"按钮,完成工资账套的建立。

提示:
- 工资类别个数:若单位按周或一月发多次工资,或者是单位中有多种不同类别(部门)的人员,工资发放项目不尽相同,计算公式亦不相同,但需进行统一工资核算管理,应选择"多个"工资类别;如果单位中所有人员的工资统一管理,而人员的工资项目、工资计算公式全部相同,则选择"单个"工资类别。
- 若选择进行扣零处理,系统在计算工资时将依据所选择的扣零类型将零头扣下,并在积累成整时在下一期补上。

2. 工资类别

本企业工资类别设置为:001 在职人员、002 退休人员、003 其他人员。

工资类别指一个工资账中,根据不同情况而设置的工资数据管理类别。同一工资类别中,将使用同一币种,并统一计算个人所得税。

【操作指导】

(1) 在企业应用平台中,执行"业务工作/人力资源/薪资管理/工资类别/新建工资类别"命令,打开"新建工资类别"对话框。输入工资类别名称为"在职人员",如图4-59所示。

第四章　业务子系统初始设置

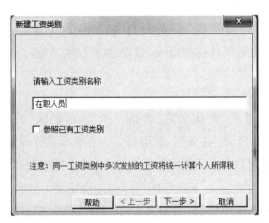

图 4-59　新建工资类别

(2) 单击"下一步"按钮，系统打开"新建工资类别—请选择部门"对话框，单击"选定全部部门"按钮，然后单击"完成"按钮，系统提示"是否以 2018-02-01 为当前工资类别的启用日期？"，单击"是"按钮，完成"在职人员"工资类别的设置和打开。同理，完成"退休人员"和"其他人员"工资类别的录入。

(3) 数据权限控制设置和数据权限分配。

需要将数据权限控制设置为不勾选"用户"，对姜伟和王致远分配"工资类别主管"权限。

① 数据权限控制设置。

【操作路径】企业应用平台/系统服务/权限/数据权限控制设置

【操作指导】

按照上述操作路径进入"数据权限控制设置"窗口，在"记录级"选项卡中不勾选"用户"复选框，单击"确定"按钮，如图 4-60 所示。

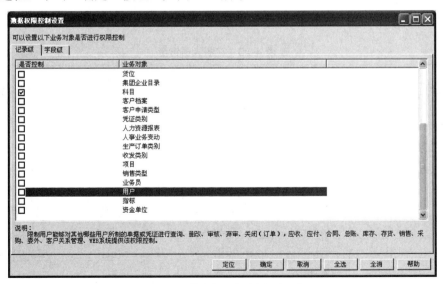

图 4-60　"数据权限控制设置"窗口

② 姜伟和王致远的"工资权限"分配为"工资类别主管"。

【操作路径】 企业应用平台/系统服务/权限/数据权限分配

【操作指导】

按照上述操作路径进入"权限浏览"界面，在"业务对象"选择框中选择"工资权限"，选中"姜伟"，勾选"工资类别主管"复选框，保存重新登录生效后，姜伟即可操作工资模块。同理，在"业务对象"中选择"工资权限"，选中"王致远"，勾选"工资类别主管"复选框，保存重新登录生效后，王致远即可操作工资模块，如图4-61所示。

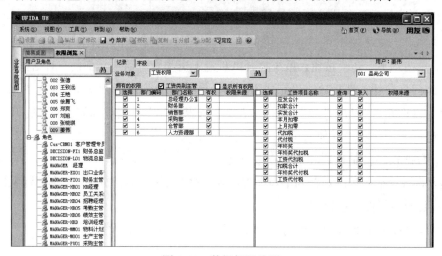

图4-61　数据权限分配

3. 在职人员设置(人员档案)

人员档案用于登记工资发放人员的姓名、职工编号、所在部门、人员类别等信息，处理员工的增减变动等，如表4-20所示。

表4-20　在职人员设置

人员编码	人员姓名	行政部门名称	人员类别	工资代发银行名称	银行代发账号
001	邓国平	总经理办公室	企管人员	中国工商银行	62220202001
002	张德	财务部	财务人员	中国工商银行	62220202002
003	王致远	财务部	财务人员	中国工商银行	62220202003
004	王艳	财务部	财务人员	中国工商银行	62220202004
005	徐腾飞	销售部	销售人员	中国工商银行	62220202005
006	郑爽	销售部	销售人员	中国工商银行	62220202006
007	刘旭	采购部	采购人员	中国工商银行	62220202007
008	张晓琪	仓管部	库管人员	中国工商银行	62220202008
009	姜伟	人力资源部	企管人员	中国工商银行	62220202009

【操作指导】

(1) 在企业应用平台中,执行"业务工作/人力资源/薪资管理/工资类别/打开工资类别"命令,选择打开"在职人员"工资类别,下方状态行显示当前工资类别。然后,执行"业务工作/人力资源/薪资管理/设置/人员档案"命令,打开"人员档案"窗口,单击"批增"按钮,系统打开"人员批量增加"对话框,单击窗口左侧"选择"栏,选中相应的人员类别,显示为"是",此时窗口右侧的人员,系统默认全选,单击"确定"按钮。

(2) 系统返回到"人员档案"窗口,列示出所有在基础档案中已有的人员信息,即完成了"在职人员"人员档案的添加,如图4-62所示。关闭窗口,打开其他工资类别,同理添加其他工资类别的人员档案。

图4-62　人员档案列表

4. 工资项目设置

增项:基本工资、岗位工资、绩效工资、交通补助。

减项:养老保险、医疗保险、失业保险、住房公积金、代扣税。

其他:本月扣零、上月扣零。

应发合计=增项之和;扣款合计=减项之和;实发合计=应发合计-扣款合计。

【操作指导】

(1) 在企业应用平台中,先关闭工资类别(业务工作/人力资源/薪资管理/工资类别/关闭工资类别),再执行"业务工作/人力资源/薪资管理/设置/工资项目设置"命令,设置添加工资项目。在打开的"工资项目设置"选项卡中,单击"增加"按钮,从"名称参照"下拉列表中选择"基本工资",其默认类型为"数字"、小数位数为2、增减项为"增项",结果如图4-63所示。

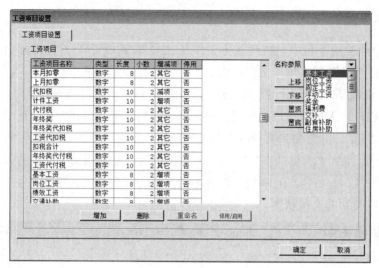

图 4-63　工资项目设置—添加增项

(2) 同理，继续单击"增加"按钮，从"名称参照"下拉列表中选择"奖金"，单击"重命名"按钮，将"工资项目名称"修改为"绩效工资"。

(3) 参照步骤(1)和(2)，完成其他"增项"工资项目的添加。

(4) 单击"增加"按钮，从"名称参照"下拉列表中选择"保险费"，单击"重命名"按钮，将"工资项目名称"修改为"养老保险"，将"增减项"选择为"减项"，结果如图 4-64 所示。

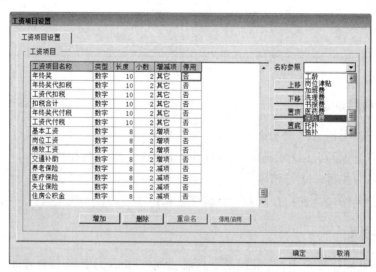

图 4-64　工资项目设置—添加减项

(5) 重复步骤(4)，完成其他"减项"工资项目的添加。最后单击"确定"按钮，完成工资项目的设置。

提示：
- 系统提供的固定工资项目，如本实验中的本月扣零、上月扣零，不能修改和删除。
- 工资项目名称必须唯一。工资项目一经使用，数据类型不允许修改。

- 增项直接计入应发合计,减项直接计入扣款合计,若工资项目类型为字符型,则小数位不可用,增减项为其他。
- 单击界面上的向上、向下移动箭头可调整工资项目的排列顺序。
- 单击"重命名"按钮,可修改工资项目名称。
- 选择要删除的工资项目,单击"删除"按钮,确认后即可删除。

5. 在职人员工资项及其公式设置

本企业在职人员工资项目包括基本工资、岗位工资、绩效工资、交通补助、应发合计、养老保险、医疗保险、失业保险、住房公积金、代扣税、扣款合计、实发合计。

公式设置:

住房公积金=(基本工资+岗位工资+绩效工资+交通补助)×0.12

养老保险=(基本工资+岗位工资+绩效工资+交通补助)×0.08

医疗保险=(基本工资+岗位工资+绩效工资+交通补助)×0.02

失业保险=(基本工资+岗位工资+绩效工资+交通补助)×0.002

【操作指导】

(1) 在职人员工资项目设置。

① 在企业应用平台中,执行"业务工作/人力资源/薪资管理/工资类别/打开工资类别"命令,打开"在职人员"工资类别,下方状态行显示当前工资类别为"001在职人员"。然后再执行"业务工作/人力资源/薪资管理/设置/工资项目设置"命令。

② 在"工资项目设置"选项卡中,单击"增加"按钮,在"名称参照"下拉列表中,依次选择"基本工资、岗位工资、绩效工资、交通补助、养老保险、医疗保险、失业保险、住房公积金"各个项目,完成添加。可以上下移动项目,最终确定合适的顺序位置,如图4-65所示。

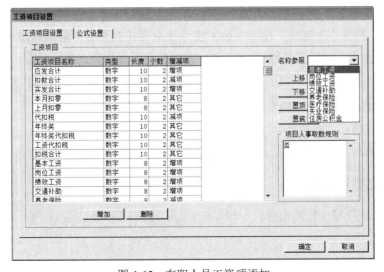

图4-65 在职人员工资项添加

(2) 在职人员工资项的公式设置。

① 在"工资项目设置"窗口中,打开"公式设置"选项卡,设置各个工资项的公式。

② 单击"增加"按钮,并从左上角的"工资项目"列表中选择"养老保险"。

③ 单击"养老保险公式定义"区域,选中运算符区域的"(",然后从中下部的"工资项目"列表中选择"基本工资",再选中运算符区域的"+",再从中下部的"工资项目"列表中选择"岗位工资",再选中运算符区域的"+",再从中下部的"工资项目"列表中选择"绩效工资",再选中运算符区域的"+",再从中下部的"工资项目"列表中选择"交通补助",再选中运算符区域的")"和运算符区域的"*",最后在"养老保险公式定义"区域输入 0.08,结果如图 4-66 所示。

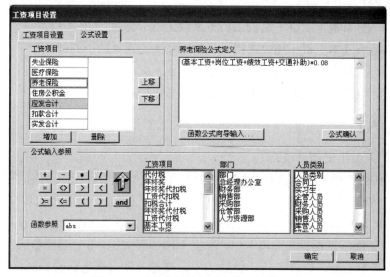

图 4-66 "养老保险公式定义"操作界面

④ 单击"公式确认"按钮,完成"养老保险"的公式定义。

⑤ 重复步骤②~④,完成"医疗保险""失业保险"和"住房公积金"的公式定义。单击"确定"按钮,即完成了在职人员工资项计算公式的设置。最后退出对话框。

⑥ 同理操作,可以对其他工资类别人员的工资项及其公式进行设置。

提示:
- 工资项目不能重复选择。
- 没有选择的工资项目,不能在计算公式中使用。
- 不能删除已输入数据或已设置计算公式的工资项目。

6. 代发工资银行的设置

本企业委托代发工资的银行为中国工商银行,个人账号定长为 11 位,录入时自动带出账号 8 位。

【操作指导】

(1) 在企业应用平台中，执行"基础设置/基础档案/收付结算/银行档案"命令，进入"银行档案"窗口。双击"中国工商银行"所在行，打开"修改银行档案"窗口。

(2) 选中"个人账户规则"区域的"定长"复选框，并修改"账号长度"为11，"自动带出账号长度"为8，结果如图4-67所示，单击"保存"按钮，完成设置。

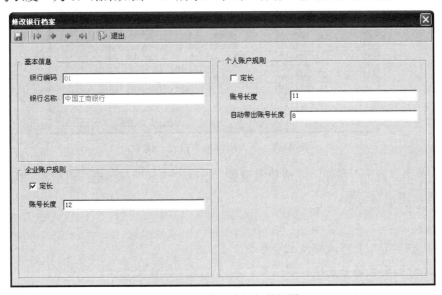

图4-67 代发工资银行的设置

7. 代扣个人所得税

计税基数为3 500元，附加费用为1 300元。

【操作指导】

(1) 在企业应用平台中，执行"业务工作/人力资源/薪资管理/设置/选项"命令，打开"选项"对话框，再打开"扣税设置"选项卡。单击"编辑"按钮，结果如图4-68所示。

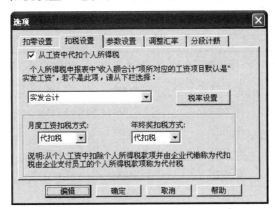

图4-68 薪资管理系统"选项"对话框的"扣税设置"选项卡

(2) 单击"税率设置"按钮,打开"个人所得税申报表—税率表"对话框。修改并确认"基数""附加费用"和税率表的相应数据,结果如图4-69所示。

图4-69　个人所得税申报表—税率表

(3) 单击"确定"按钮,完成税率设置,返回"选项"对话框;再单击"确定"按钮,完成设置,退出对话框。

提示：

- 只有主管人员可以修改工资参数。
- 工资账参数调整包括扣零设置、扣税设置、参数设置和调整汇率。
- 已经进行过月结的工资类别或发放次数不能修改币种。
- 设置工资的扣税工资项目,系统默认为"实发合计"。在实际业务中,因可能存在免税收入项目(如政府特殊津贴、院士津贴等)和税后列支项目,可以单独设置一个工资项目来计算应纳税工资。
- 如果修改了"扣税设置",需要进入"工资变动"执行"计算"和"汇总"功能,以保证"代扣税"工资项目正确地反映单位实际代扣个人所得税的金额。

8. 期初工资数据录入

期初工资数据如表4-21所示。

表4-21　期初工资数据

人员编码	人员姓名	行政部门名称	基本工资	岗位工资	绩效工资	人员类别
001	邓国平	总经理办公室	4 000	2 500	4 000	企管人员
002	张德	财务部	2 000	1 000	2 000	财务人员
003	王致远	财务部	2 000	900	1 200	财务人员
004	王艳	财务部	2 000	800	1 000	财务人员
005	徐腾飞	销售部	2 000	1 000	2 500	销售人员
006	郑爽	销售部	2 000	1 000	2 500	销售人员
007	刘旭	采购部	2 000	550	800	采购人员

(续表)

人员编码	人员姓名	行政部门名称	基本工资	岗位工资	绩效工资	人员类别
008	张晓琪	仓管部	2 000	700	500	库管人员
009	姜伟	人力资源部	2 000	500	800	企管人员

【操作指导】

(1) 在企业应用平台中，执行"业务工作/人力资源/薪资管理/设置/人员档案"命令，进入"人员档案"列表窗口。双击"001 邓国平"所在行，系统打开"人员档案明细"对话框，并显示邓国平的详细档案，结果如图4-70所示。

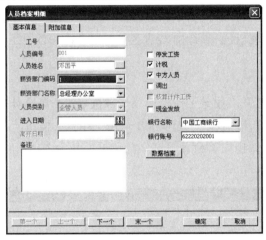

图4-70　人员明细档案

(2) 单击"数据档案"按钮，打开"工资数据录入—页编辑"对话框，在"基本工资"编辑栏录入4 000，在"岗位工资"栏录入2 500，在"绩效工资"栏录入4 000，其他数据项系统自动给出，结果如图4-71所示。

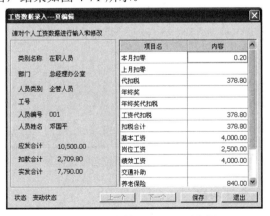

图4-71　工资数据录入—页编辑

(3) 单击"保存"按钮，返回"人员档案明细"对话框。单击"确定"按钮，系统提示"写入该人员档案信息吗？"，单击"确定"按钮，返回"人员档案明细"对话框。

(4) 单击"下一个"按钮，系统在打开的"人员档案明细"对话框中显示张德的详细档案。

(5) 重复步骤(2)～(4)，同理，将表 4-21 中其他职工的期初工资数据录入并保存；单击"取消"按钮，退出"人员档案明细"对话框。

六、总账系统

1. 参数设置与核算规则设置

除系统默认设置之外，还需如下参数设置。

权限：选择"出纳凭证必须经由出纳签字"和"凭证必须经由主管会计签字"。

【操作指导】

在系统管理中，打开"业务工作"选项卡，执行"财务会计/总账/设置/选项"命令，进入"选项"窗口。打开"权限"选项卡，单击"编辑"按钮，选中"出纳凭证必须经由出纳签字""凭证必须经由主管会计签字"复选框，其余选项设置为默认状态，如图 4-72 所示。

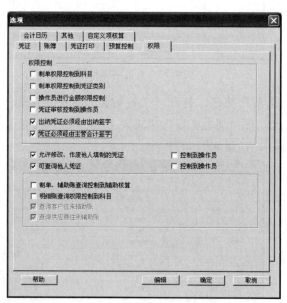

图 4-72　总账系统初始设置

2. 指定出纳管理的会计科目

对出纳管理的现金和银行存款科目进行指定。现金总账科目指定为"1001 库存现金"；银行总账科目指定为"1002 银行存款"。

【操作指导】

(1) 在企业应用平台中，打开"基础设置"菜单，执行"基础档案/财务/会计科目"命令，进入"会计科目"窗口。

(2) 执行"编辑/指定科目"命令，弹出"指定科目"对话框。

(3) 选中"现金科目"单选按钮，在"待选科目"栏选择"1001 库存现金"，单击">"按钮，"1001 库存现金"将显示在"已选科目"栏，如图4-73所示。

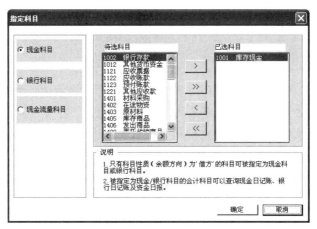

图4-73 指定会计科目

(4) 选中"银行科目"单选按钮，在"待选科目"栏选择"1002 银行存款"，单击">"按钮，"1002 银行存款"将显示在"已选科目"栏，单击"确定"按钮。

3. 会计科目期初余额对账

【岗位说明】

邓国平(001)负责设置。

【操作指导】

(1) 在企业应用平台中，执行"业务工作/财务会计/总账/设置/期初余额"命令，单击"对账"按钮，系统弹出"期初对账"窗口，如图4-74所示。

(2) 单击"开始"按钮，系统开始对总账与应付、应收账款；总账与辅助账；辅助账与明细账进行核对，结果如图4-75所示。

图4-74 "期初对账"窗口

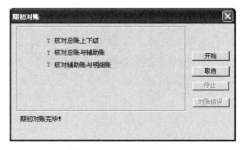

图4-75 对账完毕窗口

第五章 企业日常业务处理

内容概述

本章的主要内容是处理企业本期发生的各项日常经营业务活动，涉及用友 ERP-U8 V10.1 管理系统的采购管理系统、销售管理系统、库存管理系统、存货核算系统、固定资产系统、薪资管理系统、应收款管理系统、应付款管理系统、总账系统等多个模块，共计 44 个实训任务，具体包括以下内容。

- 采购管理与应付款管理：处理企业与供应商之间业务往来关系的系统。在采购管理系统中，主要处理的业务包括签订采购合同、到货、退货、登记采购发票等。在应付款管理系统中，以采购发票、其他应付单据等原始单据为依据，记录采购业务所形成的往来账款，处理应付账款的支付、转账等情况。
- 销售管理与应收款管理：处理企业与客户之间业务往来关系的系统。在销售管理系统中，主要处理的业务包括签订销售合同、发货、开具销售发票等。在应收款管理系统中，以销售发票、代垫运费单等原始单据为依据，记录销售业务及其他业务所形成的往来账款，处理应收账款的收回、坏账、转账等情况。
- 库存管理与存货核算：库存管理系统主要处理存货的入库、出库及结存数据，以及对存货进行盘点的工作。存货核算系统主要核算和分析所有业务中的存货耗用情况，包括检查存货入库单，进行采购成本结算、正常单据记账及存货制单处理，为企业提供成本核算的基础数据。
- 固定资产管理：处理固定资产变动、折旧计提等业务，以及制单处理。
- 薪资管理：以职工个人的薪资原始数据为基础，计算本月应发工资和实发工资等数据，编制工资结算单，计算个人所得税，委托银行代发工资，提供多种方式的查询、打印薪资发放表、各种汇总表及个人工资条等功能。
- 总账系统账务处理：根据已建立的会计科目体系，输入和处理各种记账凭证，完成记账、对账、结账等工作，输出总分类账、日记账、明细账以及有关辅助账。其主要处理的日常业务包括填制凭证、出纳签字、主管签字、审核凭证、记账、期末处理、银行对账等。

目的与要求

系统地学习和掌握处理日常业务活动及其相应的财务活动的操作方法。理解和掌握各业务子系统与总账系统的关系。

本案例企业发生业务活动的时间均为 2018 年 2 月。

本章提供了 44 个数据账套。如果使用所提供的实验数据准备账套，则可以导入相应账套数据，灵活地进行不同任务的学习。如果不使用本书所提供的各任务段的实验数据准备账套，则只需在做企业日常业务处理之前，导入"第五章　实训一数据账套准备"数据账套，然后，按照各项任务的顺序自行操作即可，可以自行备份账套。

实训一　缴纳上一季度税费

【任务一】

2018 年 2 月 1 日，缴纳上一季度企业所得税 11 400 元，向税务部门缴纳上月代扣代缴个人所得税 520.87 元，缴纳增值税 32 657 元、城市维护建设税 2 285.99 元、教育费附加 979.71 元。

【业务说明】

本笔业务是缴纳上一季度税费业务，通过自定义转账方式生成凭证，并对记账凭证进行出纳签字、主管签字和审核。

【岗位说明】

会计王致远负责自定义转账凭证的设置和生成；出纳王艳负责出纳签字；财务经理张德负责主管签字和审核。

【实验数据准备】

(1) 系统时间为 2018 年 2 月 1 日。

(2) 引入教学资源"实验数据"文件夹中的"第五章　实训一数据账套准备"数据账套。

【操作指导】

(1) 自定义转账设置。

① 2018 年 2 月 1 日，会计王致远在企业应用平台中，执行"业务工作/财务会计/总账/期末/转账定义/自定义转账"命令，进入"自定义转账设置"窗口。

② 单击"增加"按钮，弹出"转账目录"对话框，输入"转账序号"为0001，"转账说明"为"缴纳税费"，"凭证类别"默认为"付 付款凭证"，如图5-1所示。

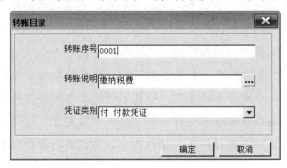

图5-1　任务一自定义转账目录设置

③ 单击"确定"按钮，返回"自定义转账设置"窗口。单击命令栏"增行"按钮，在科目编码栏输入222103或单击参照按钮选择"222103 应交税费/应交所得税"，"方向"为"借"，单击"金额公式"参照按钮，弹出"公式向导"对话框。选择公式名称为"期初余额"，单击"下一步"按钮，输入科目222103，其他选项为默认，单击"完成"按钮，返回"自定义转账设置"窗口。

④ 单击"增行"按钮，在"科目编码"栏输入222104或单击参照按钮选择"222104 应交个人所得税"，"方向"为"借"，单击"金额公式"参照按钮，弹出"公式向导"对话框。选择公式名称为"期初余额"，单击"下一步"按钮，输入科目222104，其他选项为默认，单击"完成"按钮，返回"自定义转账设置"窗口。

⑤ 单击"增行"按钮，在"科目编码"栏输入222102或单击参照按钮选择"222102 未交增值税"，"方向"为"借"，单击"金额公式"参照按钮，弹出"公式向导"对话框。选择公式名称为"期初余额"，单击"下一步"按钮，输入科目222102，其他选项为默认，单击"完成"按钮，返回"自定义转账设置"窗口。

⑥ 单击"增行"按钮，在"科目编码"栏输入222105或单击参照按钮选择"222105 应交城市维护建设税"，"方向"为"借"，单击"金额公式"参照按钮，弹出"公式向导"对话框。选择公式名称为"期初余额"，单击"下一步"按钮，输入科目222105，其他选项为默认，单击"完成"按钮，返回"自定义转账设置"窗口。

⑦ 单击"增行"按钮，在"科目编码"栏输入222106或单击参照按钮选择"222106 应交教育费附加"，"方向"为"借"，单击"金额公式"参照按钮，弹出"公式向导"对话框。选择公式名称为"期初余额"，单击"下一步"按钮，输入科目222106，其他选项为默认，单击"完成"按钮，返回"自定义转账设置"窗口。

⑧ 单击"增行"按钮，在"科目编码"栏输入"100201 工行存款"，"方向"为"贷"，输入金额公式JG()或选择名称为"取对方科目计算结果"的函数。最终结果如图5-2所示，单击"保存"按钮。

图 5-2 任务一自定义转账设置

(2) 自定义转账凭证生成。

① 执行"业务工作/财务会计/总账/期末/转账生成"命令,进入"转账生成"窗口。

② 选择"自定义转账"单选按钮,选中"编号"为 0001 的记录行,双击"是否结转"栏,出现 Y,如图 5-3 所示。

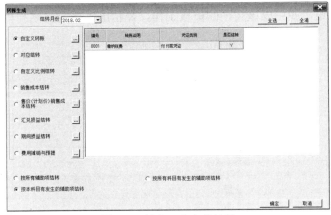

图 5-3 任务一自定义结转

③ 单击"确定"按钮,弹出"转账"窗口,生成自定义结转凭证,如图 5-4 所示。单击"保存"按钮,凭证左上角出现"已生成"字样。

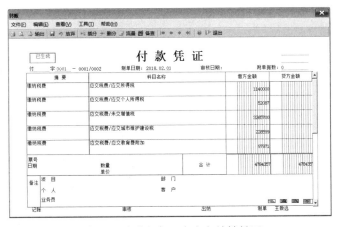

图 5-4 生成任务一自定义结转凭证

(3) 出纳签字。

出纳王艳在企业应用平台中,执行"业务工作/财务会计/总账/凭证/出纳签字"命令,进入"出纳签字"过滤条件窗口。单击"确定"按钮,显示"出纳签字列表"窗口。双击该凭证行进入"出纳签字"窗口,单击"签字"按钮,即在凭证下方出纳处显示王艳的名字,表示出纳签字完成。

提示:

在"出纳签字"窗口,可直接执行"出纳/成批出纳签字"命令,完成所有待签字凭证的成批出纳签字。

(4) 审核凭证。

财务经理张德在企业应用平台中,执行"业务工作/财务会计/总账/凭证/审核凭证"命令,进入"凭证审核"过滤条件窗口,单击"确定"按钮,显示"凭证审核列表"窗口,双击该凭证所在行进入"审核凭证"窗口,在"审核凭证"窗口中对未审核凭证进行审核,单击"审核"按钮,即完成该凭证的审核工作,显示出审核人签字和审核日期,如图 5-5 所示。

图 5-5 审核人签字

提示:

在"审核凭证"窗口,可直接执行"审核/成批审核凭证"命令,完成所有凭证的成批审核。

(5) 主管签字。

财务经理张德在企业应用平台中,执行"业务工作/财务会计/总账/凭证/主管签字"命令,进入"主管签字"过滤条件窗口,单击"确定"按钮,显示"主管签字列表"窗口,双击该凭证行进入"主管签字"窗口,单击"签字"按钮,即在凭证右上方处显示张德红字印章,表示主管签字完成,如图5-6所示。

张德

付 款 凭 证

付 字 0001 - 0001/0002　　制单日期：2018.02.01　　审核日期：2018.02.01　　附单据数：0

摘要	科目名称	借方金额	贷方金额
缴纳税费	应交税费/应交所得税	1140000	
缴纳税费	应交税费/应交个人所得税	52087	
缴纳税费	应交税费/未交增值税	3265700	
缴纳税费	应交税费/应交城市维护建设税	228599	
缴纳税费	应交税费/应交教育费附加	97971	
票号 日期	数量 单价 合计	4784357	4784357

备注　项目　部门　个人　客户　业务员

记账　审核 张德　出纳 王艳　制单 王致远

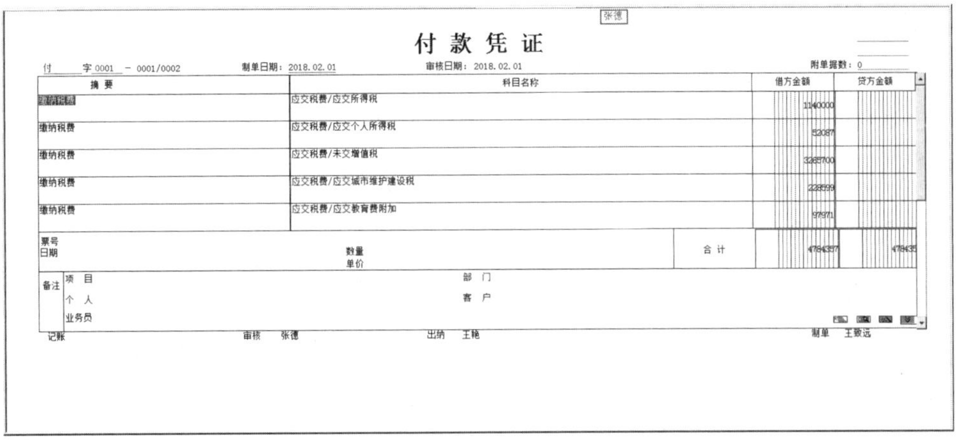

图 5-6　主管签字

提示：

在“主管签字”窗口，可直接执行“主管/成批主管签字”命令，完成所有待签字凭证的成批主管签字。

实训二　收取定金的销售业务

【任务二】

2018 年 2 月 1 日，销售部郑爽与会友商场签订销售合同(合同编号为 XS0201)，出售一批“男士双肩电脑包”，数量为 450 个，无税单价为 180 元，增值税税率为 17%。合同签订当日会友商场用转账支票(票号 12100721)支付定金 20 000 元，同时已给客户开具全款增值税发票(票号 02205631)。合同约定 15 日发货，待对方验收合格后用为期两个月的商业承兑汇票结算剩余货款。

【业务说明】

本笔业务是签订销售合同、开具销售发票和预收货款的业务。需要进行录入和审核销售订单和销售发票，录入和审核预收类型的收款单，进行应收单据及收款单据的审核，并进行制单处理。本业务的操作流程如图 5-7 所示。

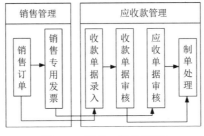

图 5-7　任务二操作流程

【岗位说明】

销售员郑爽进行销售订单的填制；账套主管邓国平进行业务单据的审核；出纳王艳进行收款单的填制；会计王致远进行销售发票的开具和记账凭证的编制；财务经理张德进行销售发票、应收单据和收款单的审核。

【实验数据准备】

(1) 系统时间为 2018 年 2 月 1 日。

(2) 引入教学资源"实验数据"文件夹中的"第五章 实训二数据账套准备"数据账套。

【操作指导】

(1) 填制并审核销售订单。

① 2018 年 2 月 1 日，销售部郑爽在企业应用平台中，执行"业务工作/供应链/销售管理/销售订货/销售订单"命令，进入"销售订单"窗口。

② 单击"增加"按钮，修改"订单号"为 XS0201，选择"业务类型"为"普通销售"、"销售类型"为"批发"、"销售部门"为"销售部"、"客户简称"为"会友商场"、"业务员"为"郑爽"，税率为 17%，在表体中选择"存货名称"为"男士双肩电脑包"，输入"数量"为 450，系统自动计算出其他信息，单价也可修改，修改"预发货日期"为 2018-02-15。单击"保存"按钮，完成该笔销售订单的录入。

③ 账套主管邓国平在企业应用平台中，执行"业务工作/供应链/销售管理/销售订货/销售订单"命令，进入"销售订单"窗口。单击"上张"按钮，找到此笔业务录入的销售订单，邓国平审核确认信息无误后，单击"审核"按钮完成对销售订单的审核，如图 5-8 所示。

图 5-8 销售订单录入及审核

(2) 填制并复核销售专用发票。

① 会计王致远在企业应用平台中，执行"业务工作/供应链/销售管理/销售开票/销售专用发票"命令，进入"销售专用发票"窗口，单击"增加"按钮，取消参照发货单生成发票。

② 单击"生单—参照订单"按钮，进入"查询条件选择—参照订单"窗口，单击"确定"按钮，进入"参照生单"窗口，选择对应的销售订单，单击"确定"按钮，在销售专

用发票窗口中自动带出相关信息,在表头中修改发票号为 02205631,在表体中选择仓库名称为"男包仓库",单击"保存"按钮,完成销售专用发票的录入。

③ 财务经理张德在企业应用平台中,执行"业务工作/供应链/销售管理/销售开票/销售专用发票"命令,进入"销售专用发票"窗口,找到此笔业务录入的销售专用发票,确认信息无误后,单击"复核"按钮完成对该张发票的复核,如图 5-9 所示。

图 5-9 销售专用发票录入及复核

(3) 填制并审核收款单据。

① 出纳王艳在企业应用平台中,执行"业务工作/财务会计/应收款管理/收款单据处理/收款单据录入"命令,进入"收款单"界面。

② 单击"增加"按钮,在表头中选择"客户"为"会友商场"、"结算方式"为"转账支票",输入"金额"为 20 000,输入"票据号"为 12100721,选择"部门"为"财务部","业务员"为"王艳"。在表体中,"款项类型"栏选择"预收款",其他信息自动带出,单击"保存"按钮即完成收款单的录入,如图 5-10 所示。

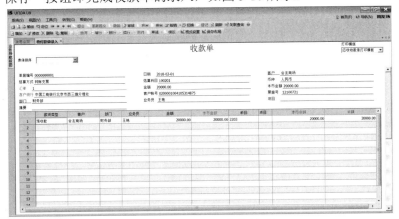

图 5-10 应收款管理收款单录入

③ 财务经理张德在企业应用平台中,执行"业务工作/财务会计/应收款管理/收款单据处理/收款单据审核"命令,打开"收款单查询条件"窗口,单击"确定"按钮,进入收付款单据列表,双击与之对应的收款单所在行,进入收款单窗口,逐项核对无误后,单击"审

核"按钮,弹出"是否立即制单?"提示窗,单击"否"按钮退出。此时,单据下方已显示审核人签字。或者在"收付款单据列表"窗口中,选择后直接单击"审核"按钮,显示审核成功提示窗,在审核人处显示签名;若不成功,可单击右边按钮,查看原因。

(4) 审核应收单据(销售专用发票)。

财务经理张德在企业应用平台中,执行"业务工作/财务会计/应收款管理/应收单据处理/应收单据审核"命令,打开"应收单查询条件"窗口,单击"确定"按钮,进入应收单据列表窗口,在对应的销售专用发票所在行,双击进入销售专用发票窗口,逐项核对无误后,单击"审核"按钮,弹出"是否立即制单?"提示窗,单击"否"按钮退出。此时,单据下方已显示审核人签字。或者在"应收单据列表"窗口中,选择后直接单击"审核"按钮,显示审核成功提示窗,在审核人处显示签名;若不成功,可单击右边按钮,查看原因。

(5) 制单处理。

① 会计王致远在企业应用平台中,执行"业务工作/财务会计/应收款管理/制单处理"命令,打开"制单查询"窗口,勾选"发票制单"和"收付款单制单"选项,单击"确定"按钮进入制单界面,选择需要制单的凭证,选择凭证类别为"转账凭证",如图5-11所示。

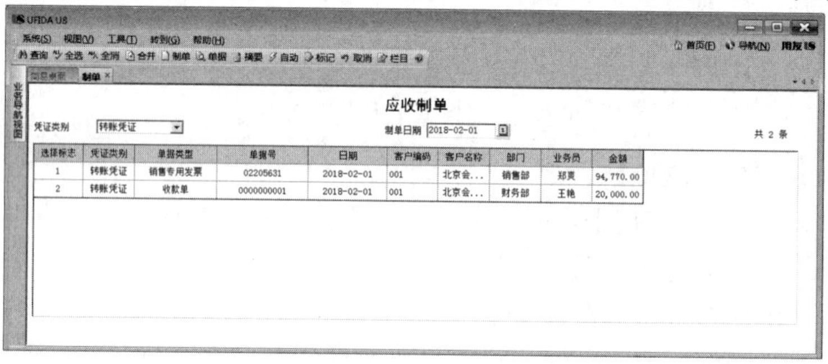

图 5-11 应收制单

② 单击"全选"按钮选择所有单据,单击"制单"按钮,进入"填制凭证"窗口,录入"主营业务收入"科目的辅助项信息,主营业务收入的项目名称为"男士双肩电脑包"(单击"主营业务收入"科目所在行后,将鼠标向下移动,直到光标变为钢笔形态后双击,弹出辅助项提示窗,选择录入项目名称),单击"确定"按钮,进入"填制凭证"窗口,单击"保存"按钮生成应收款的转账凭证,如图5-12所示。

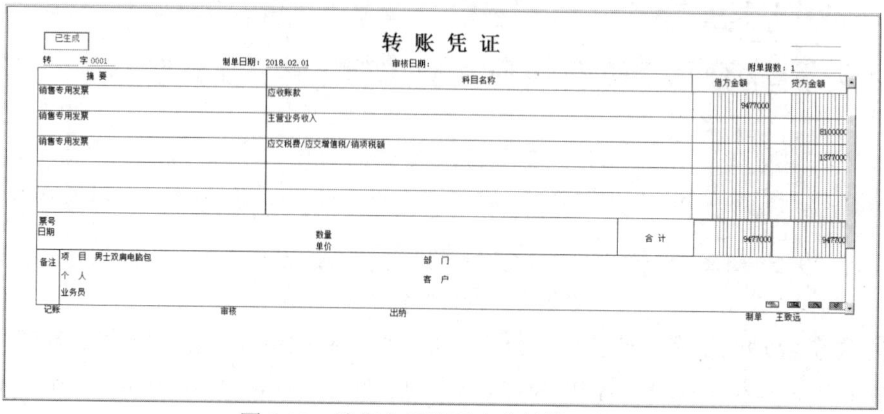

图 5-12 销售专用发票生成的转账凭证

③ 下一张凭证同理操作，下翻一页，选择修改凭证类别为"收 收款凭证"，单击"预收账款"科目所在行，下移鼠标出现笔头形状，双击鼠标，在弹出的辅助项提示窗中录入预收账款辅助项的"票据号"为12100721，"发生日期"为"2018年2月1日"，单击"确定"按钮，进入"填制凭证"窗口，单击"保存"按钮生成预收款凭证，如图5-13所示。

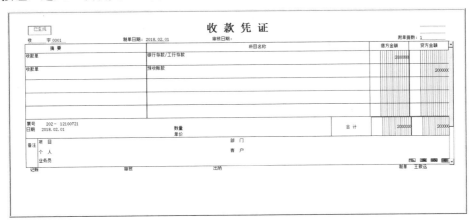

图5-13 收款单据生成的收款凭证

提示：

- 对于已审核的订单，可能因为意外情况而需要修改业务，此时用订单变更功能实现，变更后即生效不必再次审核，即状态依然为"已审核"。
- "开票直接发货"方式，销售发票复核后，自动生成销售发货单。
- 与"库存管理"系统集成使用时，"设置—销售选项—业务控制"的"销售生成出库单"为"是"，则销售发票复核后，在自动生成销售发货单的同时也生成销售出库单；否则在"库存管理"系统中只能根据发货单生成出库单。

实训三 签订分批发货的销售业务

【任务三】

2018年2月1日，销售部郑爽与嘉美公司签订销售合同(合同编号为XS0202)，销售2100个牛仔布双肩女包，无税单价为130元，增值税税率为17%，当日开具全额增值税发票(票号00205632)，首付款收取全部价款的40%，对方用转账支票支付，支票号为12203672。当日首批发货500个，第二批要求17号发货1600个，对方收到货物并验收合格后向本公司支付剩余的60%的合同价款。

【业务说明】

本笔业务是签订销售合同、进行首批发货、开具销售发票、进行部分收款业务。需要进行录入与审核销售订单和发货单，审核销售出库单，根据发货单生成销售发票，以现结方式进行部分收款；对应收单据审核，并进行制单处理。本业务的操作流程如图 5-14 所示。

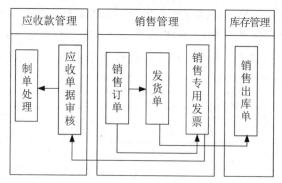

图 5-14　任务三操作流程

【岗位说明】

销售员郑爽进行销售订单和发货单的填制，账套主管邓国平进行业务单据的审核，库管员张晓琪进行销售出库单的审核，会计王致远进行销售发票的开具和记账凭证的编制，财务经理张德进行销售发票和应收单据的复核。

【实验数据准备】

(1) 系统时间为 2018 年 2 月 1 日。

(2) 引入教学资源"实验数据"文件夹中的"第五章　实训三数据账套准备"数据账套。

【操作指导】

(1) 填制并审核销售订单。

① 2018 年 2 月 1 日，销售员郑爽在企业应用平台中，执行"业务工作/供应链/销售管理/销售订货/销售订单"命令，进入"销售订单"窗口。

② 单击"增加"按钮，修改"订单号"为 XS0202，选择"业务类型"为"普通销售"、"销售类型"为"批发"、"销售部门"为"销售部"、"客户简称"为"嘉美公司"、"业务员"为"郑爽"，税率为 17%。在表体中第一行选择"存货名称"为"牛仔布双肩女包"，输入"数量"为 500，其他信息自动带出，单价可修改，"预发货日期"为 2018-02-01；在第二行中选择"存货名称"为"牛仔布双肩女包"，输入"数量"为 1600，其他信息自动带出，修改"预发货日期"为 2018-02-17，单击"保存"按钮完成该笔销售订单的录入。

③ 账套主管邓国平在企业应用平台中，执行"业务工作/供应链/销售管理/销售订货/销售订单"命令，进入"销售订单"窗口，单击"翻页(箭头)"按钮，找到此笔业务的销售订单，确认信息无误后，单击"审核"按钮完成对销售订单的审核，如图 5-15 所示。

第五章 企业日常业务处理

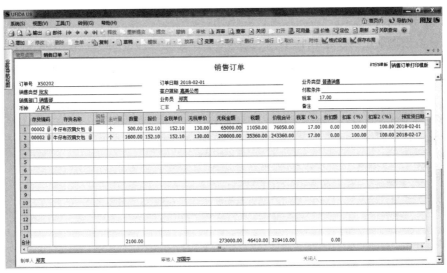

图 5-15　任务三销售管理销售订单填制与审核

(2) 填制并审核发货单。

① 销售员郑爽在企业应用平台中,执行"业务工作/供应链/销售管理/销售发货/发货单"命令,进入"发货单"窗口。

② 单击"增加"按钮,打开"查询条件选择—参照订单"窗口,单击"确定"按钮,进入"参照生单"窗口,选择"预发货日期"为 2018-02-01 记录的 500 个牛仔布双肩女包,单击"确定"按钮,返回"发货单"界面,系统自动带出相关信息,在表头中选择发运方式为"发货",在表体中选择仓库为"女包仓库",单击"保存"按钮完成该笔发货单的录入。

③ 账套主管邓国平在企业应用平台中,执行"业务工作/供应链/销售管理/销售发货/发货单"命令,进入"发货单"窗口,单击"翻页(箭头)"按钮,找到此笔业务的发货单,确认信息无误后,单击"审核"按钮完成对发货单的审核,如图 5-16 所示。

图 5-16　任务三销售管理发货单填制与审核

105

(3) 审核销售出库单。

库管员张晓琪在企业应用平台中，执行"业务工作/供应链/库存管理/出库业务/销售出库单"命令，进入"销售出库单"窗口，单击"末张"按钮，找到由此笔发货业务自动生成的销售出库单，确认信息无误后单击"审核"按钮完成对销售出库单的审核，如图5-17所示。

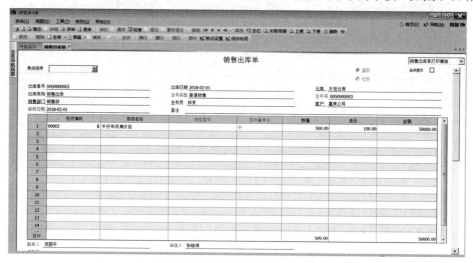

图5-17　任务三销售出库单审核

(4) 填制并复核销售专用发票。

① 会计王致远在企业应用平台中，执行"业务工作/供应链/销售管理/销售开票/销售专用发票"命令，进入"销售专用发票"窗口，单击"增加"按钮，进入"查询条件选择—发票参照发货单"窗口，单击"确定"按钮(或者单击"取消"按钮后，在"生单"按钮的下拉框中选择"参照发货单")，在"参照生单"窗口中选择对应上述的发货单，单击"确定"按钮，进入"销售专用发票"窗口，相关信息自动带入，在表头中修改"发票号"为00205632，在表体中"数量"修改为2100，单击"保存"按钮即生成发票，如图5-18所示。

图5-18　销售专用发票

② 单击"现结"按钮进入现结窗口，选择结算方式为"转账支票"，"原币金额"输入销售专用发票价税合计的40%，即127 764元，输入"票据号"为12203672，选择"项目大类编码"为"00 商品项目管理"、"项目编码"为"102 牛仔布双肩女包"，"订单号"选择XS0202，如图5-19所示，单击"确定"按钮即完成现结处理。

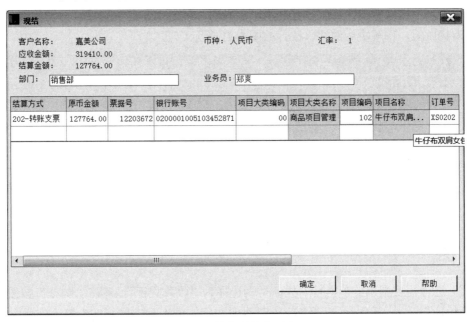

图5-19 销售现结处理窗口

③ 财务经理张德在企业应用平台中，执行"业务工作/供应链/销售管理/销售开票/销售专用发票"命令，进入"销售专用发票"窗口，对此笔业务的销售专用发票进行审核，单击"复核"按钮即可完成，如图5-20所示。

图5-20 销售管理现结发票审核

(5) 审核应收单据并制单。

① 财务经理张德在企业应用平台中，执行"业务工作/财务会计/应收款管理/应收单据处理/应收单据审核"命令，打开"应收单查询条件"窗口，勾选"包含已现结发票"复选框，单击"确定"按钮，进入"应收单据列表"窗口，选择此笔业务形成的应收单据，检查无误后，单击"审核"按钮，若提示审核成功，单击"确定"按钮即完成审核。若不成功则查找原因，待解决后继续审核。如图 5-21 所示。

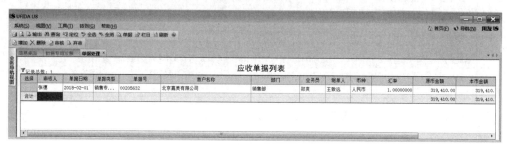

图 5-21　应收款管理应收单据审核窗口

② 会计王致远在企业应用平台中，执行"业务工作/财务会计/应收款管理/制单处理"命令，打开"制单查询"窗口，勾选"现结制单"复选框，单击"确定"按钮，进入"制单"界面。

③ 选择需要制单的单据行，凭证类别选择为"收款凭证"，单击"制单"按钮，进入"填制凭证"窗口，单击主营业务收入科目所在行，向下移动鼠标变为笔头形状时，双击弹出辅助项窗口，选择录入项目名称为"牛仔布双肩女包"，单击"确定"按钮返回"填制凭证"窗口。单击"保存"按钮，即生成凭证，如图 5-22 所示。

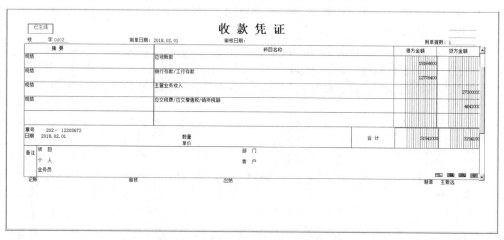

图 5-22　应收款管理现结及应收款制单

提示：
- 销售发货单不可以修改、删除、审核、弃审，但可以关闭、打开。
- 当审核的发票已经做过现结处理，则系统在审核记账的同时，后台还将自动进行相应的核销处理。对于发票有剩余的部分，做应收账款处理。

- 在销售系统中录入的发票若未经其复核，则不能在应收款管理系统中审核。
- 已经审核过的单据不能进行重复审核；未经审核的单据不能进行弃审处理。已经做过后续处理(如核销、转账、坏账、汇兑损益等)的单据不能进行弃审处理。

实训四　签订采购合同

【任务四】

2018年2月2日，刘旭与聚龙公司签订采购合同，编号为CG0201，订购"羊皮男士商务包"400个，无税单价为450元，增值税税率为17%。要求本月8号到货。

【业务说明】

本笔业务是签订采购合同(即采购订单)业务。需要对采购订单进行录入与审核。

【岗位说明】

采购员刘旭录入采购订单，账套主管邓国平进行审核。

【实验数据准备】

(1) 系统时间为2018年2月2日。
(2) 引入教学资源"实验数据"文件夹中的"第五章　实训四数据账套准备"数据账套。

【操作指导】

(1) 2018年2月2日，采购员刘旭在企业应用平台中，执行"业务工作/供应链/采购管理/采购订货/采购订单"命令，打开"采购订单"窗口。

(2) 单击"增加"按钮，修改"订单编号"为CG0201，"采购类型"为"批发商供货"，选择"供应商"为"聚龙公司"、"部门"为"采购部"、"业务员"为"刘旭"；在表体中，选择"存货编码"为"00003(羊皮男士商务包)"，输入"数量"为400，修改"原币单价"为450、"计划到货日期"为2018-02-08，其他信息由系统自动带出，单击"保存"按钮即完成。

(3) 账套主管邓国平在企业应用平台中，执行"业务工作/供应链/采购管理/采购订货/采购订单"命令，打开"采购订单"窗口，单击"翻页(箭头)"按钮查找此订单，单击"审核"按钮，即完成该笔采购订单的审核，如图5-23所示。

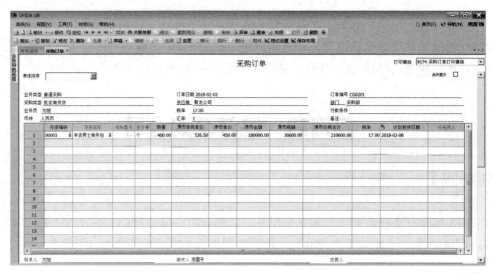

图 5-23 已审核的采购订单

提示：

- 采购订单可以手工录入，也可以参照请购单、销售订单、采购计划(MRP/MPS、ROP)、采购合同、出口订单生成。
- 采购订单可以修改、删除、审核、弃审、变更、关闭、打开、锁定、解锁。
- 已审核未关闭的采购订单可以参照生成采购到货单、采购入库单、采购发票。
- 审核订单可以有三种含义，用户可根据业务需要选择其中一种：采购订单输入计算机后，交由供货单位确认后的订单；如果订单由专职录入员输入，由业务员进行数据检查，确定正确的订单；经过采购主管批准的订单。

实训五　缴纳社会保险和住房公积金

【任务五】

2018年2月2日，缴纳社会保险9 720.6元，其中单位负担部分为4 839.9元、职工个人负担部分为4 880.7元；缴纳住房公积金11 484元，其中单位负担部分为5 742元、职工个人负担部分为5 742元。以转账支票支付住房公积金(支票号为13200753)，以同城特约委托收款方式支付社会保险(同城特约委托收款，票号301、302)。

【业务说明】

本笔业务是缴纳上月社会保险和住房公积金业务。需要使用自定义转账方式对凭证进行设置和生成，并进行出纳签字、主管签字和审核。

【岗位说明】

会计王致远负责自定义转账凭证的设置和生成；出纳王艳负责出纳签字；财务经理张德负责主管签字和审核。

【实验数据准备】

(1) 系统时间为 2018 年 2 月 2 日。

(2) 引入教学资源"实验数据"文件夹中的"第五章 实训五数据账套准备"数据账套。

【操作指导】

(1) 自定义转账设置。

① 2018 年 2 月 2 日，会计王致远在企业应用平台中，执行"业务工作/财务会计/总账/期末/转账定义/自定义转账"命令，进入"自定义转账设置"窗口。

② 单击"增加"按钮，弹出"转账目录"对话框，输入"转账序号"为 0002，"转账说明"为"交单位承担的社会保险"，"凭证类别"默认为"付 付款凭证"，如图 5-24 所示。

图 5-24 任务五自定义转账目录设置

③ 单击"确定"按钮，返回"自定义转账设置"窗口。单击命令栏"增行"按钮，单击"科目编码"参照按钮选择"221103 应付职工薪酬/社会保险费"或直接输入 221103，"方向"为"借"，单击"金额公式"参照按钮，弹出"公式向导"对话框。

④ 选择公式名称为"期初余额"，单击"下一步"按钮，输入科目为 221103，其他选项为默认，单击"完成"按钮，返回"自定义转账设置"窗口。

⑤ 单击"增行"按钮，输入"科目编码"为"100201 工行存款"，方向为"贷"，输入"金额公式"为 JG()，如图 5-25 所示。

图 5-25 任务五自定义转账设置

⑥ 单击"保存"按钮，单击"增加"按钮，弹出"转账目录"对话框，输入"转账序号"为0003，"转账说明"为"交个人承担的社会保险"，"凭证类别"为"付 付款凭证"。

⑦ 单击"确定"按钮，返回"自定义转账设置"窗口。单击"增行"按钮，单击"科目编码"参照按钮选择"224101 其他应付款/应付社会保险费"或直接输入224101，"方向"为"借"，单击"金额公式"参照按钮，弹出"公式向导"对话框。

⑧ 选择公式名称"期初余额"，单击"下一步"按钮，输入科目为224101，其他选项为默认，单击"完成"按钮，返回"自定义转账设置"窗口。

⑨ 单击"增行"按钮，输入"科目编码"为"100201 工行存款"，"方向"为"贷"，输入"金额公式"为JG()，单击"保存"按钮。

⑩ 单击"增加"按钮，弹出"转账目录"对话框，输入"转账序号"为0004，"转账说明"为"交住房公积金"，"凭证类别"为"付 付款凭证"。

⑪ 单击"确定"按钮，返回"自定义转账设置"窗口。单击"增行"按钮，单击"科目编码"参照按钮选择"221104 应付职工薪酬/住房公积金"或直接输入221104，"方向"为"借"，单击"金额公式"参照按钮，弹出"公式向导"对话框。

⑫ 选择公式名称"期初余额"，单击"下一步"按钮，输入科目为221104，其他选项为默认，单击"完成"按钮，返回"自定义转账设置"窗口。

⑬ 单击"增行"按钮，单击"科目编码"参照按钮选择"224102 其他应付款/应付住房公积金"或直接输入224102，"方向"为"借"，单击"金额公式"参照按钮，弹出"公式向导"对话框。

⑭ 选择公式名称为"期初余额"，单击"下一步"按钮，输入科目为224102，其他选项为默认，单击"完成"按钮，返回"自定义转账设置"窗口。

⑮ 单击"增行"按钮，输入科目编码"100201 工行存款"，"方向"为"贷"，输入"金额公式"为JG()，单击"保存"按钮。

(2) 自定义转账凭证生成。

① 执行"总账/期末/转账生成"命令，进入"转账生成"窗口。

② 选择"自定义转账"选项，依次选中编号为0002、0003、0004的记录行，双击"是否结转"栏，出现Y，如图5-26所示。

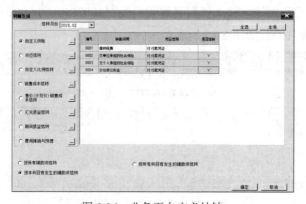

图5-26 业务五自定义结转

③ 单击"确定"按钮,弹出提示"2018.02 月或之前月有未记账凭证,是否继续结转?"窗口,单击"是"按钮,弹出"转账"窗口,显示生成的"交单位承担的社会保险"凭证,单击"银行存款/工行存款"科目,将鼠标移至"票号日期"辅助项,当鼠标呈现蓝色钢笔形状时双击,系统会弹出银行存款的辅助项窗口,选择"结算方式"为"6 同城特约委托收款",输入"票号"为 301,"发生日期"为 2018-02-02,如图 5-27 所示。

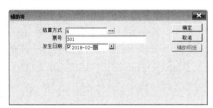

图 5-27　银行存款科目辅助项信息

④ 单击"确定"按钮,返回"转账"窗口,单击"保存"按钮即可生成付款凭证,如图 5-28 所示。

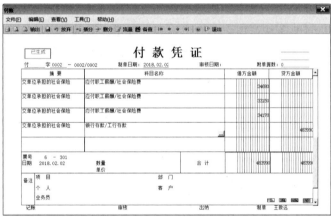

图 5-28　交单位承担的社会保险结转凭证

⑤ 同理,对缴纳个人承担的社会保险和住房公积金两张凭证中的"工行存款"科目的辅助项信息进行补充填写,生成凭证,如图 5-29 和图 5-30 所示。

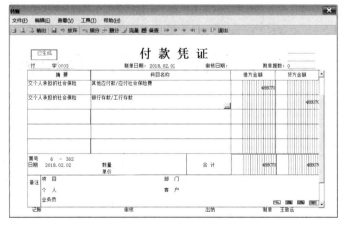

图 5-29　交个人承担的社会保险结转凭证

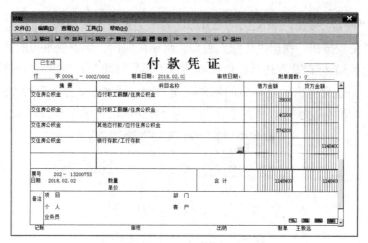

图 5-30　交住房公积金的结转凭证

(3) 出纳签字。

出纳王艳在企业应用平台中，执行"业务工作/财务会计/总账/凭证/出纳签字"命令，进入"出纳签字"过滤条件窗口。单击"确定"按钮，显示"出纳签字列表"窗口。双击该凭证行进入"出纳签字"窗口，对上述 3 张凭证，单击"签字"按钮，即在凭证下方出纳处显示王艳的名字，表示出纳签字完成。

(4) 审核凭证。

财务经理张德在企业应用平台中，执行"业务工作/财务会计/总账/凭证/主管签字"命令，进入"主管签字"过滤条件窗口。单击"确定"按钮，显示"主管签字列表"窗口。双击该凭证行进入"主管签字"窗口，对上述 3 张凭证，单击"签字"按钮，即在凭证右上方处显示张德红字印章，表示主管签字完成。

(5) 主管签字。

执行"业务工作/财务会计/总账/凭证/审核凭证"命令，进入"凭证审核"过滤条件窗口。单击"确定"按钮，显示"凭证审核列表"窗口。双击该凭证行进入"审核凭证"窗口，对上述 3 张凭证，单击"审核"按钮，即在凭证下方"审核"处显示张德名字，表示审核完成。

实训六　支付定金的采购业务

【任务六】

2018 年 2 月 2 日，刘旭与欣悦公司签订采购合同，编号为 CG0202，订购牛皮单肩女包 500 个，无税单价为 200 元，增值税税率为 17%，双方约定同时间用电汇支付定金 3 000 元(电汇票号为 15628730)。要求本月 11 日到货，验收合格后 7 日内以电汇方式支付剩余货款。

【业务说明】

本笔业务是签订采购合同、支付定金业务。需要进行采购订单录入和审核，预付款类型的付款单录入、审核，并进行制单处理。本业务的流程如图 5-31 所示。

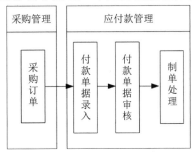

图 5-31　任务六操作流程

【岗位说明】

采购员刘旭录入采购订单；账套主管邓国平审核；出纳王艳录入付款单；财务经理张德进行应付单据审核；会计王致远进行制单。

【实验数据准备】

(1) 系统时间为 2018 年 2 月 2 日。

(2) 引入教学资源"实验数据"文件夹中的"第五章　实训六数据账套准备"数据账套。

【操作指导】

(1) 录入与审核采购订单。

① 2018 年 2 月 2 日，采购员刘旭在企业应用平台中，执行"业务工作/供应链/采购管理/采购订货/采购订单"命令，打开"采购订单"窗口。

② 单击"增加"按钮，在表头中，修改"订单编号"为 CG0202、"采购类型"为"批发商供货"、选择"供应商"为"欣悦公司"、"部门"为"采购部"、"业务员"为"刘旭"。在表体中，选择"存货编码"为"00001(牛皮单肩女包)"，输入"数量"为 500，"计划到货日期"修改为 2018-02-11，其他信息自动带出，单击"保存"按钮即完成该采购订单的录入。

③ 账套主管邓国平在企业应用平台中，执行"业务工作/供应链/采购管理/采购订货/采购订单"命令，打开"采购订单"窗口，查找到该笔采购订单，单击"审核"按钮，即审核此笔采购订单。

(2) 填制付款单。

① 出纳王艳在企业应用平台中，执行"业务工作/财务会计/应付款管理/付款单据处理/付款单据录入"命令，打开"付款单"窗口。

② 单击"增加"按钮，在表头中，选择"供应商"为"欣悦公司"、"结算方式"为"电汇"、"金额"为 3 000、"票据号"为 15628730、"部门"为"采购部"、"业务员"为"刘旭"、"摘要"为"支付定金"。单击表体，系统将自动生成带入相关信息，修改"款项类

型"为"预付款",单击"保存"按钮即完成付款单的录入,如图 5-32 所示。

图 5-32 预付款单据

提示:

- 表体"款项类型"为"预付款",则该记录形成预付款。
- 表体"款项类型"为"应付款",则该收款是冲销应付款。
- 表体"款项类型"为"其他费用",则该付款是其他费用。
- 若表体"供应商"与表头不同,则表体记录为代付款。

(3) 付款单审核与制单。

① 财务经理张德在企业应用平台中,执行"业务工作/财务会计/应付款管理/付款单据处理/付款单据审核"命令,打开"付款单查询条件"对话框。单击"确定"按钮,系统打开"收付款单列表"窗口,单击"全选""审核"按钮,系统弹出"提示"信息框,若提示审核成功,单击"确定"按钮返回"收付款单列表"即审核完成。

② 会计王致远在企业应用平台中,执行"业务工作/财务会计/应付款管理/制单处理"命令,在"制单查询"对话框中,勾选"收付款单制单"复选框,如图 5-33 所示。

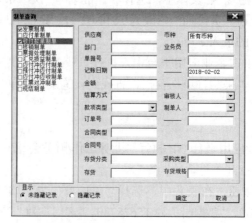

图 5-33 "制单查询"对话框

③ 单击"确定"按钮,进入"制单"窗口,单击"全选"按钮(此时由"选择标志"栏可知,系统将生成 1 张凭证),选择"凭证类别"为"付款凭证",再单击"制单"按钮,进入"填制凭证"窗口。单击"保存"按钮,即生成该凭证,如图 5-34 所示。

图 5-34 预付账款凭证

实训七 分批付款的采购业务

【任务七】

2018 年 2 月 4 日,刘旭与聚龙公司签订采购合同,编号为 CG0203,购买 520 个"男士双肩电脑包",无税单价为 150 元,增值税税率为 17%,价税合计为 91 260 元。合同签订后取得全额发票(发票号为 02137691),并用电汇支付合同总金额的 30%(电汇票号为 10356149)。要求本月 12 日到货,验收合格后 30 日内支付剩余货款。

【业务说明】

本笔业务是签订采购合同、处理票到货未到的在途业务、现付 30%货款的采购业务。需要进行采购订单的录入与审核、采购专用发票的录入及现付;审核应付单据并进行制单处理。本业务的操作流程如图 5-35 所示。

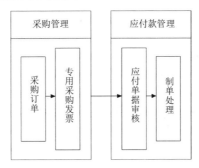

图 5-35 任务七操作流程

【岗位说明】

采购员刘旭录入采购订单；账套主管邓国平审核；采购员刘旭录入采购发票并现付；财务经理张德负责应付单据审核；会计王致远负责制单。

【实验数据准备】

(1) 系统时间为 2018 年 2 月 4 日。

(2) 引入教学资源"实验数据"文件夹中的"第五章 实训七数据账套准备"数据账套。

【操作指导】

(1) 填制并审核采购订单。

① 2018 年 2 月 4 日，采购员刘旭在企业应用平台中，执行"业务工作/供应链/采购管理/采购订货/采购订单"命令，打开"采购订单"窗口。

② 单击"增加"按钮，在表头中，修改"订单编号"为 CG0203，"采购类型"为"批发商供货"，选择"供应商"为"聚龙公司"、"部门"为"采购部"、"业务员"为"刘旭"。在表体中选择"存货编码"为"00004(男士双肩电脑包)"，输入"数量"为 520，修改"计划到货日期"为 2018-02-12，其他信息自动带入，单击"保存"按钮，即完成该采购订单的录入。

③ 账套主管邓国平在企业应用平台中，执行"业务工作/供应链/采购管理/采购订货/采购订单"命令，打开"采购订单"窗口，查找该采购订单，单击"审核"按钮，即完成审核。

(2) 录入采购专用发票。

① 采购员刘旭在企业应用平台中，执行"业务工作/供应链/采购管理/采购发票/专用采购发票"命令，打开"专用发票"窗口。

② 单击"增加"按钮，再单击"生单—采购订单"按钮，并在系统弹出的"查询条件选择—采购订单列表过滤"对话框中单击"确定"按钮，系统打开"拷贝并执行"窗口。在此窗口的"发票拷贝订单表头列表"中，双击"订单号"为 CG0203 的"选择"栏，"选择"栏显示 Y，如图 5-36 所示。

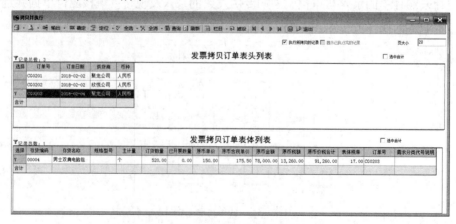

图 5-36 采购发票的"拷贝并执行"窗口

③ 单击"确定"按钮，系统将采购订单的信息自动带入采购发票，在表头中，修改"发票号"为02137691，单击"保存"按钮即完成发票录入，如图5-37所示。

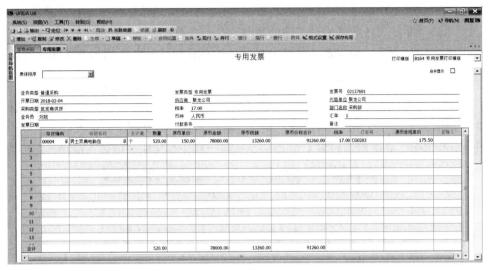

图 5-37　采购专用发票

④ 单击"现付"按钮，系统弹出"采购现付"窗口，选择"结算方式"为"电汇"，"原币金额"为合同总金额的30%，即27 378，"票据号"为10356149，"项目大类编码"为"00 商品项目管理"，"项目编码"为"202 男士双肩电脑包"，如图5-38所示。单击"确定"按钮，返回"专用发票"窗口，其左上角显示"已现付"字样。

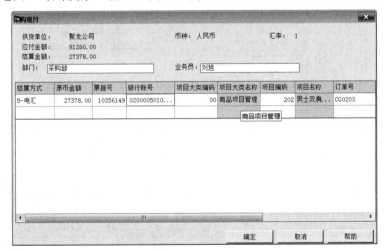

图 5-38　"采购现付"窗口

提示：
- 采购专用发票、普通发票、运费发票的区别如下。
  ◆ 表头默认税率不同：专用发票的表头税率默认为17%，普通采购发票的表头税率默认为0，运费发票的表头税率默认为7%，均可修改。

◆ 扣税类别不同：专用发票的扣税类别是应税外加，普通发票和运费发票的扣税类别是应税内含，不可修改。
● 采购管理系统的采购发票录入保存后，在应付款管理系统中对采购发票进行审核登记应付账，同时回填采购发票的审核人。
● 已审核记账的采购发票不能进行现付。已现付的采购发票记账后不能取消现付。

(3) 应付单据审核与制单。

① 财务经理张德在企业应用平台中，执行"业务工作/财务会计/应付款管理/应付单据处理/应付单据审核"命令，系统弹出"应付单查询条件"对话框，勾选"包含已现结发票"和"未完全报销"复选框，如图5-39所示。单击"确定"按钮，进入"单据处理"窗口。

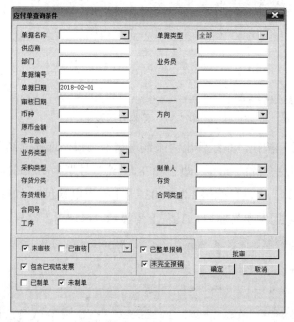

图5-39 "应付单查询条件"窗口

② 单击"全选""审核"按钮，系统提示"本次审核成功单据1张"，单击"确定"按钮，系统返回"单据处理"窗口，在"审核人"一栏中显示"张德"即审核完成，如图5-40所示。

图5-40 应付单据审核

③ 会计王致远在企业应用平台中，执行"业务工作/财务会计/应付款管理/制单处理"命令，在"制单查询"对话框中，勾选"现结制单"，单击"确定"按钮，进入"制

单"窗口，凭证类别选择"付款凭证"，单击"全选"按钮，如图5-41所示。再单击"制单"按钮，进入"填制凭证"窗口。

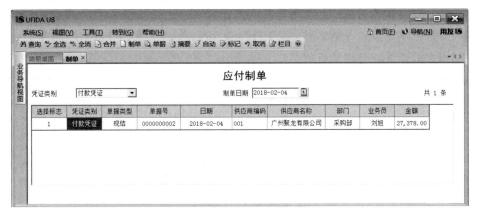

图5-41 "制单"窗口

④ 在"填制凭证"窗口，对"在途物资"的"项目"辅助项选"男士双肩电脑包"(移动鼠标到左下角项目处，鼠标呈现笔头形状，双击鼠标，弹出辅助项录入窗口)，单击"保存"按钮，生成凭证，如图5-42所示。凭证类别可以重新选择修改(在左上角"字"左侧处按鼠标左键，单击出现的按钮，即弹出选择窗口，选择付款凭证)。

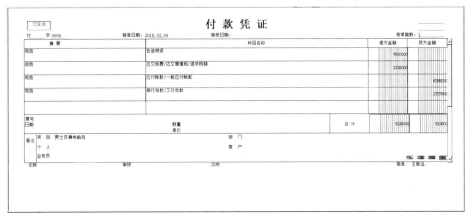

图5-42 任务七的记账凭证

提示：

- 对采购发票制单时，系统先判断控制科目依据，根据单据上的控制科目依据取"控制科目设置"中对应的科目，然后判断采购科目依据，根据单据上的采购科目依据取"产品科目设置"中对应的科目。若没有设置，则取"基本科目设置"中设置的应付科目和采购科目，若无，则手工输入。
- 选择要进行制单的单据，双击"选择标志"栏，系统会在双击的栏目给出一个序号，表明要将该单据制单。可以修改系统所给出的序号，例如，系统给出的序号为1，可以改为2。相同序号的记录会制成一张凭证，即合并制单。

- 合并制单一次可以选择多个制单类型，但至少必须选择一个制单类型，其中发票制单、应付单制单、结算单制单、现结单制单可以合并制单。票据处理为单独制单。转账处理、汇兑损益、并账制单可以合并制单。
- 多种制单类型合并制单时，各记录取科目原则、各分录的合并规则根据当前系统选项中的设置进行相应处理。
- 合并分录以后若出现"本币金额=0"的情况，则有这种分录的凭证无法保存。
- 月结时对已经打上隐藏标记但还没有制单的记录，不作为未制单记录处理，也不需要显示在未制单记录列表中。

实训八　招聘新员工

【任务八】

2018年2月4日，招聘王佳明(编号011，男)到销售部担任销售人员，本月为试用期，仅发基本工资2 000元，交通补助100元。银行代发工资账号为62220202011。

【业务说明】

本笔业务是招聘员工入职业务，需要进行新增人员档案、新增在职人员和工资变动操作。

【岗位说明】

人力资源部经理姜伟录入新增的人员档案和在职人员信息，进行新增员工的工资数据录入。

【实验数据准备】

(1) 系统时间为2018年2月4日。
(2) 引入教学资源"实验数据"文件夹中的"第五章　实训八数据账套准备"数据账套。

【操作指导】

(1) 在公共平台新增人员档案。

① 2018年2月4日，姜伟在企业应用平台中，执行"基础设置/基础档案/机构人员/人员档案"命令，打开"人员列表"窗口，单击"增加"按钮，系统打开"人员档案"对话框。

② 输入"人员编码"为011，"人员姓名"为"王佳明"，"性别"为"男"，"人员类别"为"销售人员"，"行政部门"为"销售部"，"雇佣状态"为"在职"，"银行"为"中国工商银行"，"账号"为62220202011，勾选"是否业务员"复选框，如图5-43所示，单击"保存"按钮，保存王佳明的人员档案。

第五章　企业日常业务处理

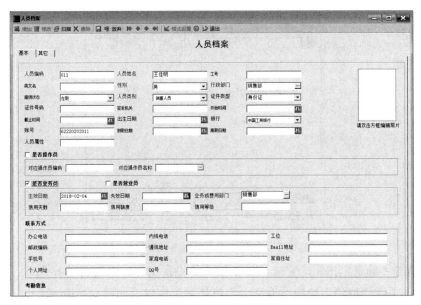

图 5-43　录入人员档案窗口

③ 系统自动打开一个新的人员档案录入界面，单击"退出"按钮，系统提示"是否保存对当前单据的编辑？"，单击"否"按钮，返回"人员列表"窗口。单击"退出"按钮，完成本员工档案的录入工作。

(2) 新增在职人员。

① 姜伟在企业应用平台中，执行"业务工作/人力资源/薪资管理/工资类别/打开工资类别"命令，打开"打开工资类别"窗口，选中"001 在职人员"，单击"确定"按钮，如图 5-44 所示。

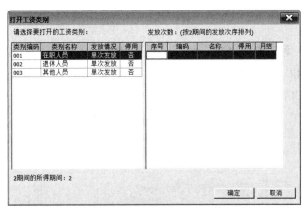

图 5-44　打开"工资类别"窗口

② 双击"业务工作/人力资源/薪资管理/设置/人员档案"命令，打开"人员档案"窗口，单击"增加"按钮，打开"人员档案明细"对话框。单击"人员姓名"栏参照按钮，在打开的"人员选入"对话框中选择"王佳明"后，单击"确定"按钮，如图 5-45 所示。返回"人员档案明细"对话框。

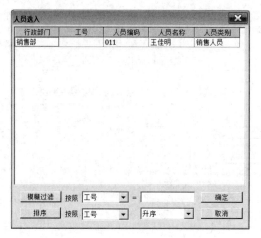

图 5-45 "人员选入"窗口

③ 单击"确定"按钮,完成该员工档案的设置工作,系统自动打开下一个人员档案录入界面,单击"取消"按钮,返回"人员档案"窗口,如图 5-46 所示。

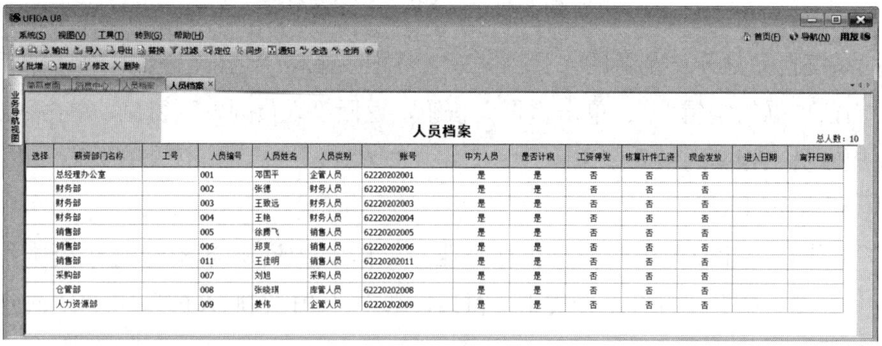

图 5-46 "人员档案"窗口

(3) 录入工资。

① 在"人员档案"窗口中双击"王佳明"所在行,进入"人员档案明细"窗口,单击"数据档案"按钮,进入"工资数据录入—页编辑"窗口,在王佳明的基本档案中录入"基本工资"为 2 000,"交通补助"为 100,如图 5-47 所示。

图 5-47 "工资数据录入—页编辑"窗口

② 单击"保存"按钮,返回"人员档案明细"窗口,单击"确定"按钮,系统弹出"写入该人员档案信息吗?"信息提示框,单击"确定"按钮即完成录入。

实训九　采购暂估入库业务处理

【任务九】

2018年2月5日,收到1月19日购买聚龙公司暂估入库的"羊皮男士商务包"的专用发票,发票号为02265641,发票标明"羊皮男士商务包"150个,无税单价650元,价税合计114 075元。同日财务部门电汇支付全部价税款,电汇票号为10357503。

【业务说明】

本笔业务是对暂估业务进行处理。需要进行采购专用发票的录入与现付、采购成本结算、结算成本处理、应付单据审核、票到回冲等操作。本业务的操作流程如图5-48所示。

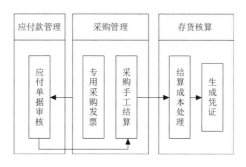

图5-48　任务九操作流程

【岗位说明】

采购员刘旭录入采购发票、现付并进行手工结算;财务经理张德负责应付单据审核,会计王致远负责制单;库管员张晓琪进行票到回冲处理。

【实验数据准备】

(1) 系统时间为2018年2月5日。
(2) 引入教学资源"实验数据"文件夹中的"第五章　实训九数据账套准备"数据账套。

【操作指导】

(1) 填制采购专用发票并进行现付。

① 2018年2月5日,采购员刘旭在企业应用平台中,执行"业务工作/供应链/采购管理/采购发票/专用采购发票"命令,打开"专用发票"窗口。

② 单击"增加"按钮,再单击"生单—入库单"按钮,在弹出的"查

询条件选择—采购入库单列表过滤"窗口中，单击"确定"按钮，打开"拷贝并执行"窗口，在此窗口的"发票拷贝入库单表头列表"中双击 2018-01-19 的入库单，"选择"栏即显示 Y，如图5-49所示。单击"确定"按钮，系统将上月暂估入库的信息自动带入采购发票中。

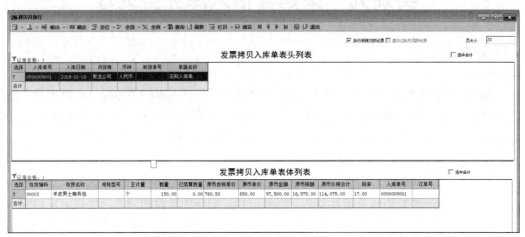

图 5-49　参照入库单生成发票的"拷贝并执行"窗口

③ 在表头中修改"发票号"为02265641，"备注"为"支付上月羊皮男士商务包货款"，如图 5-50 所示，单击"保存"按钮。

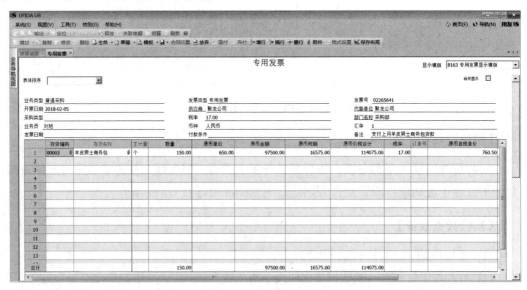

图 5-50　采购专用发票

④ 单击"现付"按钮，系统弹出"采购现付"窗口，选择"结算方式"为"电汇"，输入"原币金额"为 114 075，"票据号"为 10357503，"项目大类"为"00 商品项目管理"，"项目编码"为"201 羊皮男士商务包"，如图 5-51 所示。单击"确定"按钮，返回"专用发票"窗口，其左上角显示"已现付"字样。

图 5-51 "采购现付"窗口

(2) 应付单据的审核。

① 财务经理张德在企业应用平台中,执行"业务工作/财务会计/应付款管理/应付单据处理/应付单据审核"命令,系统弹出"应付单查询条件"窗口,选中"包含已现结发票"和"未完全报销"复选框,单击"确定"按钮,进入"单据处理"窗口。

② 双击"2018 年 2 月 5 日"发票的选择栏,显示为 Y,单击"审核"按钮,系统提示"本次审核成功单据 1 张",单击"确定"按钮返回"单据处理"窗口,显示审核人签名,即审核完毕。

(3) 采购手工结算。

① 采购员刘旭在企业应用平台中,执行"业务工作/采购管理/采购结算/手工结算"命令,系统弹出"手工结算"页面。

② 单击"选单"按钮,系统弹出"结算选单"窗口,单击"查询"按钮,弹出"查询条件选择—采购手工结算"窗口,单击"确定"按钮,在"结算选发票列表"和"结算选入库单列表"下会显示全部采购发票和入库单。在该列表中双击该发票对应记录行的选择栏,即"羊皮男士商务包"一栏,出现 Y 即选中该行,单击"匹配"按钮,系统弹出"匹配成功 1 条数据"窗口,单击"确定"按钮,在"结算选入库单列表"中即选中对应的入库单,如图 5-52 所示。

图 5-52 采购手工结算选单窗口

③ 单击"确定"按钮,返回手工结算页面。单击"结算"按钮,系统弹出"完成结算"窗口,单击"确定"按钮,即结算完毕。

(4) 结算成本处理。

① 若期初在"业务工作/供应链/存货核算/期初数据/期初余额"中已进行取数记账,则不再需要进行正常单据记账。若期初没有进行记账,则库管员张晓琪需要登录企业应用平台,在"业务工作/供应链/存货核算/业务核算/正常单据记账"中选中该单据进行记账。

② 库管员张晓琪在企业应用平台中,执行"业务工作/供应链/存货核算/业务核算/结算成本处理"命令,系统弹出"暂估处理查询"窗口,选中"男包仓库",如图5-53所示。

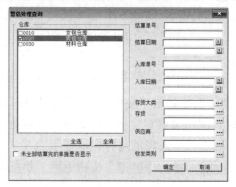

图5-53 "暂估处理查询"窗口

③ 单击"确定"按钮,进入"结算成本处理"窗口,在"结算成本处理"列表中选中该单据,如图5-54所示。单击"暂估"按钮,系统弹出"暂估处理完成"窗口,单击"确定"按钮,即结算成本处理完成。

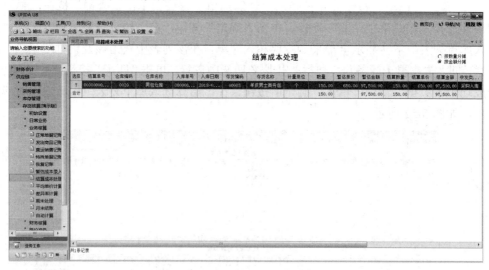

图5-54 "结算成本处理"窗口

(5) 蓝字回冲(按实际发票生成凭证)。

① 执行"业务工作/供应链/存货核算/财务核算/生成凭证"命令,进入"生成凭证"页面,单击"选择"按钮,弹出"查询条件"窗口,单击"全消"按钮,只选择"蓝字回冲单(报销)",如图5-55所示。

② 单击"确定"按钮，进入"选择单据"页面，勾选"已结算采购入库单自动选择全部结算单上单据(包括入库单、发票、付款单)，非本月采购入库单按蓝字报销单制单"复选框，在"未生成凭证单据一览表"中选中蓝字回冲单，如图5-56所示。

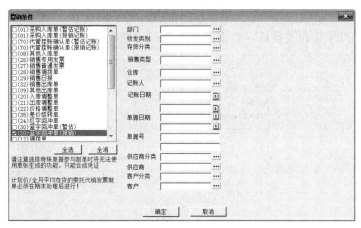

图 5-55　生成凭证查询条件窗口

图 5-56　未生成单据一览表

③ 单击"确定"按钮，进入"生成凭证"界面，显示按采购结算单生成的凭证列表，如图5-57所示。

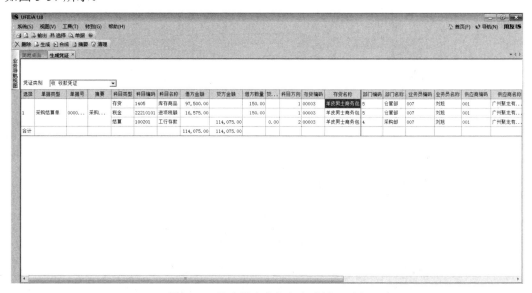

图 5-57　羊皮男士商务包生成凭证列表

④ 单击"生成"按钮,即进入"填制凭证"界面,设置凭证类别为"付 付款凭证",单击"库存商品"科目,将鼠标移至"项目"辅助项,当鼠标呈现蓝色钢笔形状时即双击,系统会弹出"库存商品"的辅助项窗口,选择项目名称为"羊皮男士商务包"。同理,设置"银行存款/工行存款"的辅助项信息,结算方式为"电汇",票号为10357503。

⑤ 完成辅助项信息设置后,单击"保存"按钮生成凭证,如图5-58所示。

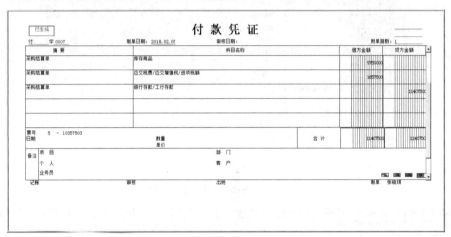

图 5-58　蓝字回冲单付款凭证

(6) 红字回冲(将上期已暂估入账的,用红字冲回)。

① 库管员张晓琪在企业应用平台中,执行"业务工作/供应链/存货核算/财务核算/生成凭证"命令,进入"生成凭证"窗口。单击"选择"按钮,在打开的"查询条件"窗口中,仅选择"(24)红字回冲单"复选框,如图5-59所示。单击"确定"按钮,进入"选择单据"窗口。

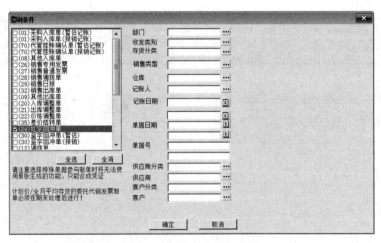

图5-59　"查询条件"窗口

② 在"未生成凭证单据一览表"中选中红字回冲单,勾选"已结算采购入库单自动选择全部结算单上单据(包括入库单、发票、付款单),非本月采购入库单按蓝字报销单制单"复选框,如图5-60所示。

图 5-60　选择单据—红字回冲单

③ 单击"确定"按钮,返回"生成凭证"窗口,单击"生成"按钮,选择凭证类别为"转 转账凭证",如图 5-61 所示。

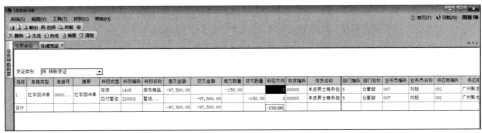

图 5-61　生成凭证—红字回冲单

④ 单击"生成"按钮,进入"填制凭证"窗口,设置会计科目"库存商品"的"项目"辅助项信息为"羊皮男士商务包",单击"保存"按钮,生成凭证,如图 5-62 所示。

图 5-62　红字回冲单转账凭证

提示:

- 采购如果没有进行期初记账,则不能进行采购结算。只有期初记账后的业务,才能进行采购结算。
- 采购结算时,如果入库单未在"存货核算"中记账,则结算后,入库单上的单价都被自动修改为发票上的存货单价,即发票金额作为入库单的实际成本。如果结算时入库单已经在"存货核算"中记账,则结算后,入库单中原来记账的单价作为暂估单价,发票单价作为结算单价。
- 采购结算时,以下几种情况的单据都可以进行结算。
    ◆ 蓝字入库单与蓝字发票结算。
    ◆ 蓝字入库单与红字入库单结算。

- ◆ 蓝字发票与红字发票结算。
- ◆ 运费发票与入库单结算，也可直接与存货结算。
- ◆ 参照入库单生成发票时可以进行结算。
- 如果需要修改或删除入库单、采购发票等，则必须先取消采购结算，即删除采购结算单。其操作步骤如下。
  - ◆ 进入结算单列表或结算明细表，显示过滤窗口。
  - ◆ 输入查询的过滤条件，单击"确认"按钮，系统显示满足条件的结算单列表。
  - ◆ 双击要删除的结算单记录，进入采购结算表窗口。
  - ◆ 单击"删除"按钮，系统提示"确实要删除该张单据吗？"。
  - ◆ 单击"是"按钮则删除当前结算单，单击"否"按钮，则返回单据窗口。
  - ◆ 单击"退出"按钮返回结算单列表或结算明细表窗口。
- 以下情况不能取消结算。
  - ◆ 已结算的采购入库单已在"存货核算"系统中记账。
  - ◆ 先暂估再结算的入库单，已在"存货核算"中做暂估处理。

实训十　报销差旅费

【任务十】

2018年2月5日，销售部徐腾飞报销差旅费1 800元，现金付讫。

【业务说明】

本笔业务是处理差旅报销业务。需要完成记账凭证的填制、出纳签字、主管签字和审核操作。

【岗位说明】

会计王致远负责填制凭证；出纳王艳负责出纳签字；财务经理张德负责主管签字和审核。

【实验数据准备】

(1) 系统时间为2018年2月5日。
(2) 引入教学资源"实验数据"文件夹中的"第五章　实训十数据账套准备"数据账套。

【操作指导】

(1) 填制凭证。

① 2018年2月5日，会计王致远在企业应用平台中，执行"业务工作/财务会计/总账/凭证/填制凭证"命令，进入"填制凭证"窗口，单击"增

加"按钮或者按 F5 键。选择凭证类别为"付 付款凭证",输入"摘要"为"报销差旅费",按 Enter 键或单击"科目名称"栏,在"科目"栏中输入 660107 或单击参照按钮,选择"660107(销售费用—差旅费)"科目。按 Enter 键或单击"借方金额"栏,输入"借方金额"为 1 800。

② 按 Enter 键,系统自动带出摘要内容,单击"科目名称"栏,在"科目"栏输入 1001 或单击参照按钮,选择"1001 库存现金"科目。按 Enter 键或单击"贷方金额"栏,输入"贷方金额"为 1 800 或直接按"="键。单击"保存"按钮,即可生成凭证,如图 5-63 所示。

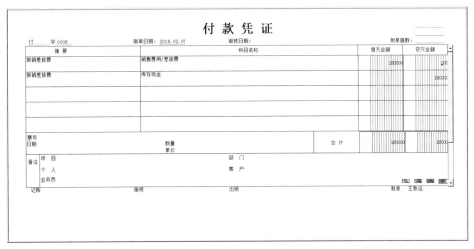

图 5-63 报销差旅费的付款凭证

(2) 出纳签字。

出纳王艳在企业应用平台中,执行"业务工作/财务会计/总账/凭证/出纳签字"命令,进入"出纳签字"过滤条件窗口。单击"确定"按钮,显示"出纳签字列表"窗口。双击该凭证行进入"出纳签字"窗口,单击"签字"按钮,即在凭证下方出纳处显示王艳的名字,表示出纳签字完成。

(3) 审核凭证。

财务经理张德在企业应用平台中,执行"业务工作/财务会计/总账/凭证/审核凭证"命令,进入"凭证审核"过滤条件窗口。单击"确定"按钮,显示"凭证审核列表"窗口。双击该凭证行进入"审核凭证"窗口,单击"审核"按钮即完成审核。

(4) 主管签字。

财务经理张德在企业应用平台中,执行"业务工作/财务会计/总账/凭证/主管签字"命令,进入"主管签字"过滤条件窗口。单击"确定"按钮,显示"主管签字列表"窗口。双击该凭证行进入"主管签字"窗口,单击"签字"按钮,即在凭证右上方处显示张德红字印章,表示主管签字完成。

(5) 查询凭证。

① 执行"业务工作/财务会计/总账/凭证/查询凭证"命令,打开"凭证查询"过滤条件窗口。选择凭证类别为"付 付款凭证",月份为 2018.02,如图 5-64 所示。

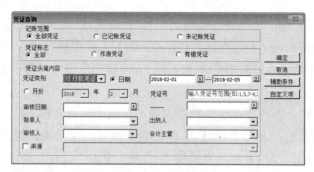

图 5-64 凭证查询条件选择

② 单击"确定"按钮,进入"查询凭证列表"窗口。双击选择"付-0008"所在行,进入"查询凭证"窗口,可见该凭证内容,查看完成后,关闭窗口即可。

(6) 输出凭证。

① 执行"业务工作/财务会计/总账/凭证/查询凭证"命令,打开"凭证查询"过滤条件窗口。选择凭证类别为"付 付款凭证",月份为2018.02,单击"确定"按钮,进入"查询凭证列表"窗口。

② 双击需要输出的凭证,打开"查询凭证"窗口,单击"输出"按钮,弹出"凭证打印"对话框,不勾选"打印查询结果"选项,在"当前凭证"选项中,输入凭证号"0008"。

③ 单击"输出"按钮,弹出"另存为"对话框,选择凭证输出的路径并输入文件名"付0008号凭证",选择所需保存类型如".xls"即可,如图5-65所示。

图 5-65 "另存为"对话框

④ 单击"保存"按钮,在弹出的"工作单名"对话框中输入"付0008",单击"确定"按钮,弹出提示"输出到文件顺利完成",单击"确定"按钮即完成。

实训十一 采购到货付款业务

【任务十一】

2018年2月8日,采购合同CG0201订购的羊皮男士商务包全部到货,验收合格已入男包仓库。收到对方开出的增值税发票(票号02137694)和运费发票(票号02586753)。以电汇方式支付采购合同CG0201的全部货款210 600元及运费800元。电汇票号为10357604。

第五章　企业日常业务处理

【业务说明】

本笔业务是采购到货、入库、收到采购发票和运费发票、支付货款和运费的业务。需要进行采购到货单、入库单的录入与审核，采购专用发票和运费发票的录入与现付处理，对应付单据进行审核并制单。注意：本笔业务的采购结算将于月末集中处理。本业务的操作流程如图 5-66 所示。

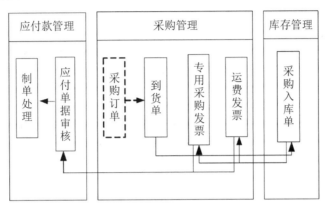

图 5-66　任务十一操作流程

【岗位说明】

采购员刘旭录入采购到货单、入库单、采购专用发票与运费发票并做现付处理；账套主管邓国平审核采购到货单、入库单；财务经理张德负责审核应付单据；会计王致远负责制单。

【实验数据准备】

(1) 系统时间为 2018 年 2 月 8 日。

(2) 引入教学资源"实验数据"文件夹中的"第五章　实训十一数据账套准备"数据账套。

【操作指导】

(1) 填制并审核到货单。

① 2018 年 2 月 8 日，采购员刘旭在企业应用平台中，执行"业务工作/供应链/采购管理/采购到货/到货单"命令，打开"到货单"窗口。

② 单击"增加"按钮，单击"生单—采购订单"按钮，弹出"查询条件选择—采购订单列表过滤"窗口，单击"确定"按钮，打开"拷贝并执行"窗口，在"到货单拷贝订单表头列表"中双击订单号为 CG0201 所在行的"选择"栏，选中该采购订单，如图 5-67 所示。单击"确定"按钮，相关信息自动带入到货单，单击"保存"按钮。

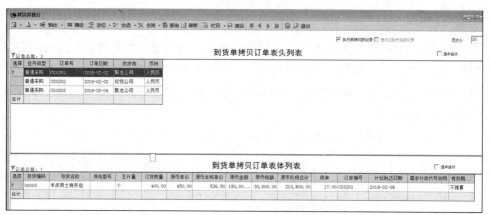

图 5-67　到货单拷贝列表

③ 账套主管邓国平在企业应用平台中，执行"业务工作/供应链/采购管理/采购到货/到货单"命令，打开"到货单"窗口，单击"审核"按钮，完成对该到货单的审核。

提示：
- 采购到货单可以只录入数量，不录入单价、金额。
- 采购到货单可以修改、删除、审核、弃审、关闭、打开。
- 审核通过的采购到货单可以参照生成采购退货单、到货拒收单、参照生成入库单。

(2) 填制并审核采购入库单。

① 库管员张晓琪在企业应用平台中，执行"业务工作/供应链/库存管理/入库业务/采购入库单"命令，打开"采购入库单"窗口。

② 单击"生单—采购到货单(蓝字)"按钮，在弹出的"查询条件选择—采购到货单列表"窗口中单击"确定"按钮，打开"到货单生单列表"窗口，选择相应的到货单，如图 5-68 所示，单击"确定"按钮，返回"采购入库单"窗口，相关信息自动带入采购入库单，选择"仓库"为"男包仓库"，单击"保存"按钮。

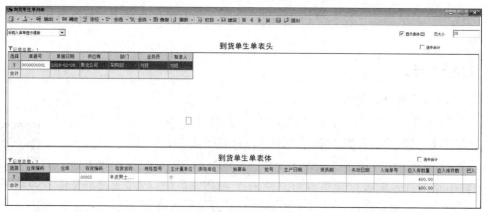

图 5-68　到货单生单列表

③ 账套主管邓国平在企业应用平台中，执行"业务工作/供应链/库存管理/入库业务/采购入库单"命令，打开"采购入库单"窗口，找到该笔业务的采购入库单，单击"审核"按钮，完成审核。

(3) 录入采购专用发票和运费发票。

① 采购员刘旭在企业应用平台中，执行"业务工作/供应链/采购管理/采购发票/专用采购发票"命令，打开"专用发票"窗口。

② 单击"增加"按钮，再单击"生单—入库单"按钮，在弹出的"过滤条件选择—采购入库单列表过滤"窗口中，单击"确定"按钮，系统打开"拷贝并执行"窗口，在"发票拷贝入库单表头列表"中，双击相应入库单的"选择"栏，选中该采购入库单，如图 5-69 所示。

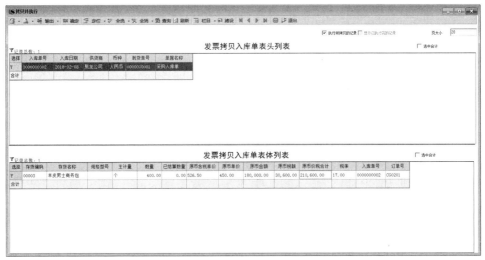

图 5-69 拷贝并执行入库单列表

③ 单击"确定"按钮，系统将采购入库单的信息自动带入采购发票，在表头中修改"发票号"为 02137694，"开票日期"为 2018-02-08，单击"保存"按钮，如图 5-70 所示。

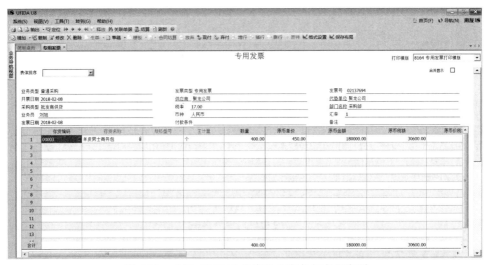

图 5-70 合同 CG0201 羊皮男士商务包专用发票

④ 单击"现付"按钮，系统弹出"采购现付"窗口，选择"结算方式"为"电汇"，输入"原币金额"为 210 600，"票据号"为 10357604，"项目大类编码"为"00 商品项

目管理"，"项目编码"为"201 羊皮男士商务包"，如图 5-71 所示。单击"确定"按钮，返回"专用发票"窗口，其左上角显示"已现付"字样。

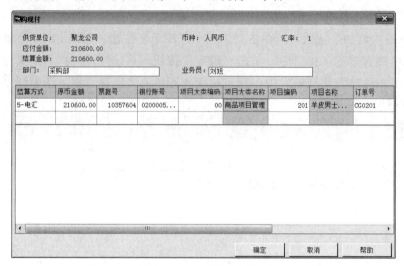

图 5-71 合同 CG0201 采购专用发票现付窗口

⑤ 执行"业务工作/供应链/采购管理/采购发票/运费发票"命令，打开"运费发票"窗口。单击"增加"按钮，在表头中，修改"发票号"为 02586753，选择"供应商"为"聚龙公司"、"部门名称"为"采购部"、"业务员"为"刘旭"、"发票日期"为2018-02-08，在表体中，选择"存货编码"为00005(运输费)，输入"原币金额"为 800，其他信息自动带出，如图 5-72 所示。单击"保存"按钮，完成该运费发票的录入。

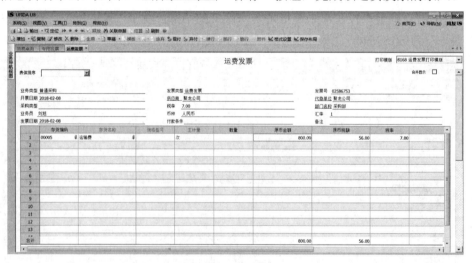

图 5-72 运费发票

⑥ 单击"现付"按钮，系统弹出"采购现付"窗口，选择"结算方式"为"电汇"，输入"原币金额"为 800，"票据号"为 10357604，"项目大类编码"为"00 商品项目管理"，"项目编码"为"201 羊皮男士商务包"。单击"确定"按钮，返回"专用发票"窗口，其左上角显示"已现付"字样。

(4) 应付单据审核与制单。

① 财务经理张德在企业应用平台中，执行"业务工作/财务会计/应付款管理/应付单据处理/应付单据审核"命令，系统将弹出"应付单查询条件"窗口，勾选"包含已现结发票"和"未完全报销"复选框，单击"确定"按钮，进入"单据处理"窗口，此时"应付单据列表"中显示有聚龙公司的采购专用发票和运费发票，单击"全选""审核"按钮，系统提示"本次审核成功单据2张"，单击"确定"按钮，即审核完毕。

② 会计王致远在企业应用平台中，执行"业务工作/财务会计/应付款管理/制单处理"命令，在弹出的"制单查询"窗口中，勾选"现结制单"复选框，单击"确定"按钮，进入"制单"窗口。选择凭证类别为"付款凭证"，如图 5-73 所示，单击"全选"按钮(此时由"选择标志"栏可知，系统将生成 2 张凭证)，再单击"制单"按钮，进入"填制凭证"窗口。

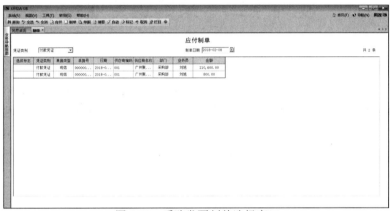

图 5-73　采购发票制单选择窗口

③ 设置会计科目"在途物资"的项目辅助项信息为"羊皮男士商务包"，单击"保存"按钮生成凭证，如图 5-74 所示。

图 5-74　采购专用发票的付款凭证

④ 单击"下张凭证"按钮，并设置"在途物资"的项目辅助项信息为"羊皮男士商务包"，修改摘要为"运费发票"，单击"保存"按钮生成凭证，如图 5-75 所示。

图 5-75　运费发票的付款凭证

实训十二　采购退货业务

【任务十二】

2018年2月9日，对2日刘旭从聚龙公司订购(合同编号 CG0201)的400个羊皮男士商务包进行验收，检验后发现10个有残次，经与对方协商后决定即日办理退货，并收到以电汇方式退还的款项4 500元和增值税税额765元，并取得红字发票(票号02137629)。电汇的"业务回单(收款)"票号为10350725。

【业务说明】

本笔业务是部分退货和退款业务。完成此业务需要进行采购退回单、红字采购入库单和红字采购发票的录入与审核，应付单据审核并制单等操作。注意：退款既可以按现付处理，也可以按非现付处理，在此只对现付处理方式给出操作指导。两种操作方式的流程如图 5-76 和图 5-77 所示。

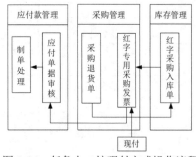
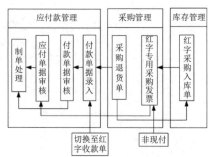

图 5-76　任务十二按现付方式操作流程　　图 5-77　任务十二按非现付方式操作流程

【岗位说明】

采购员刘旭录入采购退货单、红字采购入库单和红字采购专用发票，进行现付和结算；账套主管邓国平审核采购退货单和红字采购入库单；财务经理张德审核应付单据，会计王致远负责制单。

第五章 企业日常业务处理

【实验数据准备】

(1) 系统时间为 2018 年 2 月 9 日。

(2) 引入教学资源"实验数据"文件夹中的"第五章 实训十二数据账套准备"数据账套。

【操作指导】

(1) 填制并审核采购退货单。

① 2018 年 2 月 9 日,采购员刘旭在企业应用平台中,执行"业务工作/供应链/采购管理/采购到货/采购退货单"命令,打开"采购退货单"窗口。

② 单击"增加"按钮,单击"生单—到货单"按钮,弹出"查询条件选择—采购退货单列表过滤"窗口,单击"确定"按钮,打开"拷贝并执行"窗口,在"到货单拷贝到货单表头列表"窗口中选中"到货日期"为 2018-02-08 所在行,选中该到货单,如图 5-78 所示。

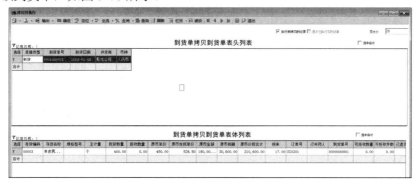

图 5-78 到货单拷贝并执行列表

③ 单击"确定"按钮,系统返回"采购退货单"窗口并自动生成退货单,修改表体中退货"数量"为"-10",单击"保存"按钮,如图 5-79 所示。

图 5-79 采购退货单

④ 账套主管邓国平在企业应用平台中,执行"业务工作/供应链/采购管理/采购到货/采购退货单"命令,打开"采购退货单"窗口,查找到相应的采购退货单后,单击"审核"按钮完成审核。

提示：
- 采购退货单可以手工新增，也可以参照采购订单、原采购到货单。若参照订单生成，只能参照未被入库单参照的订单记录。
- 采购退货单可以修改、删除、审核、弃审、关闭、打开。
- 已审核采购退货单可以参照生成红字(负数)入库单。

(2) 填制并审核红字采购入库单。

① 库管员张晓琪在企业应用平台中，执行"业务工作/供应链/库存管理/入库业务/采购入库单"命令，打开"采购入库单"窗口。

② 单击"生单—采购到货单(红字)"命令，在系统弹出的"查询条件选择—采购到货单列表"窗口中，单击"确定"按钮，打开"到货单生单列表"窗口，在"到货单生单表头"中选择2018-02-09的红字到货单，单击"确定"按钮，返回"采购入库单"窗口并自动生成红字采购入库单。在表头中选择"仓库"为"男包仓库"，修改"入库类别"为"采购退货"，单击"保存"按钮即保存该单据。

③ 账套主管邓国平在企业应用平台中，执行"业务工作/供应链/库存管理/入库业务/采购入库单"命令，打开"采购入库单"窗口，查找到该笔业务的红字采购入库单后，单击"审核"按钮即完成审核，如图5-80所示。

图5-80　红字采购入库单

提示：
- 红字(负数)入库单是采购入库单的逆向单据，在采购业务活动中，如果发现已入库的货物因质量等因素要求退货，则对普通采购业务进行退货单处理。
- 如果发现已审核的入库单数据有错误(多填数量等)，可以原数冲回，即将原错误的入库单，以相等的负数量填制红字入库单，冲抵原入库单数据。

(3) 填制红字专用采购发票。

① 采购员刘旭在企业应用平台中，执行"业务工作/供应链/采购管理/采购发票/红字专用采购发票"，打开红字"专用发票"窗口。

② 单击"增加"按钮，再单击"生单—入库单"命令，并在弹出的"查询条件选择—采购入库单列表过滤"窗口中，单击"确定"按钮，在打开的"拷贝并执行"窗口的"发票拷贝入库单表头列表"中选中"聚龙公司"，"日期"为 2018-02-09 的入库单，单击"确定"按钮，系统将红字采购入库单的信息自动传递给采购发票。

③ 在红字"专用发票"窗口中，修改"发票号"为 02137629，单击"保存"按钮即保存该采购专用发票，如图 5-81 所示。

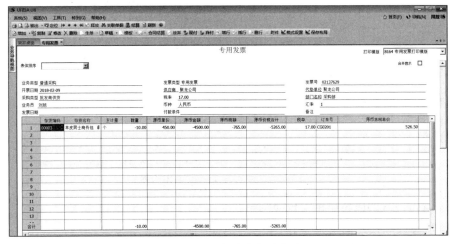

图 5-81　红字采购专用发票

提示：

- 红字(负数)专用采购发票即红字增值税专用发票，是专用采购发票的逆向单据。
- 红字专用采购发票可手工新增，也可参照订单、红字入库单生成。

(4) 付款选择现付方式。

① 采购员刘旭在企业应用平台中，执行"业务工作/供应链/采购管理/采购发票/红字专用采购发票"命令，打开红字"专用发票"窗口，找到该笔业务的红字采购发票，单击"现付"按钮，弹出"采购现付"窗口，选择"结算方式"为"电汇"，输入"原币金额"为"-5 265"，"票据号"为 10350725，如图 5-82 所示。

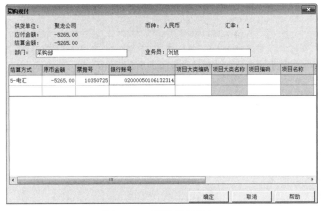

图 5-82　采购现付窗口

② 单击"确定"按钮，返回"专用发票"窗口，其左上角显示"已现付"字样，已现付的红字专用发票如图5-83所示。

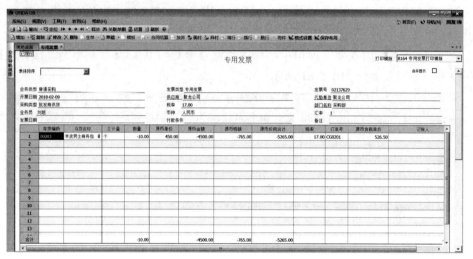

图5-83　已现付的红字专用发票

(5) 现付方式的应付单据审核与制单。

① 财务经理张德在企业应用平台中，执行"业务工作/财务会计/应付款管理/应付单据处理/应付单据审核"命令，弹出"应付单查询条件"窗口，勾选"包含已现结发票""未完全报销"复选框，单击"确定"按钮，进入"单据处理"窗口，依次单击"全选""审核"按钮，系统提示"本次审核成功单据1张"，单击"确定"按钮返回"单据处理"窗口。

② 会计王致远进入企业应用平台，执行"业务工作/财务会计/应付款管理/制单处理"命令，在弹出的"制单查询"窗口中，勾选"现结制单"复选框，单击"确定"按钮，进入"制单"窗口。选择凭证类别为"付款凭证"，依次单击"全选""制单"按钮，进入"填制凭证"窗口，设置借方科目"在途物资"的辅助项信息为"羊皮男士商务包"，单击"保存"按钮，如图5-84所示。

图5-84　红字采购专用发票的付款凭证

实训十三 采购到货入库及发票业务

【任务十三】

2018 年 2 月 11 日,采购合同编号为 CG0202 的 500 个牛皮单肩女包到货,验收合格入女包仓库。并取得采购发票,发票号为 02136465。

【业务说明】

本笔业务是采购到货、入库和收到采购专用发票业务,需要进行采购到货单、入库单的录入和审核,采购专用发票的录入,应付单据的审核和制单。注意:本笔业务的采购结算将于月末集中处理。本业务操作流程如图 5-85 所示。

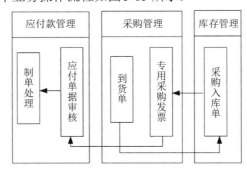

图 5-85 任务十三操作流程

【岗位说明】

采购员刘旭录入采购到货单和采购专用发票;库管员张晓琪录入采购入库单;账套主管邓国平审核采购到货单、采购入库单;财务经理张德审核采购专用发票;会计王致远负责制单。

【实验数据准备】

(1) 系统时间为 2018 年 2 月 11 日。

(2) 引入教学资源"实验数据"文件夹中的"第五章 实训十三数据账套准备"数据账套。

【操作指导】

(1) 填制审核采购到货单。

① 2018 年 2 月 11 日,采购员刘旭在企业应用平台中,执行"业务工作/供应链/采购管理/采购到货/到货单"命令,打开"到货单"窗口。

② 单击"增加"按钮,单击"生单—采购订单"按钮,弹出"查询条件选择—采购订单列表过滤"窗口,单击"确定"按钮,打开"拷贝并执行"

窗口。在此窗口中双击"订单号"为CG0202所在行的"选择"栏，选中该采购订单，单击"确定"按钮，返回"到货单"窗口并自动生成到货单，单击"保存"按钮，保存该到货单。

③ 账套主管邓国平在企业应用平台中，执行"业务工作/供应链/采购管理/采购到货/到货单"命令，打开"到货单"窗口，找到相应的到货单后，单击"审核"按钮，即完成审核。

(2) 填制审核采购入库单。

① 库管员张晓琪在企业应用平台中，执行"业务工作/供应链/库存管理/入库业务/采购入库单"命令，打开"采购入库单"窗口。

② 单击"生单—采购到货单(蓝字)"按钮，系统弹出"查询条件选择—采购到货单列表"窗口，单击"确定"按钮，打开"到货单生单列表"窗口。在该窗口的"到货单生单表头"中选择相应的到货单，单击"确定"按钮，返回"采购入库单"窗口，系统自动生成采购入库单。在表头中选择"仓库"为"女包仓库"，确认"入库类别"为"采购入库"，单击"保存"按钮。

③ 账套主管邓国平在企业应用平台中，执行"业务工作/供应链/库存管理/入库业务/采购入库单"命令，打开"采购入库单"窗口。查找到相应的采购入库单后，单击"审核"按钮，即完成审核，如图5-86所示。

图5-86　合同CG0202的采购入库单

(3) 录入采购专用发票。

① 采购员刘旭在企业应用平台中，执行"业务工作/供应链/采购管理/采购发票/专用采购发票"命令，打开"专用发票"窗口。

② 单击"增加"按钮，单击"生单—入库单"按钮，系统弹出"查询条件选择—采购入库单列表过滤"窗口，单击"确定"按钮，打开"拷贝并执行"窗口。在此窗口的"发票拷贝订单表头列表"中，双击相应入库单的"选择"栏，选中该采购入库单，单击"确

定"按钮，系统将采购入库单的信息自动传递给采购发票。修改"发票号"为02136465、"发票日期"为2018-02-11，单击"保存"按钮，保存该发票，如图5-87所示。

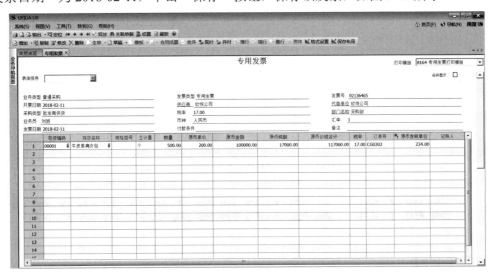

图 5-87　合同 CG0202 的采购专用发票

(4) 发票审核与制单。

① 财务经理张德在企业应用平台中，执行"业务工作/财务会计/应付款管理/应付单据处理/应付单据审核"命令，弹出"应付单查询条件"窗口，勾选"未完全报销"复选框，单击"确定"按钮，进入"单据处理"窗口。依次单击"全选""审核"按钮，系统提示"本次审核成功单据1张"，单击"确定"按钮返回"单据处理"窗口，即完成审核，如图5-88所示。

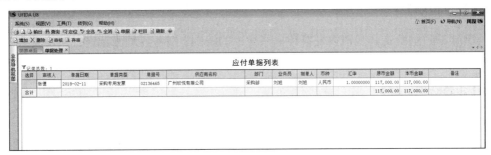

图 5-88　应付单据列表

② 会计王致远在企业应用平台中，执行"业务工作/财务会计/应付款管理/制单处理"命令，系统弹出"制单查询"窗口，默认为"发票制单"，单击"确定"按钮，进入"制单"窗口。依次单击"全选""制单"按钮，进入"填制凭证"窗口。选择凭证类别为"转转账凭证"，输入借方科目"在途物资"的"项目"辅助项信息为"牛皮单肩女包"。同理，填写"应付账款/一般应付账款"的辅助项信息，"票号"为02136465，"日期"为2018-02-11，单击"保存"按钮生成凭证，如图5-89所示。

图 5-89　合同 CG0202 采购发票的转账凭证

实训十四　处理上月销售货物的到款业务

【任务十四】

2018 年 2 月 11 日，收到上月 22 日向会友商场出售 100 个"男士双肩电脑包"的全部价款 21 060 元，收到转账支票，支票号为 13200752。开具销售专用发票(票号 00205633)。

【业务说明】

本笔业务是收到货款、开具销售专用发票业务。需要录入和审核销售发票和现结收款，审核应收单据并进行现结制单。

【岗位说明】

会计王致远负责开具销售发票和记账凭证的编制，财务经理张德进行销售发票的复核和应收单据的审核。

【实验数据准备】

(1) 系统时间为 2018 年 2 月 11 日。
(2) 引入教学资源"实验数据"文件夹中的"第五章　实训十四数据账套准备"数据账套。

【操作指导】

(1) 2018 年 2 月 11 日，会计王致远在企业应用平台中，执行"业务工作/供应链/销售管理/销售开票/销售专用发票"命令，进入"销售专用发票"窗口，单击"增加"按钮，进入"查询条件选择—发票参照发货单"窗口，单击"确定"按钮，进入"参照生单"窗口，选择 1 月 22 日的发货单，单击"确定"按钮，返回"销售专用发票"窗口，修改"发票号"为 00205633，单击"保存"按钮，完成发票录入，如图 5-90 所示。

图 5-90　销售专用发票

(2) 单击"现结"进入现结窗口，选择"结算方式"为"转账支票"，输入"原币金额"为 21 060，"票据号"为 13200752，选择"项目大类编码"为"00 商品项目管理"，"项目编码"为"202 男士双肩电脑包"，单击"确定"按钮，完成现结，如图 5-91 所示。

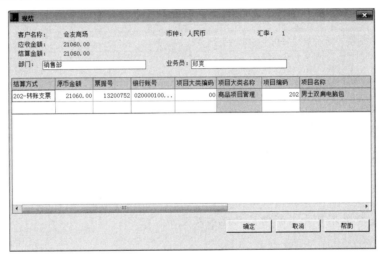

图 5-91　销售专用发票现结窗口

(3) 财务经理张德在企业应用平台中，执行"业务工作/供应链/销售管理/销售开票/销售专用发票"命令，进入"销售专用发票"窗口，单击"上张"按钮，找到此笔业务现结销售专用发票，确认信息无误后单击"复核"按钮完成复核。

(4) 财务经理张德在企业应用平台中，执行"业务工作/财务会计/应收款管理/应收单据处理/应收单据审核"命令，打开"应收单过滤条件"窗口，勾选"包含已现结发票"复选框，单击"确定"按钮，进入应收单据列表，选择此笔销售形成的应收单据，单击"审核"按钮，在弹出的提示框中单击"确定"按钮，完成审核，如图 5-92 所示。

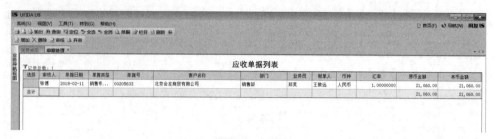

图 5-92 应收款管理应收单据审核

(5) 会计王致远在企业应用平台中，执行"业务工作/财务会计/应收款管理/制单处理"命令，打开"制单查询"窗口，勾选"现结制单"复选框，单击"确定"按钮，进入制单界面。选择凭证类别为"收 收款凭证"，依次单击"全选""制单"按钮，进入"填制凭证"窗口，输入主营业务收入的"项目"辅助项信息为"男士双肩电脑包"，单击"确定"按钮，返回"填制凭证"窗口，单击"保存"按钮，生成凭证，结果如图 5-93 所示。

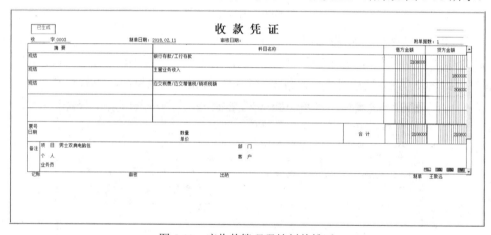

图 5-93 应收款管理现结制单凭证

提示：

先发货后开票，销售发货单可以手工增加，也可以参照销售订单生成。必有订单业务模式，销售发货单不可手工新增，只能参照生成。

实训十五　采购到货入库业务

【任务十五】

2018 年 2 月 12 日，编号为 CG0203 采购合同的 520 个"男士双肩电脑包"到货，验收合格入男包仓库。

【业务说明】

本笔业务是采购货品的到货、入库业务。需要进行采购到货单、入库单的录入与审核处理。

第五章 企业日常业务处理

【岗位说明】

采购员刘旭录入采购到货单;库管员张晓琪录入采购入库单;账套主管邓国平审核采购到货单和入库单。

【实验数据准备】

(1) 系统时间为 2018 年 2 月 12 日。

(2) 引入教学资源"实验数据"文件夹中的"第五章 实训十五数据账套准备"数据账套。

【操作指导】

(1) 填制并审核采购到货单。

① 2018 年 2 月 12 日,采购员刘旭在企业应用平台中,执行"业务工作/供应链/采购管理/采购到货/到货单"命令,打开"到货单"窗口。

② 单击"增加"按钮,单击"生单—采购订单"按钮,弹出"查询条件选择—采购订单列表过滤"窗口,单击"确定"按钮,打开"拷贝并执行"窗口。在此窗口中双击"订单号"为 CG0203 所在行的"选择"栏,选中该采购订单,单击"确定"按钮,系统将返回"到货单"窗口并自动生成到货单。单击"保存"按钮,保存该到货单。

③ 账套主管邓国平在企业应用平台中,执行"业务工作/供应链/采购管理/采购到货/到货单"命令,打开"到货单"窗口,查找到相应的到货单后,单击"审核"按钮,即完成审核,如图 5-94 所示。

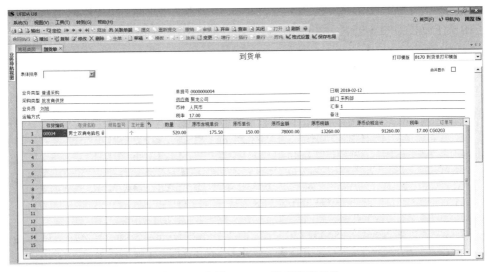

图 5-94 合同 CG0203 的采购到货单

(2) 填制并审核采购入库单。

① 库管员张晓琪在企业应用平台中,执行"业务工作/供应链/库存管理/入库业务/采购入库单"命令,打开"采购入库单"窗口。

② 单击"生单—采购到货单(蓝字)"按钮,弹出"查询条件选择—采购到货单列表"窗口,单击"确定"按钮,打开"到货单生单列表"窗口。在此窗口的"到货单生单表头"中选择相应的到货单,单击"确定"按钮,返回"采购入库单"窗口,系统自动生成采购入库单。在表头中选择"仓库"为"男包仓库",单击"保存"按钮完成该入库单的录入。

③ 账套主管邓国平在企业应用平台中,执行"业务工作/供应链/库存管理/入库业务/采购入库单"命令,打开"采购入库单"窗口,查找到相应的采购入库单后,单击"审核"按钮,即完成审核。

实训十六　赊销业务

【任务十六】

2018年2月12日,销售部郑爽与会友商场签订销售合同(合同编号XS0203),向会友商场赊销450个牛皮单肩女包,无税单价为250元,增值税税率为17%,付款条件为:2/10,n/30,现金折扣按货物的价税合计计算。同日货物已经发出,并开出销售专用发票,发票号为00205634。

【业务说明】

本笔业务是签订有折扣优惠的销售订单、开具销售发票、进行发货、出库的业务。需要进行销售订单和销售专用发票的录入与审核,销售出库单审核,审核应收单据并制单。本业务的操作流程如图5-95所示。

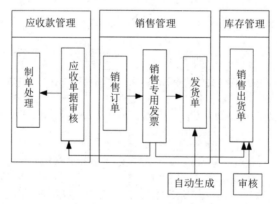

图5-95　任务十六操作流程

【岗位说明】

销售员郑爽负责销售订单的填制；库管员张晓琪负责对销售出库单的审核；账套主管邓国平负责销售订单的审核；会计王致远负责开具销售发票和制单；财务经理张德负责应收单据的审核。

第五章　企业日常业务处理

【实验数据准备】

(1) 系统时间为2018年2月12日。

(2) 引入教学资源"实验数据"文件夹中的"第五章　实训十六数据账套准备"数据账套。

【操作指导】

(1) 2018年2月12日，销售员郑爽在企业应用平台中，执行"业务工作/供应链/销售管理/销售订货/销售订单"命令，进入"销售订单"窗口。

(2) 单击"增加"按钮，修改"订单号"为XS0203、"销售类型"为"批发"、"客户简称"为"会友商场"、"付款条件"为"2/10,n/30"、"销售部门"为"销售部"、"业务员"为"郑爽"，在表体中选择"存货名称"为"牛皮单肩女包"，输入"数量"为450，其他信息自动计算，单击"保存"按钮完成该笔销售订单的录入。

(3) 账套主管邓国平在企业应用平台中，执行"业务工作/供应链/销售管理/销售订货/销售订单"命令，进入"销售订单"窗口，查出此张销售订单，单击"审核"按钮即可完成，结果如图5-96所示。

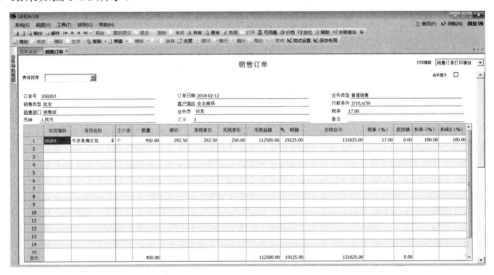

图5-96　合同XS0203的销售订单

(4) 会计王致远在企业应用平台中，执行"业务工作/供应链/销售管理/销售开票/销售专用发票"命令，打开"销售专用发票"窗口。单击"增加"按钮后，关闭系统弹出的"查询条件选择—发票参照发货单"窗口，单击"生单"按钮下拉列表中的"参照订单"，系统弹出"查询条件选择—参照订单"窗口，单击"确定"按钮，在弹出的"参照生单"窗口中选择该销售订单，单击"确定"按钮，返回"销售专用发票"窗口，相关资料自动带出，修改"发票号"为00205634，在表体中选择"仓库名称"为"女包仓库"，单击"保存"按钮，即完成发票录入，如图5-97所示。

153

图 5-97　合同 XS0203 的销售专用发票

(5) 财务经理张德在企业应用平台中，执行"业务工作/供应链/销售管理/销售开票/销售专用发票"命令，进入"销售专用发票"窗口，对此销售专用发票进行审核，单击"复核"按钮即可完成。此时销售发货单和销售出库单自动生成，其中销售出库单等待审核。

(6) 库管员张晓琪在企业应用平台中，执行"业务工作/供应链/库存管理/出库业务/销售出库单"命令，进入"销售出库单"窗口，查出此笔业务对应的销售出库单，单击"审核"按钮即可完成，结果如图 5-98 所示。

图 5-98　库存管理系统出库单审核

(7) 财务经理张德在企业应用平台中，执行"业务工作/财务会计/应收款管理/应收单据处理/应收单据审核"命令，系统弹出"应收单查询条件"窗口，单击"确定"按钮，进入"单据处理"窗口，在"应收单据列表"中选择对应的销售专用发票，单击"审核"按钮后，系统会弹出审核结果的提示窗，以显示单据是否被审核成功。只有单据被审核成功才可制单。

(8) 会计王致远在企业应用平台中，执行"业务工作/财务会计/应收款管理/制单处理"命令，打开"制单查询"窗口，按照"发票制单"条件制单，单击"确定"按钮后，进入制单界面，选择凭证类别为"转 转账凭证"，双击该张发票所在行，在"选择标志"栏中会显示数字标志，单击"制单"按钮，进入"填制凭证"窗口。

(9) 单击"主营业务收入"所在行，将鼠标移至"项目"辅助项，当鼠标呈现蓝色钢笔形状时即双击，系统会弹出主营业务收入的辅助项窗口，项目名称选择为"牛皮单肩女包"，单击"确定"按钮完成辅助项输入，同理，输入应收账款辅助项信息，修改"发票号"为 00205634，"发票日期"为 2018-02-12，单击"保存"按钮，即可生成凭证，结果如图 5-99 所示。

图 5-99　应收款管理系统应收凭证

实训十七　委托代销业务

【任务十七】

2018 年 2 月 15 日，销售员郑爽与会友商场签订委托代销合同(合同编号 WT0201)，采用视同买断的方式委托会友商场代销 400 个"羊皮男士商务包"，无税协议单价为 900 元，增值税税率为 17%。400 个"羊皮男士商务包"即日已发给会友商场。每月底结算一次并开具增值税发票。

【业务说明】

本笔业务是签订委托代销合同、委托代销发货业务。需要进行委托代销类型的销售订单和委托代销发货单的录入与审核，并审核销售出库单。本业务的业务流程如图 5-100 所示。

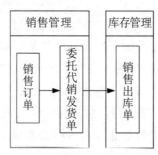

图 5-100　任务十七操作流程

【岗位说明】

销售员郑爽负责委托代销类型的销售订单和委托代销发货单的录入；账套主管邓国平负责销售订单和发货单的审核，库管员张晓琪对销售出库单进行审核。

【实验数据准备】

(1) 系统时间为 2018 年 2 月 15 日。

(2) 引入教学资源"实验数据"文件夹中的"第五章　实训十七数据账套准备"数据账套。

【操作指导】

(1) 2018 年 2 月 15 日，销售员郑爽在企业应用平台中，执行"业务工作/供应链/销售管理/销售订货/销售订单"命令，进入"销售订单"窗口。

(2) 单击"增加"按钮，修改"订单号"为 WT0201，选择"业务类型"为"委托代销"、"销售类型"为"批发"、"客户简称"为"会友商场"、"销售部门"为"销售部"、"业务员"为"郑爽"，在表体中选择"存货名称"为"羊皮男士商务包"，"数量"为 400，其他信息系统自动计算，修改无税单价为 900，单击"保存"按钮完成该笔委托代销销售订单的录入，如图 5-101 所示。

图 5-101　合同 WT0201 的销售订单

(3) 账套主管邓国平在企业应用平台中，执行"业务工作/供应链/销售管理/销售订货/销售订单"命令，进入"销售订单"窗口，对此委托代销销售订单进行审核，单击"审核"按钮即可完成。

(4) 销售员郑爽在企业应用平台中，执行"业务工作/供应链/销售管理/委托代销/委托代销发货单"命令，进入"委托代销发货单"窗口。单击"增加"按钮，打开"查询条件选择—参照订单"窗口，单击"确定"按钮，进入"参照生单"窗口，选择"订单号"为WT0201的订单，单击"确定"按钮，返回"委托代销发货单"窗口，相关信息自动带出，选择"发运方式"为"发货"，"仓库名称"为"男包仓库"，单击"保存"按钮，完成该笔委托代销发货单的录入。

(5) 账套主管邓国平在企业应用平台中，执行"业务工作/供应链/销售管理/委托代销/委托代销发货单"命令，进入"委托代销发货单"窗口，对此委托代销发货单进行审核，查出此张委托代销发货单，单击"审核"按钮即可完成，结果如图5-102所示。

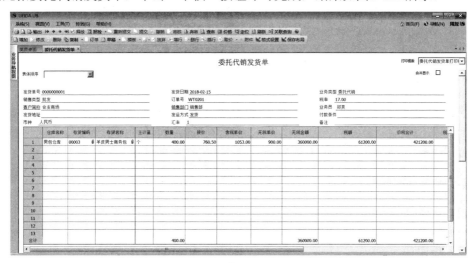

图5-102 委托代销发货单

(6) 库管员张晓琪在企业应用平台中，执行"业务工作/供应链/库存管理/出库业务/销售出库单"命令，打开"销售出库单"窗口，查出此张销售出库单，单击"修改"按钮，修改"单价"为900，单击"保存"按钮，再单击"审核"按钮即完成对销售出库单的处理。

实训十八 销售发货业务

【任务十八】

2018年2月15日，按照1日的合同(编号为XS0201)约定向会友商场送货450个"男士双肩电脑包"。以现金代垫运输费用600元。收到会友商场开出为期2个月的商业承兑汇票(汇票号00107634)向本公司支付用预收款冲抵后的剩余货款。

【业务说明】

本笔业务是签订销售合同、查询发货并销售出库送货、垫付费用、收款及预收冲抵业务。需要进行发货查询和销售出库审核，代垫费用单和收款单的录入、审核及制单，以及预收冲应收制单。本业务的业务流程如图 5-103 所示。

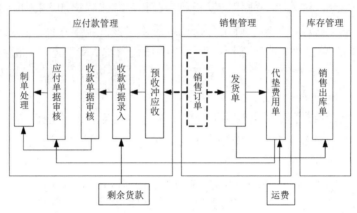

图 5-103　任务十八操作流程

【岗位说明】

销售员郑爽负责查询发货单和录入代垫费用单；库管员张晓琪负责审核销售出库单；财务经理张德负责审核销售发票；出纳王艳负责收款单的录入；账套主管邓国平负责代垫费用单的审核；会计王致远负责预收冲应收处理以及凭证制作。

【实验数据准备】

(1) 系统时间为 2018 年 2 月 15 日。

(2) 引入教学资源"实验数据"文件夹中的"第五章　实训十八数据账套准备"数据账套。

【操作指导】

(1) 2018 年 2 月 15 日，销售员郑爽在企业应用平台中，执行"业务工作/供应链/销售管理/销售发货/发货单"命令，进入"发货单"窗口。单击"首张"按钮，找到"订单号"为 XS0201 的发货单，查询并确认发货信息。

(2) 库管员张晓琪在企业应用平台中，执行"业务工作/供应链/库存管理/出库业务/销售出库单"命令，进入"销售出库单"窗口，查出此张销售出库单，单击"审核"按钮即可完成。

(3) 账套主管邓国平对收款单单据格式进行修改。添加收款单的表头数据项"到期日"，以便完整填写商业承兑汇票的收款单。

① 账套主管邓国平在企业应用平台中，执行"基础设置/单据设置/单据格式设置/应收单据管理/应收收款单/显示/应收收款单显示模板"命令，单击"表头项目"按钮，弹出"表头"窗口，选择"默认名称"为"表头自定义项"、"数据类型"为"日期/时间"，在"显

示名称"处填写"到期日"字样,如图5-104所示,单击"确定"按钮。

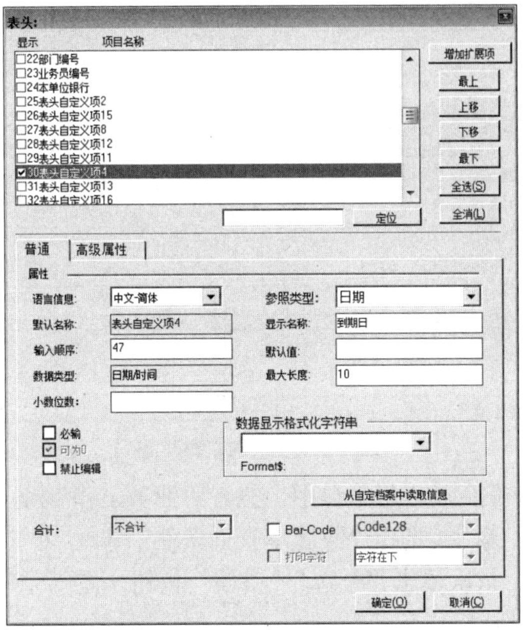

图5-104 自定义单据格式窗口

② 将"到期日"项目的位置调整好,单击"保存"按钮,如图5-105所示,即在收款单格式中成功添加"到期日"项目。

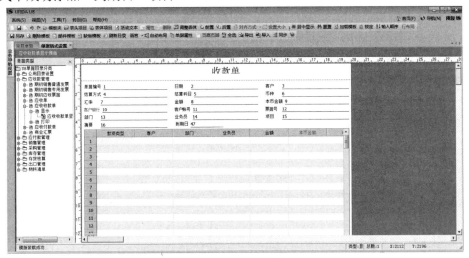

图5-105 收款单单据格式设置窗口

(4) 出纳王艳在企业应用平台中,执行"业务工作/财务会计/应收款管理/收款单据处理/收款单据录入"命令,进入"收款单"界面。单击"增加"按钮,选择"客户"为"会友商场","结算方式"为"商业承兑汇票"、输入"金额"为"74 770"、"票据号"为00107634、"部门"为"财务部"、"业务员"为"王艳"、"摘要"为"收取尾款"、录入"到期日"为2018-04-15,单击表体中的任意一行,系统将自动带出相关信息,单击"保存"按钮即完成收款单的录入,如图5-106所示。

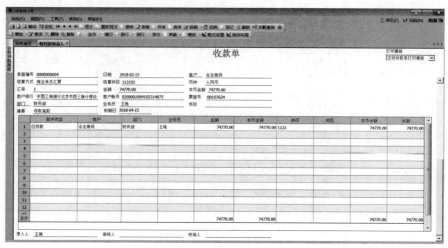

图 5-106　填制收款单窗口

(5) 财务经理张德在企业应用平台中,执行"业务工作/财务会计/应收款管理/收款单据处理/收款单据审核"命令,打开"收款单查询条件"窗口,单击"确定"按钮,进入"收付款单据列表"窗口,依次单击"全选""审核"按钮,系统会弹出审核结果的提示窗,以显示单据是否被审核成功。

(6) 销售员郑爽在企业应用平台中,执行"业务工作/供应链/销售管理/代垫费用/代垫费用单"命令,进入"代垫费用单"界面。单击"增加"按钮,选择"客户"为"会友商场"、"销售部门"为"销售部"、"业务员"为"郑爽",在表体中选择"费用项目"为"运杂费",输入"代垫金额"为 600,单击"保存"按钮,完成代垫费用单的录入。

(7) 账套主管邓国平在企业应用平台中,执行"业务工作/供应链/销售管理/代垫费用/代垫费用单"命令,进入"代垫费用单"界面,查出此张代垫费用单,单击"审核"按钮即可完成,结果如图 5-107 所示。

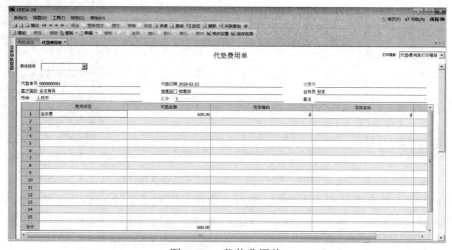

图 5-107　代垫费用单

(8) 财务主管张德在企业应用平台中,执行"业务工作/财务会计/应收款管理/应收单据处理/应收单据审核"命令,打开"应收单查询条件"窗口,单击"确定"按钮,进入"单据处理"窗口,在"应收单据列表"中选择相应的应收单据,即"其他应收单",单击"审核"按钮,系统会弹出审核结果的提示窗,以显示单据是否被审核成功。

(9) 会计王致远在企业应用平台中,执行"业务工作/财务会计/应收款管理/转账/预收冲应收"命令,进入"预收冲应收"界面,在预收款选项卡中选择"客户"为"会友商场",单击"过滤"按钮,即显示出单据记录行,单击 2 月 1 日收款单的所在行,在"转账金额"栏中输入 20 000,如图 5-108 所示。

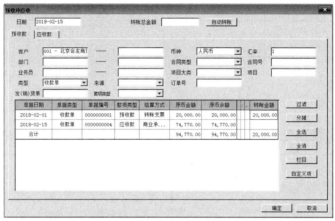

图 5-108 "预收冲应收"的"预收款"转账金额编辑窗口

(10) 在"应收款"选项卡中,单击"过滤"按钮,显示出单据记录行,单击 2 月 1 日专用发票所在行,在"转账金额"栏中输入 20 000,如图 5-109 所示。

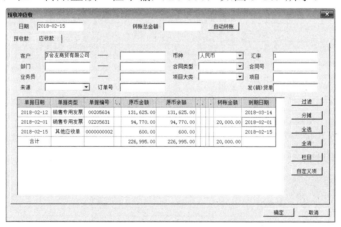

图 5-109 "预收冲应收"的"应收款"转账金额编辑窗口

(11) 单击"确定"按钮,系统弹出"是否立即制单"窗口,单击"是"按钮,进入"填制凭证"窗口,预收账款分录金额显示红字,将鼠标移至红字贷方金额 20 000 处,按"空格键"将红字贷方金额移至借方金额,红字即变为黑字,凭证类别为"转 转账凭证",在确认无误之后,单击"保存"按钮生成凭证,结果如图 5-110 所示。

(12) 执行"业务工作/财务会计/应收款管理/制单处理"命令,打开"制单查询"窗口,勾选"应收单制单"和"收付款单制单"复选框,单击"确定"按钮,进入"制单"界面。依次单击"全选""制单"按钮,进入"填制凭证"窗口,其他应收单的凭证类别为"付 付款凭证",单击"保存"按钮生成凭证,如图 5-111 所示。

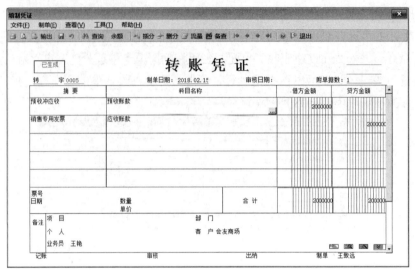

图 5-110 预收冲应收转账凭证

图 5-111 应收款管理代垫费用凭证

(13) 单击"下张"按钮,显示第二张待生成凭证,此收款单的凭证类别为"转 转账凭证",确认信息无误后,单击"保存"按钮生成应收票据凭证,结果如图 5-112 所示。

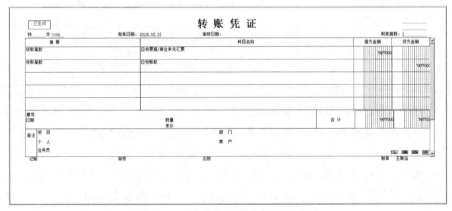

图 5-112 应收款管理应收票据凭证

提示：
- 本业务不采用票据管理。
- 代垫费用单审核后，即可自动生成其他应收单。如果单击"弃审"按钮则自动删除所生成的其他应收单。
- 预收冲应收制单功能受应付款管理系统"选项/凭证"选项卡中的"预收冲应收生成凭证"选项控制。

实训十九　分批发货业务

【任务十九】

2018年2月17日，按1日的合同(合同编号XS0202)对嘉美公司进行第二批发货1 600个牛仔布双肩女包，对方用转账支票向本公司支付剩余60%的合同货款，支票号为12203674。

【业务说明】

本笔业务是销售发货、销售出库、收款业务。需要进行销售发货单、销售出库单、收款单的录入与审核，并进行制单。本业务的操作流程如图5-113所示。

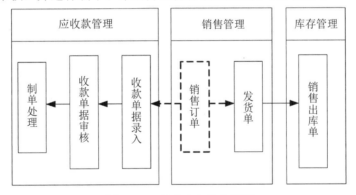

图5-113　任务十九操作流程

【岗位说明】

销售员郑爽负责填制发货单；账套主管邓国平负责发货单审核；库管员张晓琪负责销售出库单审核；出纳王艳负责录入收款单；财务经理张德审核收款单；会计王致远负责编制记账凭证。

【实验数据准备】

(1) 系统时间为2018年2月17日。

(2) 引入教学资源"实验数据"文件夹中的"第五章　实训十九数据账套准备"数据账套。

【操作指导】

(1) 2018 年 2 月 17 日，销售员郑爽在企业应用平台中，执行"业务工作/供应链/销售管理/销售发货/发货单"命令，进入"发货单"窗口。单击"增加"按钮，打开"查询条件选择—参照订单"窗口，单击"确定"按钮，进入"参照生单"窗口，选择 1 日嘉美公司未发货的销售订单，单击"确定"按钮，返回"发货单"窗口，相关信息自动带入，在表头中补充填写"发运方式"为"发货"，在表体中选择"仓库名称"为"女包仓库"，单击"保存"按钮即完成。

(2) 账套主管邓国平在企业应用平台中，执行"业务工作/供应链/销售管理/销售发货/发货单"命令，进入"发货单"窗口，查出此张发货单，确认信息无误后单击"审核"按钮，完成对发货单的审核，如图 5-114 所示。

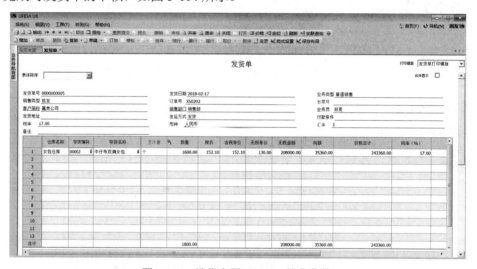

图 5-114　销售合同 XS0202 的发货单

(3) 库管员张晓琪在企业应用平台中，执行"业务工作/供应链/库存管理/出库业务/销售出库单"命令，进入"销售出库单"窗口，查出此张销售出库单，确认信息无误后单击"审核"按钮，完成对销售发货单的审核。

(4) 出纳王艳在企业应用平台中，执行"业务工作/财务会计/应收款管理/收款单据处理/收款单据录入"命令，进入"收款单"界面，单击"增加"按钮，选择"客户"为"嘉美公司"、"结算方式"为"转账支票"，输入"金额"为 191 646，"票据号"为 12203674，"业务员"为"王艳"，"部门"为"财务部"，"摘要"为"收取尾款"，单击表体第一行，相关信息自动带出，单击"保存"按钮即完成收款单的录入，如图 5-115 所示。

(5) 财务经理张德在企业应用平台中，执行"业务工作/财务会计/应收款管理/收款单据处理/收款单据审核"命令，打开"收款单查询条件"窗口，单击"确定"按钮进入"收付款单据列表"窗口，选择此笔业务单据，单击"审核"按钮，在弹出的提示框中单击"确定"按钮完成收款单的审核。

(6) 会计王致远在企业应用平台中，执行"业务工作/财务会计/应收款管理/制单处理"

命令，打开"制单查询"窗口，勾选"收付款单制单"复选框，单击"确定"按钮进入"制单"界面，选择需要制单的凭证，凭证类别为"收款凭证"，单击"制单"按钮，进入"填制凭证"窗口，确认无误后，单击"保存"按钮即生成应收款的凭证，如图5-116所示。

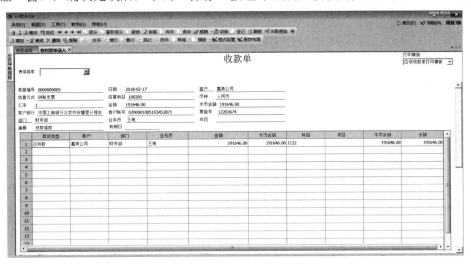

图5-115　销售合同XS0202的尾款收款单

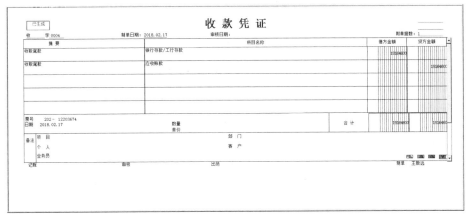

图5-116　应收款管理收款单制单凭证

实训二十　支付采购尾款业务

【任务二十】

2018年2月17日，支付合同编号为CG0202的500个牛皮单肩女包的剩余尾款。电汇票号为10357607。

【业务说明】

本笔业务是支付尾款业务。需要进行付款单录入、审核与制单，预付冲应付处理。

【岗位说明】

出纳王艳录入付款单；财务经理张德负责审核，会计王致远负责制单以及进行预付冲应付转账处理。

【实验数据准备】

(1) 系统时间为 2018 年 2 月 17 日。

(2) 引入教学资源"实验数据"文件夹中的"第五章　实训二十数据账套准备"数据账套。

【操作指导】

(1) 填制付款单并进行账务处理。

① 2018 年 2 月 17 日，出纳王艳在企业应用平台中，执行"业务工作/财务会计/应付款管理/付款单据处理/付款单据录入"命令，打开"付款单"窗口，单击"增加"按钮，在表头中选择"供应商"为"欣悦公司"、"结算方式"为"电汇"，输入"金额"为 114 000、"票据号"为 10357607，选择"部门"为"财务部"、"业务员"为"王艳"、"摘要"输入"支付尾款"字样，单击表体第一行，系统将自动生成一条记录，单击"保存"按钮，如图 5-117 所示。

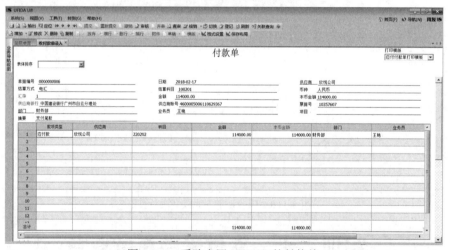

图 5-117　采购合同 CG0202 的付款单

② 财务经理张德在企业应用平台中，执行"业务工作/财务会计/应付款管理/付款单据处理/付款单据审核"命令，打开"付款单过滤条件"对话框，单击"确定"按钮，系统打开"收付款单列表"窗口，选中该付款单，单击"审核"按钮，系统会弹出审核结果的提示窗，以显示单据是否被审核成功，单击"确定"按钮，"审核人"一栏显示"张德"即表示审核成功。

③ 会计王致远在企业应用平台中，执行"业务工作/财务会计/应付款管理/制单处理"命令，在系统弹出的"制单查询"对话框中，勾选"收付款单制单"复选框，单击"确定"

按钮,进入"制单"窗口,单击"全选"按钮,该笔付款单据被选中,再单击"制单"按钮,选择凭证类别为"付 付款凭证",进入"填制凭证"窗口,设置"银行存款/工行存款"的辅助项信息,"票号"为10357607,"日期"为2018-02-17,单击"保存"按钮,即生成该凭证,如图5-118所示。

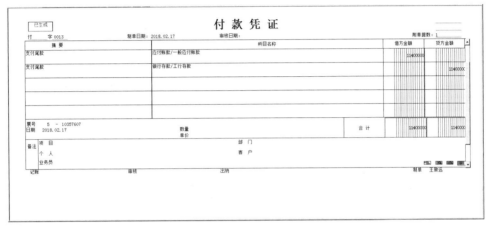

图5-118 采购合同CG0202付尾款的凭证

(2) 预付冲应付转账处理并制单。

① 会计王致远在企业应用平台中,执行"业务工作/财务会计/应付款管理/转账/预付冲应付"命令,打开"预付冲应付"窗口,选择"供应商"为"欣悦公司",再单击"过滤"按钮,并在"单据日期"为2018-02-02的"付款单"的"转账金额"栏中输入3 000,如图5-119所示。

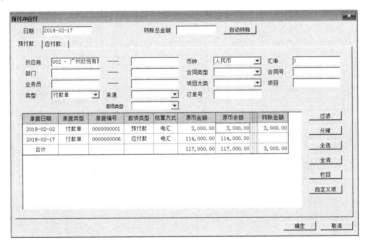

图5-119 "预付冲应付"的"预付款"转账金额编辑窗口

② 打开"应付款"选项卡,再单击"过滤"按钮,并在"单据日期"为2018-02-11的"采购专用发票"的"转账金额"栏中输入3 000,如图5-120所示。

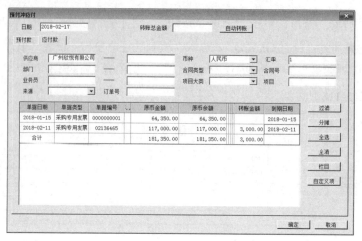

图 5-120 "预付冲应付"的"应付款"转账金额编辑窗口

③ 单击"确定"按钮，系统弹出"是否立即制单？"信息提示框，单击"是"按钮，系统打开"填制凭证"窗口，此时预收账款分录金额显示红字，将鼠标移至红字借方金额 3 000 处，按"空格键"将红字借方金额移至贷方金额，红字即变为黑字，凭证类别为"转账凭证"，在确认无误之后，单击"保存"按钮生成凭证，如图 5-121 所示。

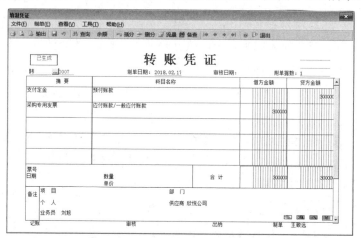

图 5-121 预付转应付的转账凭证

实训二十一 现金折扣处理

【任务二十一】

2018 年 2 月 19 日，会友商场以转账支票向本公司支付 450 个牛皮单肩女包货款，按付款条件约定给予对方 2%的现金折扣。转账支票号为 13200756。销售合同编号为 XS0203。

【业务说明】

本笔业务是有现金折扣的收款业务。需要通过选择收款完成收款单据的录入、审核及制单业务。

【岗位说明】

出纳王艳负责录入收款单；财务经理张德负责审核；会计王致远负责制单。

【实验数据准备】

(1) 系统时间为 2018 年 2 月 19 日。

(2) 引入教学资源"实验数据"文件夹中的"第五章　实训二十一数据账套准备"数据账套。

【操作指导】

(1) 2018 年 2 月 19 日，财务经理张德在企业应用平台中，执行"业务工作/财务会计/应收款管理/选择收款"命令，进入"选择收款—条件"窗口，选择客户为"会友商场"，勾选"可享受折扣"复选框，如图 5-122 所示，单击"确定"按钮，进入"选择收款列表"窗口。

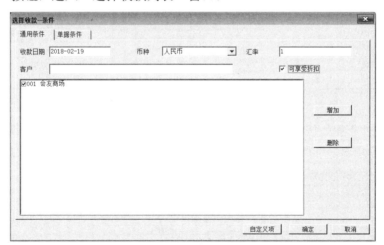

图 5-122　应收款管理选择收款条件窗口

(2) 选中该笔业务应收单据，单击"确认"按钮，进入"选择收款—收款单"窗口，修改"结算方式"为"转账支票"，"票据号"为 13200756，如图 5-123 所示，单击"确定"按钮完成收款单选择。

(3) 会计王致远在企业应用平台中，执行"业务工作/财务会计/应收款管理/制单处理"命令，打开"制单查询"窗口，勾选"收付款单制单"和"核销制单"复选框，单击"确定"按钮进入"制单"界面，选择需要制单的凭证，单击"制单"按钮进入"填制凭证"窗口。凭证类别为"转 转账凭证"，此时核销分录金额显示红字，将鼠标移至红字贷方金额 128 992.5 处,按"空格键"将红字贷方金额移至借方金额,红字即变为黑字,在确认无误之后,单击"保存"按钮生成凭证,如图 5-124 所示。

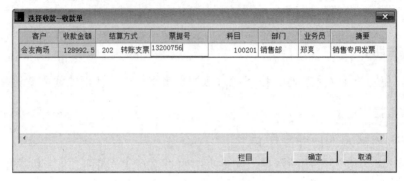

图 5-123　应收款管理选择收款

图 5-124　核销生成的转账凭证

(4) 单击"下张"按钮,显示第二张待生成凭证,选择凭证类别为"收款凭证",应收账款的"辅助项票号"信息为 13200756,"日期"为 2018-02-19,确认信息无误后,单击"保存"按钮生成应收票据凭证,如图 5-125 所示。

图 5-125　应收款管理收款单制单凭证

实训二十二 购置固定资产业务

【任务二十二】

2018年2月24日，公司销售部向北京越阳汽车有限责任公司购置一辆东风厢式货车到货，购车价为70 000元，收到增值税专用发票(票号为02137895)，税率为17%，价税合计81 900元，资料如表5-1所示。以转账支票支付，支票号为13200760。

表5-1 新增固定资产

卡片编号	00006
固定资产编号	
固定资产名称	东风厢式货车
类别编号	03
类别名称	运输工具
部门名称	销售部
增加方式	直接购入
使用状况	在用
使用年限	10年
折旧方法	平均年限法(一)
开始使用日期	2018年2月24日
币种	人民币
原值	70 000
净残值率	5%
净残值	
累计折旧	
月折旧率	
月折旧额	
净值	
对应折旧科目	销售费用/折旧费

【业务说明】

本笔业务是本公司购置固定资产的业务。需要进行固定资产的采购、到货、入库，填写采购专用发票，固定资产的新增业务和制单处理。本业务的操作流程如图5-126所示。

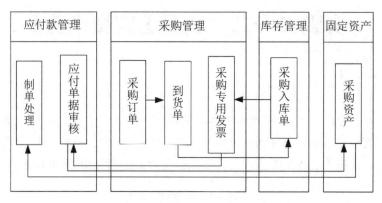

图 5-126 任务二十二操作流程

【岗位说明】

采购员刘旭负责固定资产的采购、到货、采购专用发票的处理；库管员张晓琪负责固定资产入库业务的处理；账套主管邓国平负责对采购订单、到货单、入库单进行审核；财务经理张德负责应付单据的审核；会计王致远负责固定资产的新增和制单业务。

【实验数据准备】

(1) 系统时间为 2018 年 2 月 24 日。

(2) 引入教学资源"实验数据"文件夹中的"第五章 实训二十二数据账套准备"数据账套。

【操作指导】

(1) 固定资产采购处理。

① 2018 年 2 月 24 日，采购员刘旭在企业应用平台中，执行"业务工作/供应链/采购管理/采购订货/采购订单"命令，打开"采购订单"窗口。

② 单击"增加"按钮，修改"业务类型"为"固定资产"、"采购类型"为"厂家供货"，选择"供应商"为"越阳汽车公司"、"部门"为"采购部"、"业务员"为"刘旭"；在表体中，选择"存货编码"为"00006(汽车)"，输入"数量"为 1，修改"原币单价"为 70 000、修改"计划到货日期"为 2018-02-24，其他信息由系统自动带出，单击"保存"按钮即可完成。

③ 账套主管邓国平在企业应用平台中，执行"业务工作/供应链/采购管理/采购订货/采购订单"命令，打开"采购订单"窗口，单击"审核"按钮，即完成此笔采购订单的审核，如图 5-127 所示。

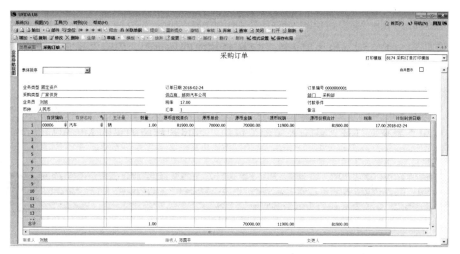

图 5-127　采购固定资产订单

(2) 固定资产到货处理。

① 采购员刘旭在企业应用平台中，执行"业务工作/供应链/采购管理/采购到货/到货单"命令，打开"到货单"窗口。单击"增加"按钮，修改"业务类型"为"固定资产"，单击"生单—采购订单"按钮，弹出"查询条件选择—采购订单列表过滤"窗口，单击"确定"按钮，打开"拷贝并执行"窗口。在此窗口中选中该采购订单，单击"确定"按钮，系统将返回"到货单"窗口并自动生成到货单。单击"保存"按钮，保存该到货单。

② 账套主管邓国平在企业应用平台中，执行"业务工作/供应链/采购管理/采购到货/到货单"命令，打开"到货单"窗口，查找到相应的到货单，单击"审核"按钮，即完成审核，如图 5-128 所示。

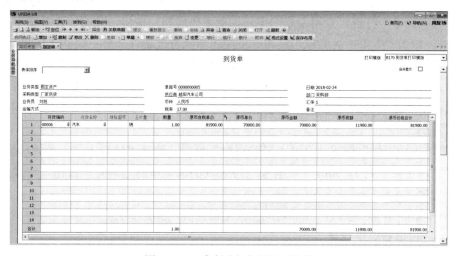

图 5-128　采购固定资产的到货单

(3) 固定资产入库业务处理。

① 库管员张晓琪在企业应用平台中，执行"业务工作/供应链/库存管理/入库业务/采购入库单"命令，打开"采购入库单"窗口。单击"生单—采购到货单(蓝字)"按钮，弹

出"查询条件选择—采购到货单列表"窗口,单击"确定"按钮,打开"到货单生单列表"窗口。在此窗口的"到货单生单表头"中选择相应的到货单,单击"确定"按钮,返回"采购入库单"窗口,系统自动生成采购入库单。在表头中选择"仓库"为"固定资产仓库","入库类别"为"采购入库",单击"保存"按钮完成该入库单的录入。

② 账套主管邓国平在企业应用平台中,执行"业务工作/供应链/库存管理/入库业务/采购入库单"命令,打开"采购入库单"窗口,查找到相应的采购入库单后,单击"审核"按钮,即完成审核,如图5-129所示。

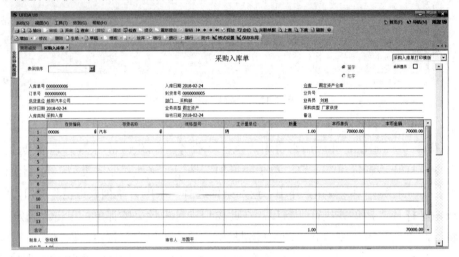

图5-129　固定资产采购入库单

(4) 录入采购专用发票。

① 采购员刘旭在企业应用平台中,执行"业务工作/供应链/采购管理/采购发票/专用采购发票"命令,打开"专用发票"窗口。单击"增加"按钮,修改"业务类型"为"固定资产",单击"生单—入库单"按钮,系统弹出"查询条件选择—采购入库单列表过滤"窗口,单击"确定"按钮,打开"拷贝并执行"窗口。在此窗口的"发票拷贝订单表头列表"中,双击相应入库单的"选择"栏,选中该采购入库单,单击"确定"按钮,系统将采购入库单的信息自动传递给采购发票。修改"发票号"为02137895,单击"保存"按钮,保存该发票。

② 单击"现付"按钮,打开"采购现付"窗口,选择"结算方式"为"转账支票",输入"原币金额"为81 900,"票据号"为13200760。单击"确定"按钮,完成此张发票的现付处理。

③ 单击"结算"按钮,完成对此张发票的结算,如图5-130所示。

(5) 应付单据审核处理。

财务经理张德在企业应用平台中,执行"业务工作/财务会计/应付款管理/应付单据处理/应付单据审核"命令,弹出"应付单过滤条件"窗口,勾选"未完全报销"和"包含已现结发票"复选框,单击"确定"按钮,进入"单据处理"窗口。依次单击"全选""审核"按钮,系统提示"本次审核成功单据1张",单击"确定"按钮返回"单据处理"窗口,即完成审核。

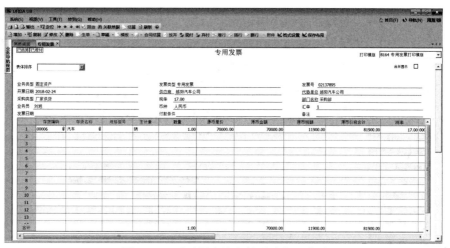

图 5-130　采购固定资产的采购专用发票

(6) 生成固定资产卡片处理。

① 会计王致远在企业应用平台中,执行"业务工作/财务会计/固定资产/卡片/采购资产"命令,查看未转采购资产订单列表。选中该笔订单,"选择"栏出现 Y,即表示选中,如图 5-131 所示。单击"增加"按钮,打开"采购资产分配设置"窗口。

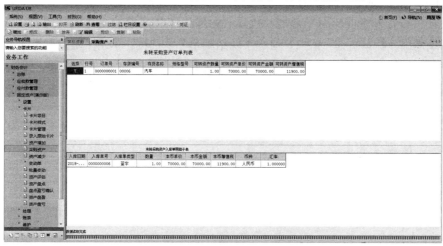

图 5-131　未转采购资产订单列表

② 补充"类别编号"为 03,"使用部门"为"销售部","使用状况"为"在用",如图 5-132 所示。

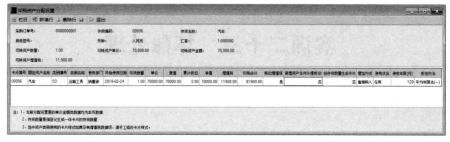

图 5-132　采购资产分配设置窗口

③ 单击"保存"按钮,弹出"固定资产卡片"窗口。输入"固定资产名称"为"东风厢式货车",单击"保存"按钮,在弹出的"固定资产"窗口中单击"确定"按钮,完成新增固定资产的业务处理,如图5-133所示。

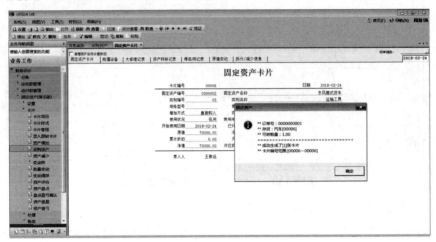

图5-133 新增固定资产卡片

(7) 新增固定资产制单处理。

会计王致远在企业应用平台中,执行"业务工作/财务会计/应付款管理/制单处理"命令,系统弹出"制单查询"窗口,勾选"现结制单"复选框,单击"确定"按钮,进入"制单"窗口。修改凭证类别为"付款凭证",依次单击"全选""制单"按钮,进入"填制凭证"窗口,单击"保存"按钮生成凭证,如图5-134所示。

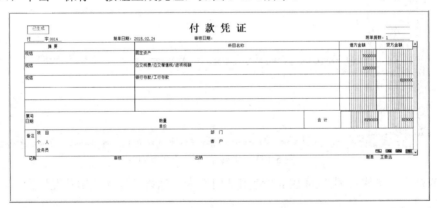

图5-134 采购固定资产的付款凭证

实训二十三 坏账处理

【任务二十三】

2018年2月26日,有确切消息表明飞扬公司经营出现问题,上一年发货给飞扬公司的

"男士双肩电脑包"全部货款和运费合计 25 772 元已无法收回,因此,公司对该笔应收账款进行了坏账注销。

【业务说明】

本笔业务是对坏账进行处理的业务。需要进行坏账发生的数据录入与制单处理。

【岗位说明】

会计王致远负责录入坏账发生数据并进行凭证的制作。

【实验数据准备】

(1) 系统时间为 2018 年 2 月 26 日。

(2) 引入教学资源"实验数据"文件夹中的"第五章 实训二十三数据账套准备"数据账套。

【操作指导】

(1) 2018 年 2 月 26 日,会计王致远在企业应用平台中,执行"业务工作/财务会计/应收款管理/坏账处理/坏账发生"命令,进入该窗口,选择客户为"003 飞扬公司",如图 5-135 所示。

图 5-135 应收款管理坏账发生窗口

(2) 单击"确定"按钮,进入"坏账发生单据明细"窗口,单击"全选"按钮,"本次发生坏账金额"栏目的数据会自动显示,如图 5-136 所示。

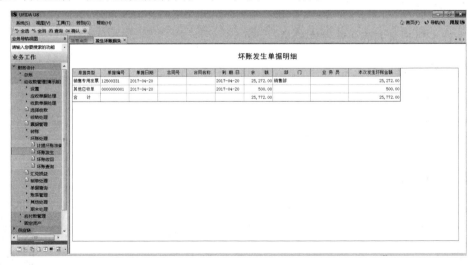

图 5-136 应收款管理坏账发生单据明细

(3) 单击"确认"按钮,选择立即制单生成凭证,凭证类别为"转账凭证",确认信息无误后单击"保存"按钮生成凭证,如图 5-137 所示。

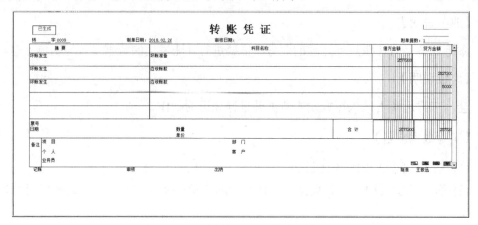

图 5-137 应收款管理坏账发生制单凭证

实训二十四 固定资产调配业务

【任务二十四】

2018 年 2 月 26 日,公司领导邓国平批复,将销售部的现代小汽车转给总经理办公室使用。变动原因是公司统一调配资源。

【业务说明】

本笔业务是公司固定资产变动业务。需要填制部门转移的固定资产变动单。

【岗位说明】

会计王致远录入固定资产变动单。

【实验数据准备】

(1) 系统时间为 2018 年 2 月 26 日。
(2) 引入教学资源"实验数据"文件夹中的"第五章 实训二十四数据账套准备"数据账套。

【操作指导】

(1) 2018 年 2 月 26 日,会计王致远在企业应用平台中,执行"业务工作/财务会计/固定资产/卡片/变动单/部门转移"命令,系统打开"固定资产变动单"窗口。
(2) 在"卡片编号"栏选择"00005(现代汽车)",如图 5-138 所示,单击

"确定"按钮。

图 5-138　固定资产卡片档案

(3) 再单击"变动后部门"按钮，打开"固定资产—本资产部门使用方式"对话框，选择"单部门使用"单选按钮，单击"确定"按钮，即确认该固定资产只供一个部门使用。

(4) 在系统打开的"部门基本参照"窗口中，双击"总经理办公室"所在行，返回"固定资产变动单"窗口。在"变动原因"栏中输入"公司统一调配资源"，如图 5-139 所示。

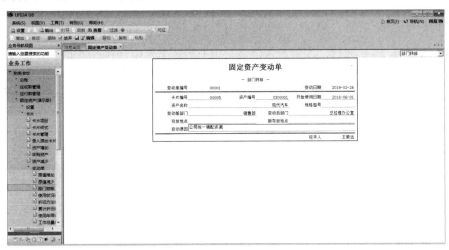

图 5-139　固定资产变动单

(5) 单击"保存"按钮，系统提示"数据成功保存！部门已改变，请检查资产对应折旧科目是否正确！"，单击"确定"按钮退出该信息提示框。

提示：
- 进行部门转移变动的资产在变动当月就按变动后的部门计提折旧。
- 当月原始录入或新增的资产不允许做此种变动业务。
- 变动单不能修改，只有当月可删除重做。

实训二十五　存货盘点业务

【任务二十五】

2018年2月28日，公司对存货进行了清查，结果盘亏6个牛仔布双肩女包，单位成本为100元；盘盈3个羊皮男士商务包，单位成本为500元。

【业务说明】

本笔业务是存货盘点业务。需要进行盘库处理，录入盘点数量，对其他出库单和其他入库单进行审核。

【岗位说明】

库管员张晓琪制作盘点单，账套主管邓国平审核盘点单和其他出入库单。

【实验数据准备】

(1) 系统时间为2018年2月28日。

(2) 引入教学资源"实验数据"文件夹中的"第五章　实训二十五数据账套准备"数据账套。

【操作指导】

(1) 2018年2月28日，库管员张晓琪在企业应用平台中，执行"业务工作/供应链/库存管理/盘点业务"命令，打开"盘点单"窗口，单击"增加"按钮，进入"盘点单"界面，选择"盘点仓库"为"女包仓库"、"出库类别"为"盘亏出库"、"入库类别"为"盘盈入库"、"部门"为"仓管部"、"经手人"为"张晓琪"，完成表头信息的输入，如图5-140所示。

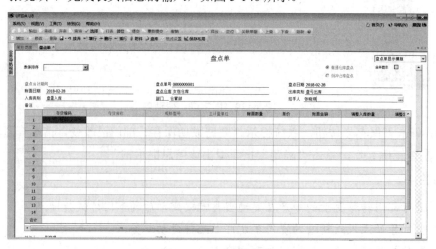

图5-140　新增盘点单

(2) 单击"盘库"按钮,系统提示"盘库将删除未保存的所有记录,是否继续?",单击"是"按钮,系统弹出如图 5-141 所示对话框,选择"盘点方式"为"按仓库盘点",单击"确认"按钮,返回"盘点单"窗口,该仓库中的存货数量会自动显示,如图 5-142 所示。

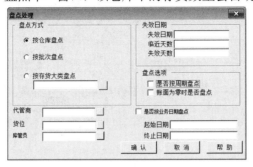

图 5-141　库存管理盘点处理

图 5-142　女包仓库原始盘点单

(3) 修改"牛仔布双肩女包"的"盘点数量"为 94,单击"保存"按钮,如图 5-143 所示。

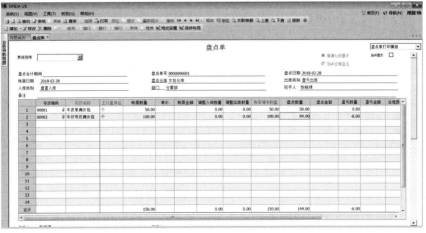

图 5-143　库存管理女包仓库盘点单

(4) 同理，对"男包仓库"进行盘点，生成盘点单。注意：在盘点单中将"羊皮男士商务包"的"盘点数量"修改为 143，如图 5-144 所示。

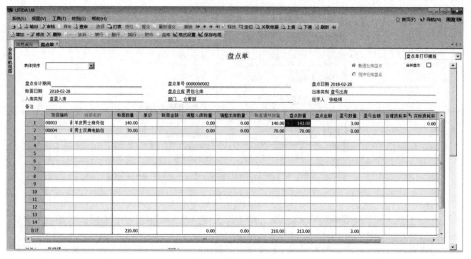

图 5-144　库存管理男包仓库盘点单

(5) 账套主管邓国平在企业应用平台中，执行"业务工作/供应链/库存管理/盘点业务"命令，打开"盘点单"窗口，查找"盘点单号"为 0000000001 和 0000000002 的盘点单，确认信息无误后，单击"审核"按钮，完成对盘点单的审核。

(6) 库管员张晓琪在企业应用平台中，执行"业务工作/供应链/库存管理/入库业务/其他入库单"命令，进入"其他入库单"窗口，查找由盘点单生成的其他入库单，单击"审核"按钮，如图 5-145 所示。

图 5-145　库存管理其他入库单

(7) 执行"业务工作/供应链/库存管理/出库业务/其他出库单"命令，进入"其他出库单"窗口，查找由盘点单生成的其他出库单，单击"审核"按钮，结果如图 5-146 所示。

第五章　企业日常业务处理

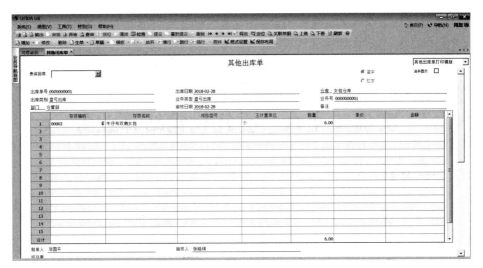

图 5-146　库存管理其他出库单

注意，审核其他出入库单的另一种方法为：审核完盘点单后，直接单击女包仓库的"盘点单"中的"下查"按钮，系统会弹出"其他出库单列表"窗口，双击表体中的"选择"栏，显示 Y 即表示该单据被选中，单击"审核"按钮，弹出"批审完成！(……)"提示框，单击"确定"按钮完成审核，如图 5-147 所示。同理，单击男包仓库的"盘点单"中的"下查"按钮，可以完成"其他入库单"的审核。

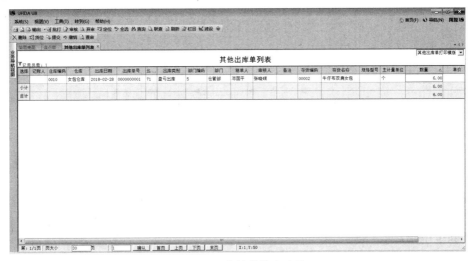

图 5-147　审核其他出库单

提示：

- 盘点单输入的盘点数量是实际存货盘点的实物数量。此前，库管人员已经完成了手工实地盘点工作。
- 手工实物盘点单的制作可以如下操作：如图 5-142 所示，单击"保存"按钮生成盘点单，然后库管人员将其打印出来到实地进行实物盘点，登记实际盘点数量。这项工作是手工的盘点工作，在系统处理时此步骤的操作可以省略。当手工盘点工作完成后，打开系统"盘点单"，按照实际盘点的存货数量修改"盘点数量"栏的数据，操作见步骤(3)。
- 盘点单审核后，系统自动生成相应的其他入库单(盘盈)和其他出库单(盘亏)。

实训二十六　委托代销结算业务

【任务二十六】

2018年2月28日，收到会友商场开具的委托其代销的200个羊皮男士商务包的代销清单，并以转账支票(支票号12107506)的方式取得其向本公司支付的代销款180 000元，税额30 600元。已开具增值税发票(发票号00205635)。

【业务说明】

本笔业务是对委托代销业务进行现结收款、开具发票及结算处理。需要进行委托代销结算单、销售发票的录入与审核，对应收单据进行审核并制单。本业务的操作流程如图5-148所示。

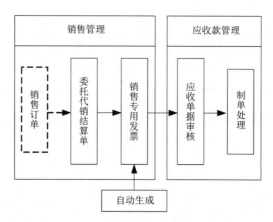

图5-148　任务二十六操作流程

【岗位说明】

会计王致远负责录入委托代销结算单、负责对销售发票进行现结处理，以及记账凭证编制；财务经理张德负责销售发票审核；账套主管邓国平负责委托代销结算单审核。

【实验数据准备】

(1) 系统时间为2018年2月28日。
(2) 引入教学资源"实验数据"文件夹中的"第五章　实训二十六数据账套准备"数据账套。

【操作指导】

(1) 账套主管邓国平对委托代销结算单单据格式进行修改(添加委托代销结算单的表头数据项，以便自动生成完整的销售专用发票信息)。

① 账套主管邓国平在企业应用平台中，执行"基础设置/单据设置/单据格式设置/销售管理/委托代销结算单/显示/委托代销结算单显示模板"命令，单击"表头项目"按钮，弹出"表头"窗口，选择"项目名称"为"发票号"，如图5-149所示，单击"确定"按钮。

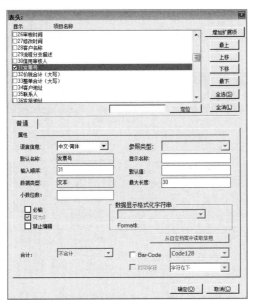

图 5-149　委托代销结算单表头格式选项

② 将"发票号"项目的位置调整好，单击"保存"按钮，如图5-150所示，即在委托代销结算单格式中成功添加"发票号"项目。

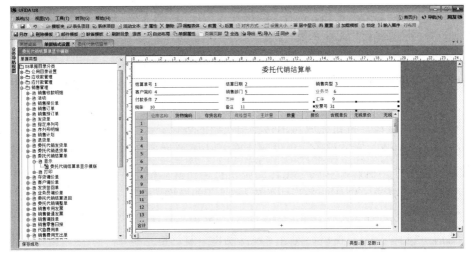

图 5-150　委托代销结算单单据格式设置

(2) 2018年2月28日，会计王致远在企业应用平台中，执行"业务工作/供应链/销售管理/委托代销/委托代销结算单"命令，进入"委托代销结算单"窗口，单击"增加"按钮，自动进入"查询条件选择—委托结算参照发货单"，单击"确定"按钮，进入"参照生单"窗口，选择2月15日的发货单，单击"确定"按钮，进入"委托代销结算单"界面，输入"发票号"为00205635，"数量"修改为200，单击"保存"按钮。

(3) 账套主管邓国平在企业应用平台中，执行"业务工作/供应链/销售管理/委托代销/委托代销结算单"命令，进入"委托代销结算单"窗口，查找该笔委托代销结算单，确认信息无误后单击"审核"按钮，弹出"选择发票类型"窗口，选择"发票类型"为"专用发票"并单击"确认"按钮，即完成委托代销结算单的审核，如图5-151所示。此时系统根据采购结算单自动生成销售专用发票。

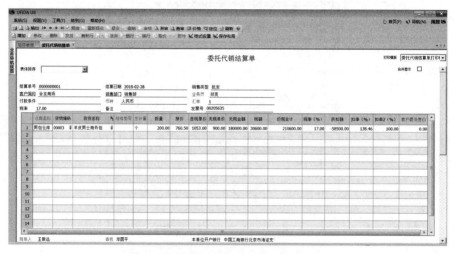

图5-151 委托代销结算单

(4) 会计王致远在企业应用平台中，执行"业务工作/供应链/销售管理/销售开票/销售专用发票"命令，进入"销售专用发票"窗口，查找该笔委托代销的销售专用发票。单击"现结"按钮进入"现结"窗口，选择"结算方式"为"转账支票"，输入"金额"为210 600，"票据号"为12107506，选择"项目编码"为"羊皮男士商务包"，单击"确定"按钮即完成现结。

(5) 财务经理张德在企业应用平台中，执行"业务工作/供应链/销售管理/销售开票/销售专用发票"命令，进入"销售专用发票"窗口，查找该笔业务的销售专用发票，确认信息无误后单击"复核"按钮完成对销售专用发票的审核。

(6) 执行"业务工作/财务会计/应收款管理/应收单据处理/应收单审核"命令，打开"应收单过滤条件"窗口，勾选"包含已现结发票"复选框，单击"确定"按钮，进入应收单列表，选择该笔销售业务形成的应收款，单击"审核"按钮即完成应收款的审核。

(7) 会计王致远在企业应用平台中，执行"业务工作/财务会计/应收款管理/制单处理"命令，打开"制单查询"窗口，勾选"现结制单"复选框，单击"确定"按钮，进入"制单"界面，选择需要制单的凭证，单击"制单"按钮，进入"填制凭证"窗口，设置会计科目"主营业务收入"的项目辅助项信息为"羊皮男士商务包",单击"保存"按钮即生成委托代销的收款凭证,如图 5-152 所示。

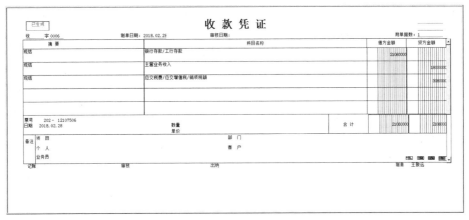

图 5-152 委托代销结算的收款凭证

实训二十七　检查存货入库单

【任务二十七】

2018 年 2 月 28 日,检查货物的采购入库单、其他出入库单是否缺少单价数据,并对这些单据补充录入价格。

【业务说明】

本笔业务是存货入库单价检查业务。需要进行采购入库单、其他入库单、其他出库单的单价检查与修改。

【岗位说明】

库管员张晓琪补充录入单价数据。

【实验数据准备】

(1) 系统时间为 2018 年 2 月 28 日。
(2) 引入教学资源"实验数据"文件夹中的"第五章　实训二十七数据账套准备"数据账套。

【操作指导】

(1) 2018 年 2 月 28 日,库管员张晓琪在企业应用平台中,执行"业务工作/供应链/存货核算/日常业务/采购入库单"命令,打开"采购入库单"窗口,按顺序翻页,逐单检查,检查是否缺少价格数据,若缺少单价则补充其"本币单价"信息。

(2) 执行"存货核算/日常业务/其他入库单"命令,打开"其他入库单"窗口,检查发现该单据缺少价格数据,单击"修改"按钮,填写羊皮男士商务包单价为 500,单击"保存"按钮即完成,如图 5-153 所示。

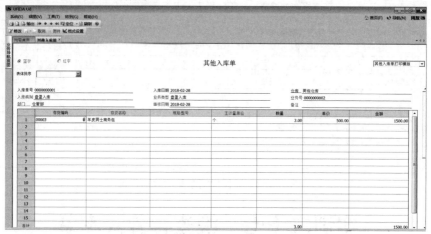

图 5-153 其他入库单

(3) 执行"业务工作/供应链/存货核算/日常业务/其他出库单"命令,打开"其他出库单"窗口,检查发现该单据缺少价格数据,单击"修改"按钮,修改牛仔布双肩女包单价为 100,单击"保存"按钮即完成,如图 5-154 所示。

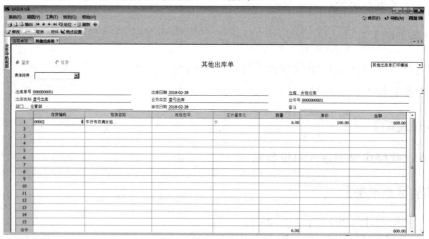

图 5-154 其他出库单

实训二十八 采购成本结算和运费分摊

【任务二十八】

2018 年 2 月 28 日,检查本期是否已进行采购成本结算和运费分摊。

【业务说明】

本笔业务是采购入库单与采购发票进行结算和运费分摊业务。需要采用手工或者自动方式对采购入库单、运费与发票进行匹配处理。

【岗位说明】

采购人员刘旭负责结算采购成本和分摊运费处理。

【实验数据准备】

(1) 系统时间为2018年2月28日。

(2) 引入教学资源"实验数据"文件夹中的"第五章 实训二十八数据账套准备"数据账套。

【操作指导】

(1) 2018年2月28日,采购人员刘旭在企业应用平台中,执行"业务工作/供应链/采购管理/采购结算/手工结算"命令,进入"手工结算"窗口,单击"选单"按钮,进入"结算选单"界面,单击"查询"按钮,自动弹出"查询条件选择—采购手工结算"窗口,单击"确定"按钮,显示全部"结算选发票列表"和"结算选入库单列表",如图5-155所示。

图5-155 结算选发票列表及结算选入库单列表

(2) 在"结算选发票列表"中,选择"男士双肩电脑包"记录行,单击"匹配"按钮,弹出"匹配成功1条数据"窗口,单击"确定"按钮,在"结算选入库单列表"上会自动选择与上面对应的入库单,如图5-156所示。

图 5-156 结算选发票列表与结算选入库单列表匹配

(3) 单击"确定"按钮,返回"手工结算"界面。单击"结算"按钮,系统会弹出"结算完成"窗口,单击"确定"按钮即完成结算。

(4) 同理操作,可以对本月 9 日发生的退"羊皮男士商务包"业务和 11 日发生的采购"牛皮单肩女包"业务进行手工结算。

(5) 针对有运费发生的采购 400 个羊皮男士商务包的业务进行采购结算,执行"业务工作/供应链/采购管理/采购结算/手工结算"命令,在"结算选发票列表"中选择"开票日期"为 2018-02-08 的两行记录(羊皮男士商务包和运输费),在"结算选入库单列表"中选择对应的入库单,如图 5-157 所示,单击"确定"按钮,弹出"所选单据扣税类别不同,是否继续?"窗口,单击"是"按钮。

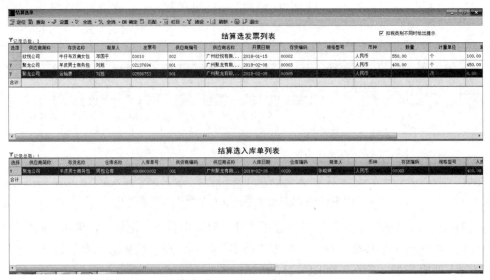

图 5-157 采购发票、运费发票和入库单手工结算选单窗口

(6) 返回"手工结算"界面。单击"分摊"按钮，弹出"选择按金额分摊，是否开始计算？"提示框，单击"是"按钮，系统弹出"费用分摊(按金额)完毕，请检查。"提示框，单击"是"按钮，再单击"确定"按钮，如图 5-158 所示。单击"结算"按钮，系统弹出"结算：费用列表中有折扣或费用属性的存货信息，在结算前请确认是否进行了分摊。是否继续？"提示框，单击"是"按钮，再单击"确定"按钮，完成结算。

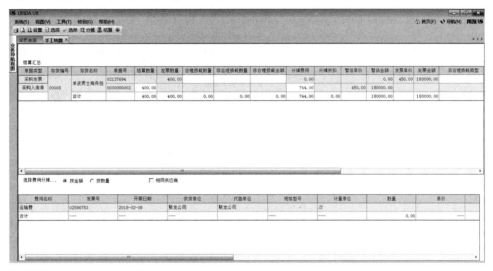

图 5-158　采购发票、运费发票和入库单手工结算窗口

实训二十九　存货的正常单据记账及期末处理

【任务二十九】

2018 年 2 月 28 日，进行正常单据记账，并对仓库进行期末处理。

【业务说明】

本笔业务是存货核算时正常单据记账及对仓库进行期末处理业务。需要进行正常单据的记账处理和对仓库货品进行月平均单价计算等期末处理。

【岗位说明】

库管员张晓琪负责正常单据记账和期末处理。

【实验数据准备】

(1) 系统时间为 2018 年 2 月 28 日。
(2) 引入教学资源"实验数据"文件夹中的"第五章　实训二十九数据账套准备"数据账套。

【操作指导】

(1) 正常单据记账。

2018 年 2 月 28 日，库管员张晓琪在企业应用平台中，执行“业务工作/供应链/存货核算/业务核算/正常单据记账”命令，弹出“查询条件选择”窗口，单击“确定”按钮，进入“未记账单据一览表”界面，单击“全选”按钮，如图 5-159 所示。单击“记账”按钮，系统提示“记账成功”，单击“确定”按钮即完成。

正常单据记账列表

记录总数：11

选择	日期	单据号	存货编码	存货名称	规格型号	存货代码	单据类型	仓库名称	收发类别	数量	单价	金额
Y	2018-02-01	02205631	00004	男士双肩电脑包			专用发票	男包仓库	销售出库	450.00		
Y	2018-02-01	00205632	00002	牛仔布双肩女包			专用发票	女包仓库	销售出库	2,100.00		
Y	2018-02-08	0000000002	00003	羊皮男士商务包			采购入库单	男包仓库	采购入库	400.00	451.86	180,744.00
Y	2018-02-09	0000000003	00003	羊皮男士商务包			采购入库单	男包仓库	采购退货	-10.00	450.00	-4,500.00
Y	2018-02-11	0000000004	00001	牛皮单肩女包			采购入库单	女包仓库	采购入库	500.00	200.00	100,000.00
Y	2018-02-11	00205633	00004	男士双肩电脑包			专用发票	男包仓库	销售出库	100.00		
Y	2018-02-12	0000000005	00004	男士双肩电脑包			采购入库单	男包仓库	采购入库	520.00	150.00	78,000.00
Y	2018-02-12	00205634	00001	牛皮单肩女包			专用发票	女包仓库	销售出库	450.00		
Y	2018-02-28	0000000001	00002	牛仔布双肩女包			其他出库单	女包仓库	盘亏出库	6.00	100.00	600.00
Y	2018-02-28	0000000001	00003	羊皮男士商务包			其他入库单	男包仓库	盘盈入库	3.00	500.00	1,500.00
Y	2018-02-28	00205635	00003	羊皮男士商务包			专用发票	男包仓库	销售出库	200.00		
小计										4,719.00		356,344.00

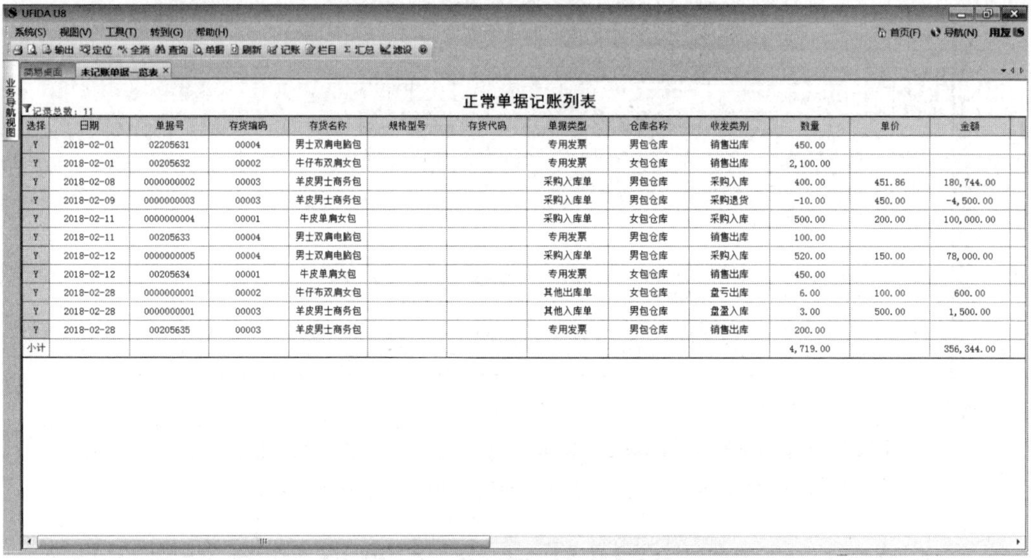

图 5-159　正常单据记账列表

(2) 对仓库进行期末处理。

① 执行“业务工作/供应链/存货核算/业务核算/期末处理”命令，打开“期末处理—2 月”窗口，在左侧选择仓库，单击“处理”按钮。

② 系统进入“月平均单价计算表”界面，如图 5-160 所示。单击“确定”按钮，提示“期末处理完毕”。

仓库平均单价计算表

记录总数：4

仓库编码	仓库名称	存货编码	存货名称	存...	存货单位	期初数量	期初金额	入库数量	入库金额	有金额出库数量	有金额出库成本	平均单价	原单价	无金额出库数量	无金额出库成本	出库合计数量	出库合计成本
0010	女包仓库	00001	牛皮单肩女包		个	0.00	0.00	500.00	100,000.00	0.00	0.00	200.00	200.00	450.00	90,000.00	450.00	90,000.00
0020	男包仓库	00004	男士双肩电脑包		个	0.00	0.00	520.00	78,000.00	0.00	0.00	150.00	150.00	550.00	82,500.00	550.00	82,500.00
0020	男包仓库	00003	羊皮男士商务包		个	150.00	97,500.00	393.00	177,744.00	0.00	0.00	506.90	506.90	200.00	101,379.01	200.00	101,379.01
0010	女包仓库	00002	牛仔布双肩女包		个	2,200.00	220,000.00	0.00	0.00	6.00	600.00	100.00	100.00	2,100.00	210,000.00	2,106.00	210,600.00

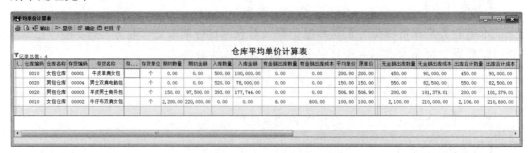

图 5-160　月平均单价计算表

③ 返回“期末处理—2 月”窗口，右侧显示已期末处理完毕的仓库，如图 5-161 所示。关闭窗口，完成存货核算业务的期末处理。

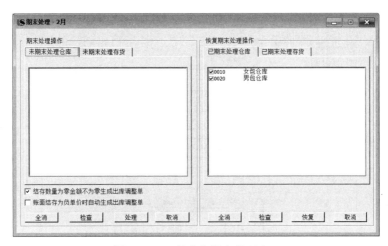

图 5-161　2月存货期末处理窗口

提示：

- 本书案例存货发出的计价方法默认为全月平均法，所以在完成正常单据记账后，必须要对存货仓库进行期末处理，以计算全月平均单价及本月出库成本。
- 若存货发出的计价方法采用的是先进先出法，则此处可不进行期末处理。

实训三十　存货核算的制单业务

【任务三十】

2018年2月28日，对存货核算结果进行制单处理。

【业务说明】

本笔业务是存货核算时的制单处理业务，需要进行凭证的生成。针对所有未制单的出、入库业务进行制单处理。

【岗位说明】

库管员张晓琪负责凭证制单处理。

【实验数据准备】

(1) 系统时间为2018年2月28日。

(2) 引入教学资源"实验数据"文件夹中的"第五章　实训三十数据账套准备"数据账套。

【操作指导】

(1) 2018年2月28日，库管员张晓琪在企业应用平台中，执行"业务工作/供应链/存货核算/财务核算/生成凭证"命令，进入"生成凭证"窗口，单击"选择"按钮，进入"查询条件"窗口，如图5-162所示。

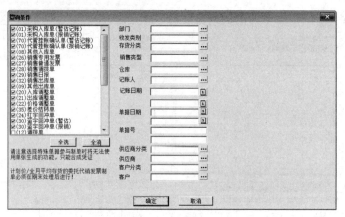

图 5-162 "查询条件"窗口

(2) 单击"确定"按钮,进入"选择单据"窗口,单击"全选"按钮,如图 5-163 所示。

图 5-163 "选择单据"窗口

(3) 单击"确定"按钮,系统返回"生成凭证"界面,补充采购入库单单据号 0000000003 的贷方科目为"1402,在途物资",修改凭证类别为"转 转账凭证",如图 5-164 所示。

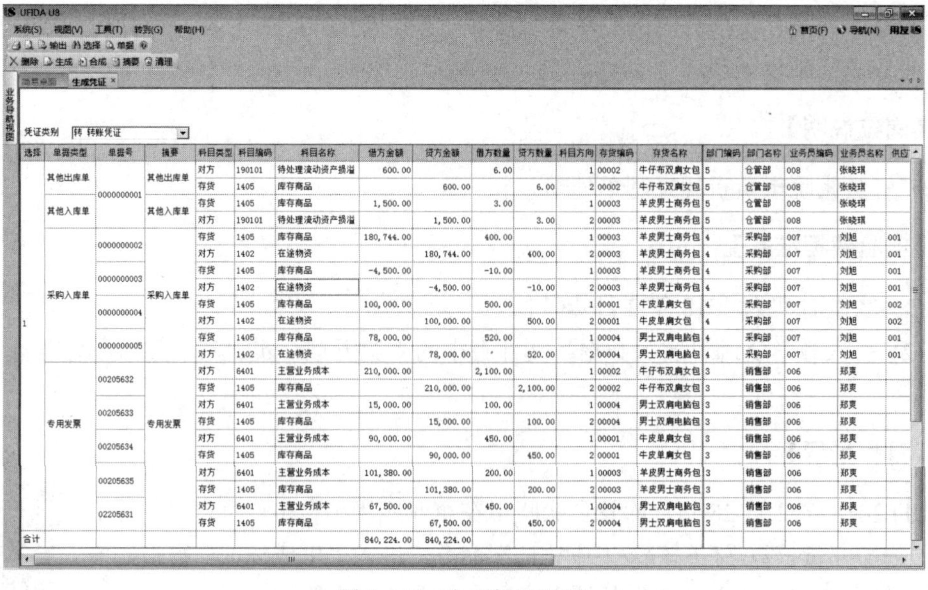

图 5-164 生成凭证界面

(4) 单击"生成"按钮，即可生成所有业务凭证。在填制凭证界面，将辅助项信息补充完整，单击"保存"按钮即完成所有凭证的填制。

① 对金额为 180 744 的采购入库单生成的凭证补充其会计科目"库存商品"和"在途物资"的"项目"辅助项信息为"羊皮男士商务包"，单击"保存"按钮即生成凭证，如图 5-165 所示。

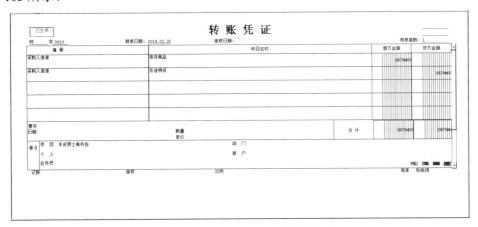

图 5-165　采购羊皮男士商务包的转账凭证

② 对金额为 4 500 的红字采购入库单生成的凭证补充其会计科目"库存商品"和"在途物资"的"项目"辅助项信息为"羊皮男士商务包"，单击"保存"按钮即生成凭证，如图 5-166 所示。

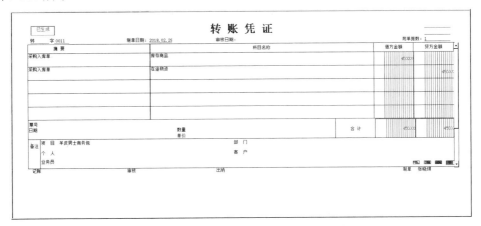

图 5-166　羊皮男士商务包退货的转账凭证

③ 对金额为 100 000 的采购入库单生成的凭证补充其会计科目"库存商品"和"在途物资"的"项目"辅助项信息为"牛皮单肩女包"，单击"保存"按钮即生成凭证，如图 5-167 所示。

④ 对金额为 78 000 的采购入库单生成的凭证补充其会计科目"库存商品"和"在途物资"的"项目"辅助项信息为"男士双肩电脑包"，单击"保存"按钮即生成凭证，如图 5-168 所示。

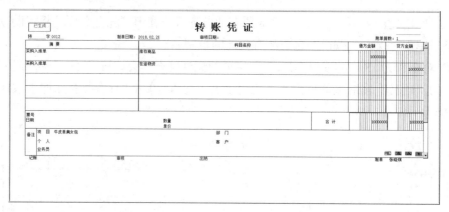

图 5-167　采购牛皮单肩女包的转账凭证

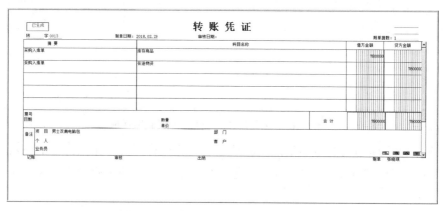

图 5-168　采购男士双肩电脑包转账凭证

⑤ 同理，对"其他入库单"生成的凭证补充其会计科目"库存商品"的"项目"辅助项信息为"羊皮男士商务包"，单击"保存"按钮即生成凭证，如图 5-169 所示。

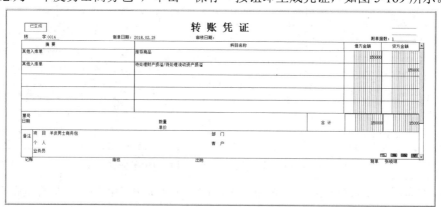

图 5-169　存货盘盈业务的转账凭证

⑥ 同理，对"其他出库单"生成的凭证补充其会计科目"库存商品"的"项目"辅助项信息为"牛仔布双肩女包"。单击"制单"按钮，在"摘要"栏中输入摘要为"进项税额转出"，在"科目名称"栏中选择"22210102 进项税额转出"，在"贷方金额"栏中输入 102，修改"借方金额"为 702。单击"保存"按钮即生成凭证，如图 5-170 所示。

第五章 企业日常业务处理

图 5-170 存货盘亏业务的转账凭证

⑦ 单击"下张凭证"按钮,将金额为 210 000 凭证的"库存商品"科目和"主营业务成本"科目的"项目"辅助项设置为"牛仔布双肩女包",单击"保存"按钮即生成凭证,如图 5-171 所示。

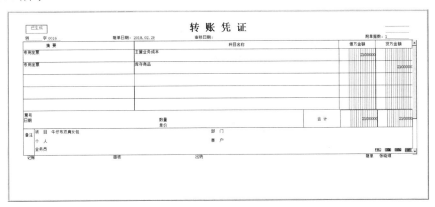

图 5-171 XS0201 销售出库的转账凭证

⑧ 单击"下张凭证"按钮,将金额为 15 000 凭证的"库存商品"科目和"主营业务成本"科目的"项目"辅助项设置为"男士双肩电脑包",在填制凭证窗口中单击"保存"按钮即生成凭证,如图 5-172 所示。

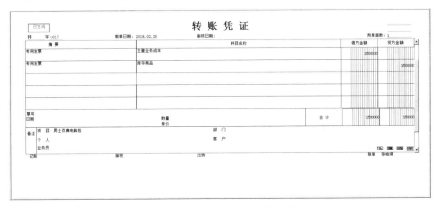

图 5-172 XS0202 销售出库的转账凭证

197

⑨ 单击"下张凭证"按钮,将金额为 90 000 凭证的"库存商品"科目和"主营业务成本"科目的"项目"辅助项设置为"牛皮单肩女包",单击"保存"按钮即生成凭证,如图 5-173 所示。

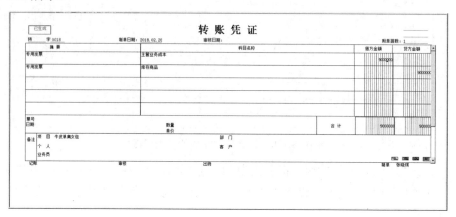

图 5-173　上月销售出库业务的转账凭证

⑩ 单击"下张凭证"按钮,将金额为 101 380 凭证的"库存商品"科目和"主营业务成本"科目的"项日"辅助项设置为"羊皮男士商务包",单击"保存"按钮即生成凭证,如图 5-174 所示。

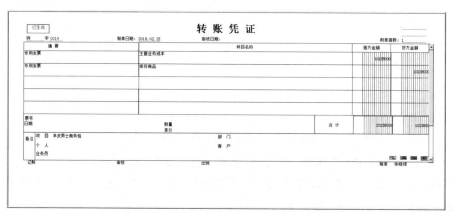

图 5-174　委托代销结算单的转账凭证

提示:

图 5-174 中羊皮男士商务包的成本为 101 380 元,原因是:此笔业务与任务十七和任务二十六是对应的,本书案例中存货采用的计价方法为全月平均法。本月发生的有关羊皮男士商务包的业务如下:5 日收到上月购买聚龙公司 150 个,单价为 650 元的暂估入库的羊皮男士商务包的专用发票;本月购买了 400 个羊皮男士商务包,单价为 450 元,货到票到,运费 800 元,运费税率为 7%,即 800 元运费中有 56 元为应交税费,系统将运费分摊到采购入库单上时不分摊税费部分,即只将 744(800-56)元分摊到 400 个羊皮男士商务包的单价上,每个羊皮男士商务包分摊金额为 1.86 元(744÷400),分摊完成后,羊皮男士商务包的采购单价为 451.86 元;9 日,发现本月购买的 400 个羊皮男士商务包中有 10 个残次品,

并退货;本月15日,委托会友商场代销400个羊皮男士商务包,单价为900元,月底进行委托代销结算,结算数量为200个羊皮男士商务包。按照全月平均法,羊皮男士商务包的平均单价为506.9元[(150×650 + 400×451.86 − 10×451.86)÷(150 + 400 − 10) = 506.9],200个羊皮男士商务包的结算金额为200×506.9 = 101 380(元)。

⑪ 单击"下张凭证"按钮,将金额为67 500凭证的"库存商品"科目和"主营业务成本"科目的"项目"辅助项设置为"男士双肩电脑包",单击"保存"按钮即生成凭证,如图5-175所示。

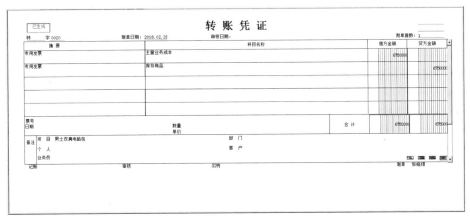

图5-175 XS0203销售出库的转账凭证

实训三十一 计提本月固定资产折旧

【任务三十一】

2018年2月28日,固定资产会计对各部门的固定资产计提折旧。

【业务说明】

本笔业务是当月计提固定资产折旧业务。需要进行计提本月折旧处理。

【岗位说明】

会计王致远负责计提固定资产折旧。

【实验数据准备】

(1) 系统时间为2018年2月28日。
(2) 引入教学资源"实验数据"文件夹中的"第五章 实训三十一数据账套准备"数据账套。

【操作指导】

(1) 会计王致远在企业应用平台中,执行"业务工作/财务会计/固定资产/处理/计提本月折旧"命令,系统弹出"是否要查看折旧清单?"信息提示框,单击"是"按钮,系统提示"本操作将计提本月折旧,并花费一定时间,是否继续?",单击"是"按钮,即可进入"折旧清单"窗口查看所有固定资产信息,如图5-176所示。

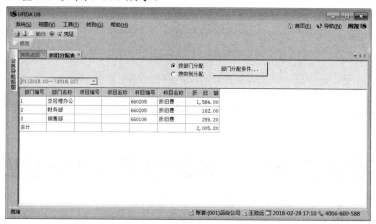

图5-176　2月份的折旧清单

(2) 单击"退出"按钮,系统提示"固定资产"折旧完成,单击"确定"按钮,进入"折旧分配表"窗口,如图5-177所示。

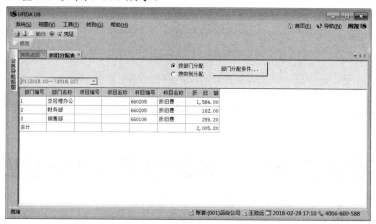

图5-177　2月份的部门折旧分配表

(3) 单击"凭证"按钮,系统进入"填制凭证"窗口,即显示出会计分录,修改其凭证类别为"转 转账凭证",单击"保存"按钮,即可生成凭证,完成本月的折旧计提工作,如图5-178所示。

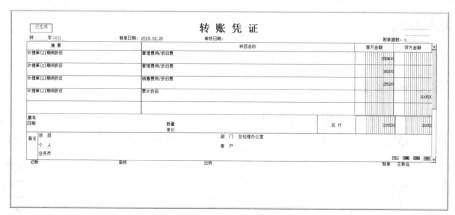

图5-178　计提固定资产折旧的转账凭证

实训三十二　固定资产报废处理

【任务三十二】

2018年2月28日，公司对固定资产进行清理，账实相符。总经理办公室一台惠普T6电脑申请报废，主管领导邓国平已审批同意报废。

【业务说明】

本笔业务是公司固定资产减少业务。需要进行固定资产减少单据的录入，固定资产清理，并进行制单。本业务的业务流程如图5-179所示。

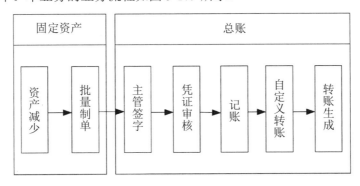

图5-179　任务三十二操作流程

【岗位说明】

会计王致远负责填制固定资产减少单据并制单、记账；财务经理张德负责审核和主管签字，会计王致远进行自定义转账将固定资产清理转入营业外支出。

【实验数据准备】

(1) 系统时间为2018年2月28日。

(2) 引入教学资源"实验数据"文件夹中的"第五章　实训三十二数据账套准备"数据账套。

【操作指导】

(1) 填制固定资产减少单据并制单。

① 会计王致远在企业应用平台中，执行"业务工作/财务会计/固定资产/卡片/资产减少"命令，系统打开"资产减少"窗口。在"卡片编号"栏录入或参照生成"00001(惠普T6电脑)"，单击"增加"按钮，即在表体增加一条记录，修改其"减少方式"为"报废"，在"清理原因"一栏中输入"报废"，如图5-180所示。单击"确定"按钮，系统提示"所选卡片已经减少成功！"，单击"确定"按钮。

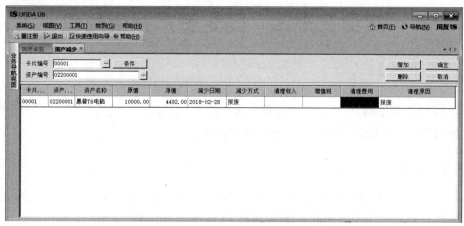

图 5-180　固定资产报废单据的填制

② 执行"业务工作/财务会计/固定资产/处理/批量制单"命令，系统打开"查询条件选择—批量制单"窗口，单击"确定"按钮，在"制单选择"选项卡中单击"全选"按钮，打开"制单设置"选项卡，如图 5-181 所示。单击"凭证"按钮，系统打开"填制凭证"窗口，修改凭证类别为"转　转账凭证"，单击"保存"按钮，即完成固定资产减少业务的处理，结果如图 5-182 所示。

图 5-181　固定资产报废的制单设置

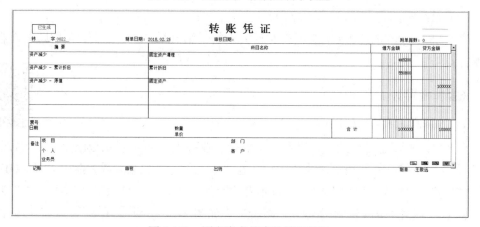

图 5-182　固定资产报废的转账凭证

(2) 凭证的审核、签字与记账。

① 财务经理张德在企业应用平台中，执行"业务工作/财务会计/总账/凭证/审核凭证"命令，系统打开"凭证审核"对话框，单击"确定"按钮，系统打开显示出所有凭证的对话框，双击"摘要"为"资产减少"的凭证，打开该张记账凭证，单击"审核"按钮，完成对该张凭证的审核工作。

② 执行"业务工作/财务会计/总账/凭证/主管签字"命令，系统打开"主管签字"对话框，单击"确定"按钮，系统显示出所有凭证的"主管签字"对话框。双击"摘要"为"资产减少"的凭证，系统打开该张记账凭证，单击"签字"按钮，即完成对该张凭证的主管签字工作，如图 5-183 所示。

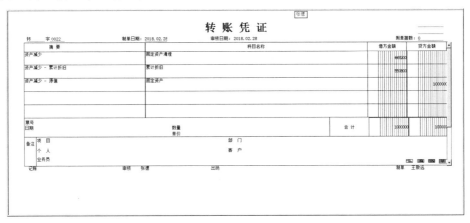

图 5-183　固定资产报废转账凭证的主管签字与审核

③ 会计王致远在企业应用平台中，执行"业务工作/财务会计/总账/凭证/记账"命令，系统打开"记账"对话框，单击"记账"按钮，系统打开"期初试算平衡表"，表明试算平衡，单击"确定"按钮，系统自动完成记账工作，并给出信息提示框和记账报告，结果如图 5-184 所示。

图 5-184　固定资产报废凭证的记账

(3) 自定义转账。

① 会计王致远在企业应用平台中,执行"业务工作/财务会计/总账/期末/转账定义/自定义转账"命令,系统打开"自定义转账设置"窗口,单击"增加"按钮,系统打开"转账目录"对话框,在"转账序号"编辑栏中输入 5001,在"转账说明"编辑栏中输入"固定资产清理转营业外支出","凭证类别"选择"转 转账凭证",单击"确定"按钮,返回"自定义转账设置"窗口。

② 单击"增行"按钮,参照生成"科目编码"为"6711(营业外支出)","方向"为"借","金额公式"输入 JG()(取对方科目计算结果函数);单击"增行"按钮,参照生成"科目编码"为"1606(固定资产清理)","金额公式"输入"QM(1606,月)","方向"为"贷",如图 5-185 所示,单击"保存"按钮即完成固定资产报废的自定义转账设置。

图 5-185 固定资产清理的自定义转账设置

③ 执行"业务工作/财务会计/总账/期末/转账生成"命令,系统打开"转账生成"对话框,双击 5001 所在行的"是否结转"栏,选中该行,单击"确定"按钮,系统提示"2018.02 月之前有未记账凭证,是否继续结转?",单击"是"按钮,系统打开"转账"对话框,单击"保存"按钮,保存该凭证,结果如图 5-186 所示。

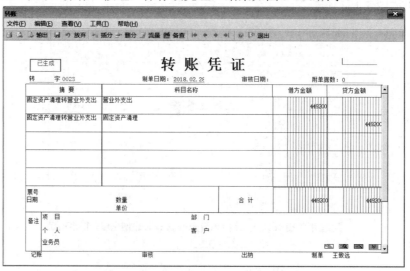

图 5-186 固定资产清理转营业外支出的转账凭证

实训三十三　工资数据变动处理

【任务三十三】

2018年2月28日，计算本月职工工资。经过人力资源部绩效考核，总经理邓国平已批准，2月份对销售部每人增加绩效工资500元，其他人按上月标准发放。自2月开始给每位职工发放交通补助，交通补助标准为"企管人员"补助500元/月，"销售人员"补助100元/月，其他人员补助50元/月。

【业务说明】

本笔业务是计算本月职工工资业务。需要录入工资变动数据和工资项公式设置。

【岗位说明】

人力资源部经理姜伟完成"交通补助"工资项目的公式设置和本月的工资变动数据录入，并重新计算和汇总。

【实验数据准备】

(1) 系统时间为2018年2月28日。

(2) 引入教学资源"实验数据"文件夹中的"第五章　实训三十三数据账套准备"数据账套。

【操作指导】

(1) "交通补助"工资项目的公式设置。

① 人力资源部经理姜伟在企业应用平台中，执行"业务工作/人力资源/薪资管理/工资类别/打开工资类别"命令，在弹出的"打开工资类别"窗口中选中"在职人员"所在行，单击"确定"按钮。

② 执行"业务工作/人力资源/薪资管理/设置/工资项目设置"命令，打开"工资项目设置"对话框，选择"公式设置"选项卡，单击"增加"按钮，并从左上角的"工资项目"列表中选择"交通补助"。单击"函数公式向导输入..."按钮，打开"函数向导—步骤之1"对话框，选中"函数名"列表中的 iff，如图5-187所示。

③ 单击"下一步"按钮，打开"函数向导—步骤之2"对话框。单击"逻辑表达式"栏的参照按钮，打开"参照"对话框。单击"参照列表"栏的下三角按钮，选择"人员类别"，结果如图5-188所示。

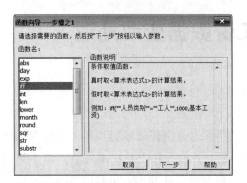

图 5-187 函数向导—步骤之 1(选择函数)

图 5-188 函数向导的"参照"对话框

④ 选中"企管人员",单击"确定"按钮,返回"函数向导—步骤之 2"对话框。在"算术表达式 1"文本框中输入 500,如图 5-189 所示。单击"完成"按钮,返回"工资项目设置"对话框,将光标置于"交通补助公式定义"区域的 500 之后,单击"函数公式向导输入…"按钮。

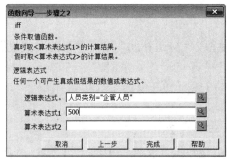

图 5-189 函数向导—步骤之 2(算术表达式 1)

⑤ 选中"函数名"列表中的 iff,单击"下一步"按钮,打开"函数向导—步骤之 2"对话框。单击"逻辑表达式"栏的参照按钮,打开"参照"对话框。单击"参照列表"栏的下三角按钮,选择"人员类别",在"人员类别"中选择"销售人员",单击"确定"按钮,在"算术表达式 1"文本框中输入 100,在"算术表达式 2"文本框中输入 50,结果如图 5-190 所示。

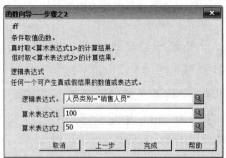

图 5-190 函数向导—步骤之 2(算术表达式 2)

⑥ 单击"完成"按钮,返回"工资项目设置"对话框,此时"交通补助公式定义"区域的内容为"iff(人员类别="企管人员",500,iff(人员类别="销售人员",100,50))",单击"公式确认"按钮,完成"交通补助"的公式定义。

⑦ 单击"确定"按钮,完成工资项目设置,退出对话框。

(2) 工资变动处理。

① 人力资源部经理姜伟在企业应用平台中,执行"业务工作/人力资源/薪资管理/业务处理/工资变动"命令,打开"在职人员"工资类别,进入"工资变动"窗口。

② 单击工具栏中的"全选"按钮,选择所有的员工,再单击"替换"按钮,打开"工资项数据替换"对话框。

③ 选中"将工资项目"下拉列表中的"绩效工资",并在"替换成"栏输入"绩效工资+500",设置"替换条件"为"部门""＝""销售部",结果如图5-191所示。

图5-191 工资项数据批量修改设置

④ 单击"确定"按钮,系统弹出"数据替换后将不可恢复,是否继续?",单击"是"按钮,系统继续提示"3条记录被替换,是否重新计算?",单击"是"按钮返回。

⑤ 单击"计算"按钮,再单击"汇总"按钮,即完成全部工资项目内容的计算。

提示:
- 如果只需对某些项目或符合条件的人员进行编辑录入,可单击"筛选"按钮,选择某些项目、部门或人员类别。
- 如果需录入某个指定部门或人员的数据,可先单击"定位"按钮,让系统自动定位到需要的部门或人员上,然后录入。

实训三十四　分配职工工资

【任务三十四】

2018年2月28日,分配本月职工工资如表5-2所示。

表5-2　工资分摊设置

部门	工资分摊	工资总额(100%)		
		工资项目	借方科目	贷方科目
总经理办公室	企管人员	实发合计	660201 管理费用/职工薪酬	221101 应付职工薪酬/工资
财务部	财务人员		660201 管理费用/职工薪酬	
销售部	销售人员		660104 销售费用/职工薪酬	

(续表)

部门	工资分摊	工资项目	工资总额(100%)	
			借方科目	贷方科目
采购部	采购人员	实发合计	660201 管理费用/职工薪酬	221101 应付职工薪酬/工资
仓管部	库管人员		660201 管理费用/职工薪酬	
人力资源部	企管人员		660201 管理费用/职工薪酬	
总经理办公室	企管人员	养老保险	660201 管理费用/职工薪酬	221101 应付职工薪酬/工资
财务部	财务人员		660201 管理费用/职工薪酬	
销售部	销售人员		660104 销售费用/职工薪酬	
采购部	采购人员		660201 管理费用/职工薪酬	
仓管部	库管人员		660201 管理费用/职工薪酬	
人力资源部	企管人员		660201 管理费用/职工薪酬	
总经理办公室	企管人员	医疗保险	660201 管理费用/职工薪酬	221101 应付职工薪酬/工资
财务部	财务人员		660201 管理费用/职工薪酬	
销售部	销售人员		660104 销售费用/职工薪酬	
采购部	采购人员		660201 管理费用/职工薪酬	
仓管部	库管人员		660201 管理费用/职工薪酬	
人力资源部	企管人员		660201 管理费用/职工薪酬	
总经理办公室	企管人员	失业保险	660201 管理费用/职工薪酬	221101 应付职工薪酬/工资
财务部	财务人员		660201 管理费用/职工薪酬	
销售部	销售人员		660104 销售费用/职工薪酬	
采购部	采购人员		660201 管理费用/职工薪酬	
仓管部	库管人员		660201 管理费用/职工薪酬	
人力资源部	企管人员		660201 管理费用/职工薪酬	
总经理办公室	企管人员	住房公积金	660201 管理费用/职工薪酬	221101 应付职工薪酬/工资
财务部	财务人员		660201 管理费用/职工薪酬	
销售部	销售人员		660104 销售费用/职工薪酬	
采购部	采购人员		660201 管理费用/职工薪酬	
仓管部	库管人员		660201 管理费用/职工薪酬	
人力资源部	企管人员		660201 管理费用/职工薪酬	

【业务说明】

本笔业务是公司月末职工实发工资与个人承担的"三险一金"进行归集与制单操作。需要进行工资费用分配科目设置、分摊计算与制单。

【岗位说明】

会计王致远负责职工工资费用分摊科目设置、分摊与制单。

第五章　企业日常业务处理

【实验数据准备】

(1) 系统时间为 2018 年 2 月 28 日。

(2) 引入教学资源"实验数据"文件夹中的"第五章　实训三十四数据账套准备"数据账套。

【操作指导】

(1) 职工工资分摊设置。

① 会计王致远在企业应用平台中，执行"业务工作/人力资源/薪资管理/工资类别/打开工资类别"命令，在弹出的"打开工资类别"窗口中选中"在职人员"所在行，单击"确定"按钮。

② 执行"业务工作/人力资源/薪资管理/业务处理/工资分摊"命令，系统打开"工资分摊"对话框，选择所有核算部门，如图 5-192 所示。

③ 单击"工资分摊设置"按钮，系统打开"分摊类型设置"对话框。单击"增加"按钮，打开"分摊计提比例设置"对话框，在"计提类型名称"栏录入"工资总额"，在"分摊计提比例"栏录入 100%，如图 5-193 所示。

图 5-192　"工资分摊"对话框　　图 5-193　"分摊计提比例设置"对话框

④ 单击"下一步"按钮，系统打开"分摊构成设置"对话框，根据表 5-2 录入"部门名称""人员类别""工资项目""借方科目"和"贷方科目"，如图 5-194 所示。单击"完成"按钮，返回到"分摊类型设置"对话框。

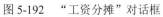

图 5-194　工资总额分摊构成设置

(2) 工资的分摊与制单。

① 会计王致远在企业应用平台中，执行"业务工作/人力资源/薪资管理/业务处理/工

资分摊”命令，系统打开“工资分摊”对话框。选中“工资总额”，再选中所有的核算部门，并勾选“明细到工资项目”复选框，如图 5-195 所示。

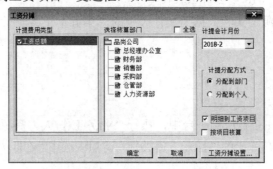

图 5-195 “工资分摊”对话框

② 单击“确定”按钮，完成本月职工工资的分配归集工作，系统打开“工资分摊明细”窗口，如图 5-196 所示。

部门名称	人员类别	实发合计 分配金额	借方科目	贷方科目	养老保险 分配金额	借方科目	贷方科目	医疗保险 分配金额	借方科目	贷方科目	失业保险 分配金额	借方科目	贷方科目
总经理办公室	企管人员	8100.00	660201	221101	880.00	660201	221101	220.00	660201	221101	22.00	660201	2211
财务部	财务人员	10120.00	660201	221101	1044.00	660201	221101	261.00	660201	221101	26.10	660201	2211
销售部	销售人员	11420.00	660104	221101	1184.00	660104	221101	296.00	660104	221101	29.60	660104	2211
采购部	采购人员	2640.00	660201	221101	272.00	660201	221101	68.00	660201	221101	6.80	660201	2211
仓管部	库管人员	2520.00	660201	221101	260.00	660201	221101	65.00	660201	221101	6.50	660201	2211
人力资源部	企管人员	2950.00	660201	221101	304.00	660201	221101	76.00	660201	221101	7.60	660201	2211

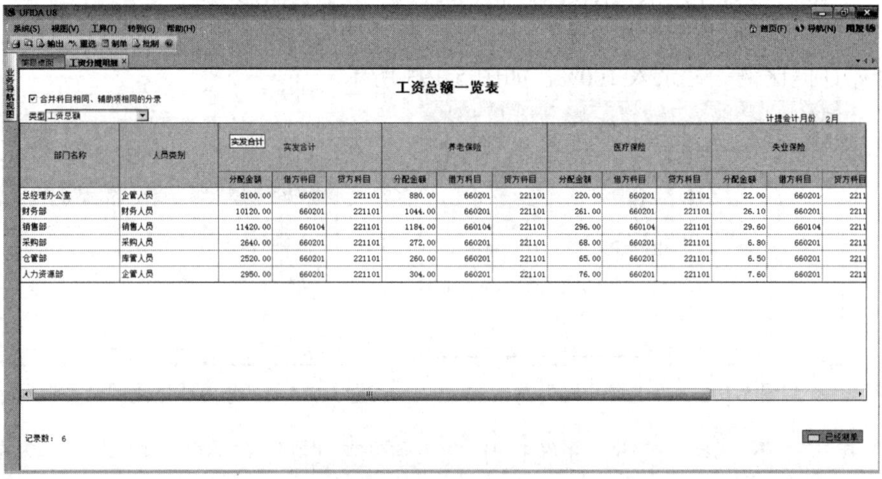

图 5-196 工资总额明细一览表

③ 勾选“合并科目相同、辅助项相同的分录”复选框，单击“制单”按钮，系统打开“填制凭证”窗口。修改凭证类别为“转 转账凭证”，单击“保存”按钮，如图 5-197 所示。

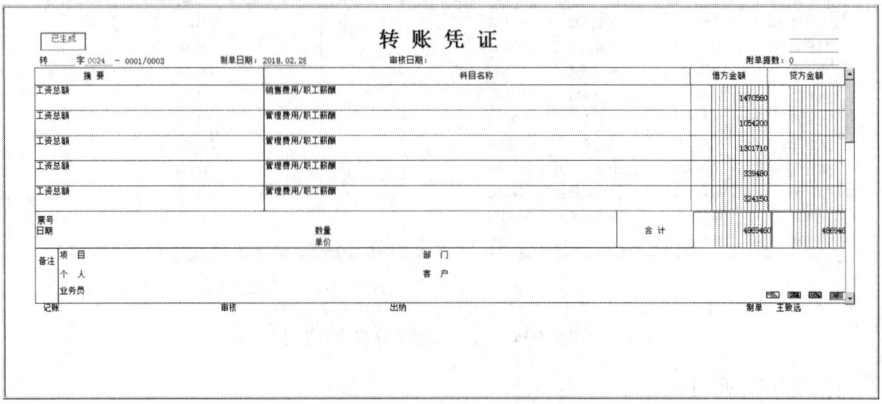

图 5-197 工资总额的转账凭证

实训三十五 结转代扣个人三险一金及个人所得税并委托银行代发工资

【任务三十五】

2018年2月28日，结转代扣的职工个人负担的社会保险、住房公积金和个人所得税，并开出转账支票(支票号13200762)委托银行代发工资，如表5-3所示。

表5-3 职工个人承担社会保险和住房公积金的分摊科目

部门	工资分摊	个人承担社会保险费(10.2%)(养老保险8%、医疗保险2%、失业保险0.2%)		个人承担住房公积金(12%)	
		借方科目	贷方科目	借方科目	贷方科目
总经理办公室	企管人员	221101 应付职工薪酬/工资	224101 其他应付款/应付社会保险费	221101 应付职工薪酬/工资	224102 其他应付款/应付住房公积金
财务部	财务人员				
销售部	销售人员				
采购部	采购人员				
仓管部	库管人员				
人力资源部	企管人员				

【业务说明】

本笔业务是公司月末结转代扣个人所得税、个人承担的社会保险(含养老保险、医疗保险和失业保险)和住房公积金，委托银行代发工资。需要进行代扣个人所得税与制单，个人承担的工资费用分摊科目设置、分摊与制单，工资总额、个人承担的社会保险和住房公积金凭证的主管签字、审核和记账，委托银行代发工资并自定义转账生成凭证等操作。本业务的操作流程如图5-198所示。

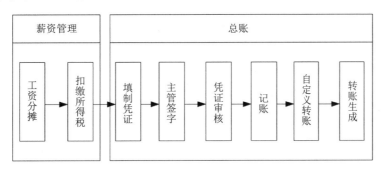

图5-198 任务三十五操作流程

【岗位说明】

会计王致远负责职工个人承担的工资费用分摊科目设置、分摊与制单；财务经理张德对工资总额、个人承担的社会保险费和住房公积金的凭证进行主管签字和审核；会计王致远负责凭证的记账；人力资源部经理姜伟代扣个人所得税、办理委托银行代发工资；会计王致远负责手工制单和自定义转账生成凭证。

【实验数据准备】

(1) 系统时间为 2018 年 2 月 28 日。

(2) 引入教学资源"实验数据"文件夹中的"第五章　实训三十五数据账套准备"数据账套。

【操作指导】

(1) 个人承担的社会保险和住房公积金分摊。

① 会计王致远在企业应用平台中，执行"业务工作/人力资源/薪资管理/工资类别/打开工资类别"命令，在弹出的"打开工资类别"窗口中选中"在职人员"所在行，单击"确定"按钮。

② 执行"业务工作/人力资源/薪资管理/业务处理/工资分摊"命令，系统打开"工资分摊"对话框。单击"工资分摊设置"按钮，系统打开"分摊类型设置"对话框。单击"增加"按钮，显示"分摊计提比例设置"对话框，在"计提类型名称"栏录入"个人承担社会保险费"，在"分摊计提比例"栏录入 10.2%，如图 5-199 所示。

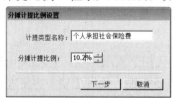

图 5-199　分摊计提比例设置

③ 单击"下一步"按钮，系统打开"分摊构成设置"对话框，根据表 5-3 录入"部门名称""人员类别""工资项目""借方科目"和"贷方科目"，如图 5-200 所示，单击"完成"按钮，返回到"分摊类型设置"对话框。

部门名称	人员类别	工资项目	借方科目	借方项目大类	借方项目	贷方科目	贷方项目大类
总经理办公室	企管人员	应发合计	221101			224101	
财务部	财务人员	应发合计	221101			224101	
销售部	销售人员	应发合计	221101			224101	
采购部	采购人员	应发合计	221101			224101	
仓管部	库管人员	应发合计	221101			224101	
人力资源部	企管人员	应发合计	221101			224101	

图 5-200　个人承担社会保险费分摊构成设置

④ 单击"工资分摊设置"按钮,系统打开"分摊类型设置"对话框。单击"增加"按钮,显示"分摊计提比例设置"对话框,在"计提类型名称"栏录入"个人承担住房公积金",在"分摊计提比例"栏录入 12%。单击"下一步"按钮,系统打开"分摊构成设置"对话框,根据表 5-3 录入"部门名称""人员类别""工资项目""借方科目"和"贷方科目",如图 5-201 所示,单击"完成"按钮,返回到"分摊类型设置"对话框。

部门名称	人员类别	工资项目	借方科目	借方项目大类	借方项目	贷方科目	贷方项目大类
总经理办公室,人...	企管人员	应发合计	221101			224102	
财务部	财务人员	应发合计	221101			224102	
销售部	销售人员	应发合计	221101			224102	
采购部	采购人员	应发合计	221101			224102	
仓管部	库管人员	应发合计	221101			224102	

图 5-201 个人承担住房公积金分摊构成设置

⑤ 单击"返回"按钮,进入"工资分摊"对话框。勾选"个人承担社会保险费"和"个人承担住房公积金"复选框,并取消"工资总额"选项,选中所有的核算部门,确认勾选"明细到工资项目"复选框,单击"确定"按钮,系统打开"工资分摊明细"窗口,如图 5-202 所示。

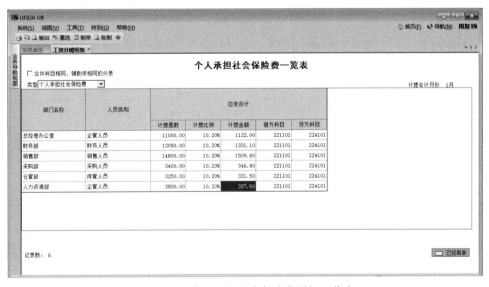

图 5-202 个人承担社会保险费明细一览表

⑥ 勾选“合并科目相同、辅助项相同的分录”复选框，单击“制单”按钮，系统打开“填制凭证”窗口，修改凭证类别为“转 转账凭证”，单击“保存”按钮，生成“个人承担社会保险费”的转账凭证，如图 5-203 所示。

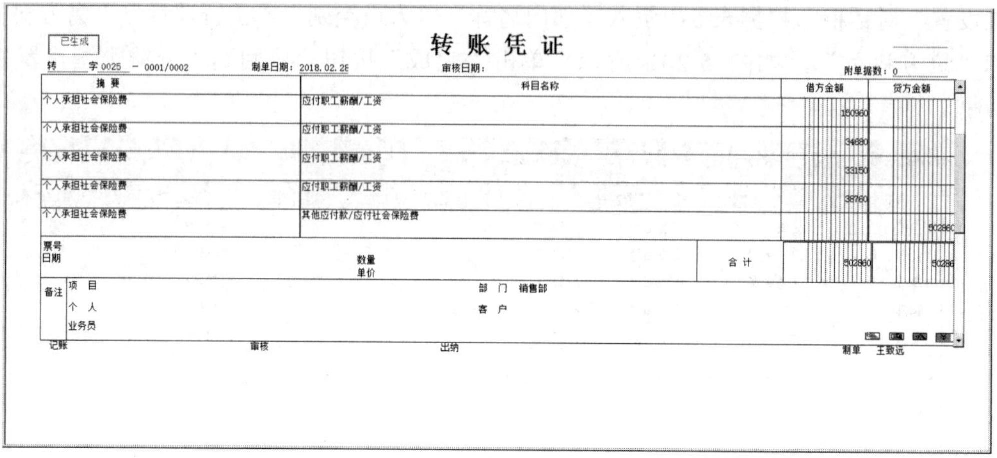
已生成

转账凭证

转 字 0025 － 0001/0002　制单日期：2018.02.28　审核日期：　附单据数：0

摘要	科目名称	借方金额	贷方金额
个人承担社会保险费	应付职工薪酬/工资	150960	
个人承担社会保险费	应付职工薪酬/工资	34680	
个人承担社会保险费	应付职工薪酬/工资	33150	
个人承担社会保险费	应付职工薪酬/工资	38760	
个人承担社会保险费	其他应付款/应付社会保险费		502860
票号 日期	数量 单价 合计	502860	50286

备注　项目　部门 销售部　个人　客户　业务员

记账　审核　出纳　制单 王数远

图 5-203　个人承担社会保险费的转账凭证

⑦ 关闭“填制凭证”窗口，返回“工资分摊明细”窗口，再单击“类型”栏的下三角按钮，选择“个人承担住房公积金”，勾选“合并科目相同、辅助项相同的分录”复选框，单击“制单”按钮，系统打开“填制凭证”窗口，修改凭证类型为“转 转账凭证”，单击“保存”按钮，生成“个人承担住房公积金”的转账凭证，结果如图 5-204 所示。

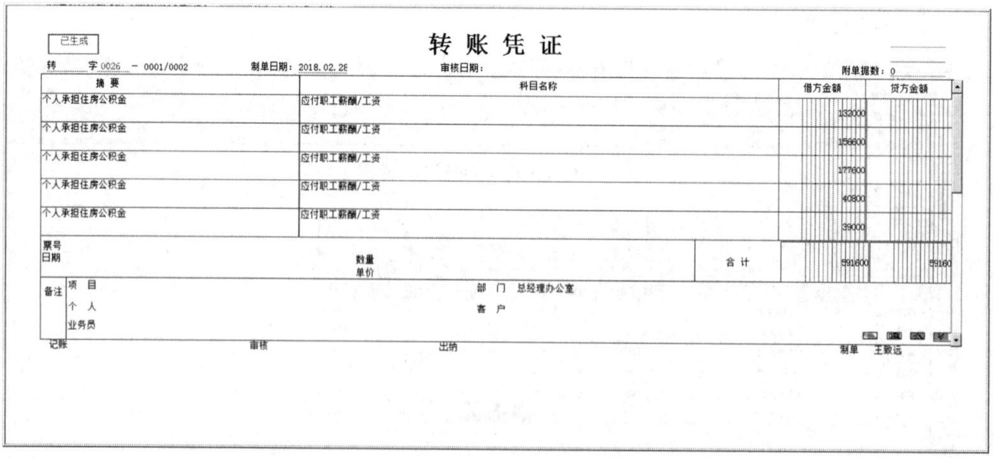
已生成

转账凭证

转 字 0026 － 0001/0002　制单日期：2018.02.28　审核日期：　附单据数：0

摘要	科目名称	借方金额	贷方金额
个人承担住房公积金	应付职工薪酬/工资	132000	
个人承担住房公积金	应付职工薪酬/工资	156600	
个人承担住房公积金	应付职工薪酬/工资	177600	
个人承担住房公积金	应付职工薪酬/工资	40800	
个人承担住房公积金	应付职工薪酬/工资	39000	
票号 日期	数量 单价 合计	591600	59160

备注　项目　部门 总经理办公室　个人　客户　业务员

记账　审核　出纳　制单 王数远

图 5-204　个人承担住房公积金的转账凭证

⑧ 关闭“填制凭证”窗口，返回“工资分摊明细”窗口，再单击“关闭”按钮关闭该窗口。

(2) 代扣个人所得税。

① 人力资源部经理姜伟在企业应用平台中，执行“业务工作/人力资源/薪资管理/工资类别/打开工资类别”命令，在弹出的“打开工资类别”窗口中选中“在职人员”所在

行，单击“确定”按钮。

② 执行“业务工作/人力资源/薪资管理/业务处理/扣缴所得税”命令，系统打开“个人所得税申报模板”对话框，在“请选择所在地区名”列表框中选择“北京”，并选中“北京扣缴个人所得税报表”所在行，如图 5-205 所示。

③ 单击“打开”按钮，进入“所得税申报”对话框，如图 5-206 所示。

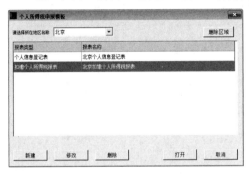

图 5-205 个人所得税申报模板

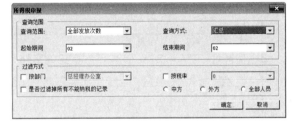

图 5-206 个人所得税申报设置

④ 单击“确定”按钮，系统打开“所得税申报”窗口，显示“北京扣缴个人所得税报表”，如图 5-207 所示。

北京扣缴个人所得税报表

2018年2月 -- 2018年2月

总人数：10

序号	纳税人姓名	身份证照...	身份证照...	国家与地区	职业编码	所得项目	所得期间	收入额	免税收入额	允许扣除...	费用扣除...	准予扣除...	应纳税所...	税率	应扣税额	已扣税额	备注
1	邓国平	身份证				工资	2	11000.00			3500.00		5058.00	20	456.60	456.60	
2	张德	身份证				工资	2	5050.00			3500.00		428.90	3	12.87	12.87	
3	王致远	身份证				工资	2	4150.00			3500.00		0.00	0	0.00	0.00	
4	王艳	身份证				工资	2	3850.00			3500.00		0.00	0	0.00	0.00	
5	徐鹏飞	身份证				工资	2	6100.00			3500.00		1245.80	3	37.37	37.37	
6	郑爽	身份证				工资	2	6100.00			3500.00		1245.80	3	37.37	37.37	
7	刘旭	身份证				工资	2	3400.00			3500.00		0.00	0	0.00	0.00	
8	张晓琪	身份证				工资	2	3250.00			3500.00		0.00	0	0.00	0.00	
9	姜伟	身份证				工资	2	3800.00			3500.00		0.00	0	0.00	0.00	
10	王佳明	身份证				工资	2	2600.00			3500.00		0.00	0	0.00	0.00	
合计								49300.00			35000.00		7978.50		544.21	544.21	

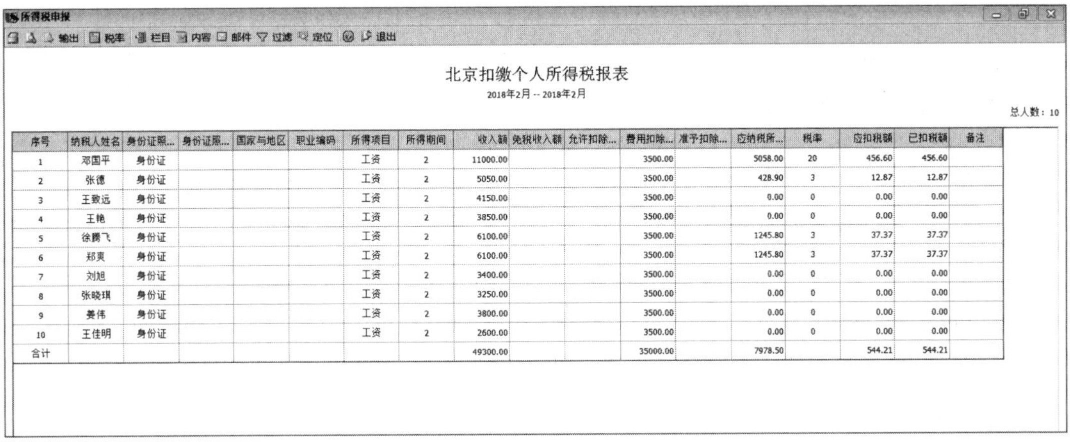

图 5-207 代扣个人所得税列表

(3) 个人所得税制单处理。

① 会计王致远在企业应用平台中，执行“业务工作/财务会计/总账/凭证/填制凭证”命令，系统打开“填制凭证”窗口。单击“增加”按钮，在“摘要”中输入“个人所得税”，第 1 笔分录的“科目名称”参照选择“660201(管理费用/职工薪酬)”，“部门核算”为“总经理办公室”，“借方金额”为 456.60。

② 按 Enter 键后，第 2 笔分录的“科目名称”参照选择“660201(管理费用/职工薪酬)”，“部门核算”为“财务部”，“借方金额”为 12.87。

③ 再次按 Enter 键，第 3 笔分录的“科目名称”参照选择“660104(销售费用/职工薪酬)”，“借方金额”为 74.74。

④ 再次按 Enter 键，第 4 笔分录的"科目名称"参照选择"222104(应交税费/应交个人所得税)"，"贷方金额"为 544.21(或者直接单击"="，系统将自动填充该值)，单击"保存"按钮，即生成个人所得税的转账凭证，如图 5-208 所示。

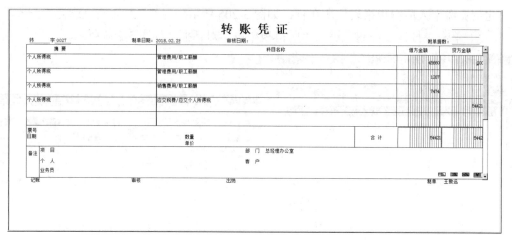

图 5-208　2 月份个人所得税的转账凭证

(4) 凭证的审核、签字与记账。

① 财务经理张德在企业应用平台中，执行"业务工作/财务会计/总账/凭证/审核凭证"命令，系统打开"凭证审核"对话框。单击"确定"按钮，系统打开"凭证审核"对话框。双击"摘要"为"工资总额"的凭证，单击"审核"按钮，完成对该张凭证的审核工作，单击"退出"按钮，返回"凭证审核"对话框。

② 同理，完成摘要为"个人承担社会保险费"和"个人承担住房公积金"的转账凭证的审核，单击"取消"按钮，返回系统主窗口。

③ 执行"业务工作/财务会计/总账/凭证/主管签字"命令，系统打开"主管签字"对话框。单击"确定"按钮，系统显示"主管签字"对话框，显示所有满足条件的凭证。双击"摘要"为"工资总额"的凭证，单击"签字"按钮，完成对该张凭证的主管签字工作，单击"退出"按钮，返回"主管签字"对话框。

④ 双击"摘要"为"个人承担社会保险费"的凭证，单击"签字"按钮，完成对该张凭证的主管签字工作，单击"退出"按钮，返回"主管签字"对话框。

⑤ 双击"摘要"为"个人承担住房公积金"的凭证，单击"签字"按钮，完成对该张凭证的主管签字工作，单击"退出"按钮，返回"主管签字"对话框。

⑥ 单击"取消"按钮，返回系统主窗口。

⑦ 会计王致远在企业应用平台中，执行"业务工作/财务会计/总账/凭证/记账"命令，系统打开"记账"对话框，输入记账范围。单击"记账"按钮，系统自动完成记账工作，并给出信息提示框和记账报告。单击"确定"按钮，再单击"退出"按钮，关闭"记账对话框。

(5) 委托银行代发工资的制单。

① 会计王致远在企业应用平台中，执行"业务工作/财务会计/总账/期末/转账定义/自定义转账"命令，系统打开"自定义转账设置"窗口。

② 单击"增加"按钮，系统打开"转账目录"对话框，在"转账序号"编辑栏中输入6001，在"转账说明"编辑栏中输入"代发职工工资"，"凭证类别"为"付 付款凭证"，如图5-209所示。单击"确定"按钮，返回"自定义转账设置"窗口。

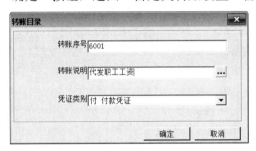

图5-209 转账目录设置窗口

③ 单击"增行"按钮，参照生成"科目编码"为"221101(应付职工薪酬/工资)"，"部门"选择"总经理办公室"，"金额公式"输入"QM(221101,月,,1)"(期末余额)，"方向"为"借"，即完成第1行的编辑。同理，完成第2～6行的编辑，相应信息参见图5-210。

④ 再次单击"增行"按钮，参照生成"科目编码"为"100201(银行存款/工行存款)"，"金额公式"录入"JG()"(取对方科目计算结果)，"方向"为"贷"，如图5-210所示。单击"保存"按钮。

图5-210 委托银行代发工资制单的自定义转账设置

⑤ 执行"业务工作/财务会计/总账/期末/转账生成"命令，打开"转账生成"对话框。双击6001所在行的"是否结转"栏，选中该行，单击"确定"按钮，系统提示"2018.02月或之前有未记账凭证，是否继续结转？"，单击"是"按钮，系统打开"转账"对话框。

⑥ 拖动右侧的滚动条件查找到"银行存款/工行存款"分录,单击其"贷方金额"栏,双击"备注"区的"项目",输入"结算方式"为"202(转账支票)"、"票号"为13200762、"发生日期"为"当日",单击"保存"按钮,如图5-211所示。

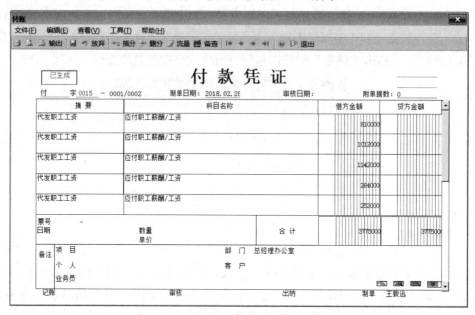

图5-211 委托银行代发工资的转账凭证

实训三十六 计提单位承担的五险一金

【任务三十六】

2018年2月28日,计提单位承担的社会保险和住房公积金,如表5-4所示。

表5-4 单位承担社会保险和住房公积金的分摊科目

工资分摊		单位承担社会保险费(32.8%) (养老保险20%、医疗保险10%、失业保险1%、工伤保险1%、生育保险0.8%)		单位承担住房公积金(12%)	
部门		借方科目	贷方科目	借方科目	贷方科目
总经理办公室	企管人员	660201 管理费用/职工薪酬	221103 应付职工薪酬/社会保险费	660201 管理费用/职工薪酬	221104 应付职工薪酬/住房公积金
财务部	财务人员				
销售部	销售人员	660104 销售费用/职工薪酬		660104 销售费用/职工薪酬	
采购部	采购人员	660201 管理费用/职工薪酬		660201 管理费用/职工薪酬	
仓管部	库管人员				
人力资源部	企管人员				

第五章 企业日常业务处理

【业务说明】

本笔业务是公司月末计提单位承担的社会保险费(含养老保险、医疗保险和失业保险)和住房公积金,需要进行工资费用分摊科目设置、工资费用分摊与制单等操作。

【岗位说明】

会计王致远对单位承担的社会保险和住房公积金分摊科目进行设置与分摊、制单。

【实验数据准备】

(1) 系统时间为 2018 年 2 月 28 日。

(2) 引入教学资源"实验数据"文件夹中的"第五章 实训三十六数据账套准备"数据账套。

【操作指导】

(1) 会计王致远在企业应用平台中,执行"业务工作/人力资源/薪资管理/工资类别/打开工资类别"命令,在弹出的"打开工资类别"窗口中选中"在职人员"所在行,单击"确定"按钮。

(2) 执行"业务工作/人力资源/薪资管理/业务处理/工资分摊"命令,系统打开"工资分摊"对话框。单击"工资分摊设置"按钮,系统打开"分摊类型设置"对话框。单击"增加"按钮,打开"分摊计提比例设置"对话框,在"计提类型名称"栏录入"单位承担社会保险费",在"分摊计提比例"栏录入 32.8%,单击"下一步"按钮,在系统打开的"分摊构成设置"对话框中,根据表 5-4 录入"部门名称""人员类别""工资项目""借方科目"和"贷方科目",即完成单位承担社会保险的计提设置,如图 5-212 所示。单击"完成"按钮,返回到"分摊类型设置"对话框。

部门名称	人员类别	工资项目	借方科目	借方项目大类	借方项目	贷方科目
总经理办公室,人力资源部	企管人员	应发合计	660201			221103
财务部	财务人员	应发合计	660201			221103
销售部	销售人员	应发合计	660104			221103
采购部	采购人员	应发合计	660201			221103
仓管部	库管人员	应发合计	660201			221103

图 5-212 单位承担社会保险分摊构成设置

(3) 同理,完成"单位承担住房公积金"分摊类型设置,在"分摊计提比例"栏录入 12%,结果如图 5-213 所示,单击"完成"按钮,返回"工资分摊"对话框。

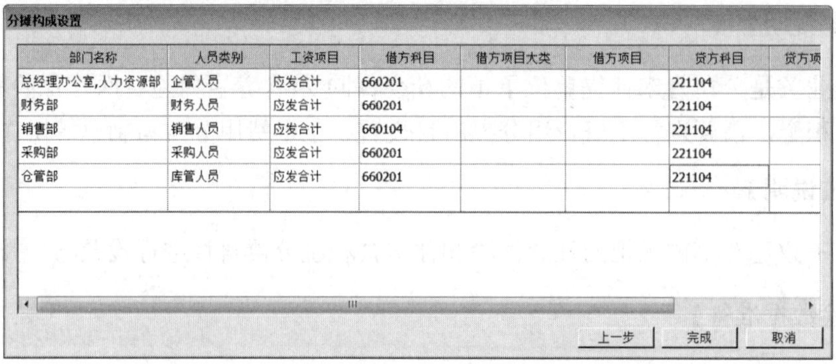

图 5-213 单位承担住房公积金分摊构成设置

(4) 勾选"单位承担社会保险费"和"单位承担住房公积金"复选框,选中所有的核算部门,勾选"明细到工资项目"复选框,单击"确定"按钮,完成单位承担社会保险费和住房公积金的计提设置工作,系统打开"工资分摊明细"窗口,显示"单位承担社会保险费一览表",如图 5-214 所示。

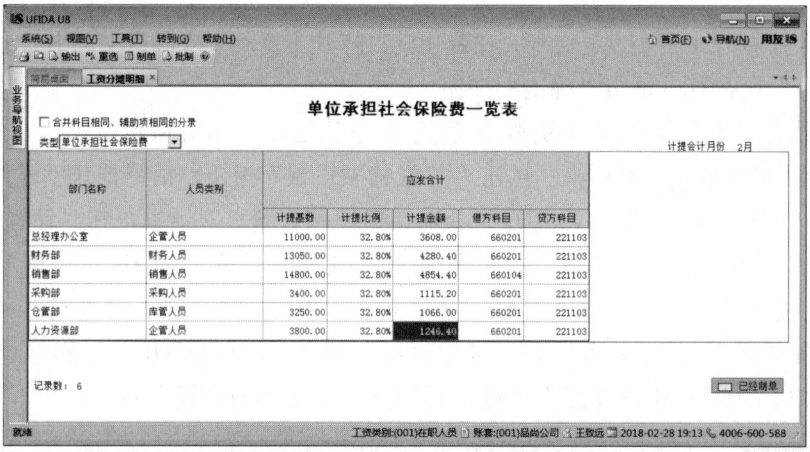

图 5-214 单位承担社会保险费一览表

(5) 勾选"合并科目相同、辅助项相同的分录"复选框,单击"制单"按钮,系统打开"填制凭证"窗口,选择凭证类别为"转 转账凭证",单击"保存"按钮,如图 5-215 所示。

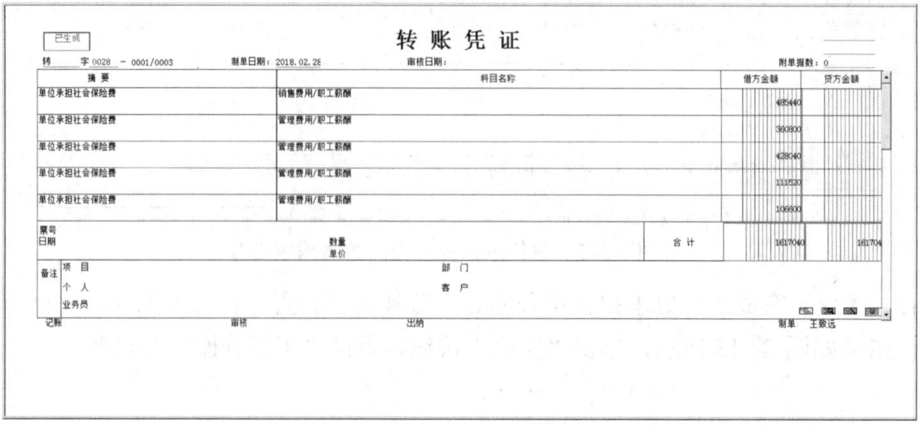

图 5-215 单位承担社会保险费的转账凭证

(6) 单击"退出"按钮,返回"工资分摊明细"窗口,单击"类型"栏的下三角按钮,选择"单位承担住房公积金",勾选"合并科目相同、辅助项相同的分录"复选框,单击"制单"按钮,系统打开"填制凭证"窗口,选择凭证类别为"转 转账凭证",单击"保存"按钮,生成相应的转账凭证,如图 5-216 所示。

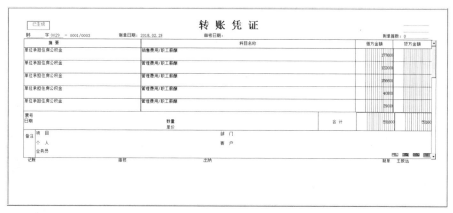

图 5-216　单位承担住房公积金的转账凭证

实训三十七　计提工会经费及职工教育经费

【任务三十七】

2018 年 2 月 28 日,计提本月工会经费、职工教育经费,如表 5-5 所示。

表 5-5　单位计提工会经费和职工教育经费的分摊科目

部门	工资分摊	工会经费(2%)		职工教育经费(2.5%)	
		借方科目	贷方科目	借方科目	贷方科目
总经理办公室	企管人员	660201 管理费用/职工薪酬	221105 应付职工薪酬/工会经费	660201 管理费用/职工薪酬	221106 应付职工薪酬/职工教育经费
财务部	财务人员				
销售部	销售人员	660104 销售费用/职工薪酬		660104 销售费用/职工薪酬	
采购部	采购人员	660201 管理费用/职工薪酬		660201 管理费用/职工薪酬	
仓管部	库管人员				
人力资源部	企管人员				

【业务说明】

本笔业务是公司月末计提单位承担的工会经费(应发工资合计的 2%)和职工教育经费(应发工资合计的 2.5%),需要进行工会经费和职工教育经费分摊科目设置、工资费用分摊与制单等操作。

【岗位说明】

会计王致远对单位承担的工会经费和职工教育经费分摊科目进行设置与分摊、制单。

【实验数据准备】

(1) 系统时间为 2018 年 2 月 28 日。

(2) 引入教学资源"实验数据"文件夹中的"第五章　实训三十七数据账套准备"数据账套。

【操作指导】

(1) 会计王致远在企业应用平台中，执行"业务工作/人力资源/薪资管理/业务处理/工资分摊"命令，系统打开"工资分摊"对话框。单击"工资分摊设置"按钮，系统打开"分摊类型设置"对话框。单击"增加"按钮，显示"分摊计提比例设置"对话框，在"计提类型名称"栏录入"工会经费"，在"分摊计提比例"栏录入 2%，单击"下一步"按钮，在系统打开的"分摊构成设置"对话框中，根据表 5-5 录入"部门名称""人员类别""工资项目""借方科目"和"贷方科目"，即完成工会经费的计提设置，如图 5-217 所示。单击"完成"按钮，返回到"分摊类型设置"对话框。

图 5-217　工会经费分摊构成设置

(2) 同理，完成"职工教育经费"分摊类型设置，在"分摊计提比例"栏录入 2.5%，如图 5-218 所示，单击"完成"按钮，返回"工资分摊"对话框。

图 5-218　职工教育经费分摊构成设置

(3) 勾选"工会经费"和"职工教育经费"复选框,选中所有的核算部门,勾选"明细到工资项目"复选框,单击"确定"按钮,完成相应的计提工作,系统打开"工资分摊明细"窗口,显示"工会经费一览表"。

(4) 勾选"合并科目相同、辅助项相同的分录"复选框,单击"制单"按钮,系统打开"填制凭证"窗口,选择凭证类别为"转 转账凭证",单击"保存"按钮,如图 5-219 所示。

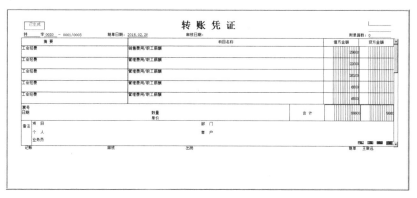

图 5-219 工会经费的转账凭证

(5) 单击"退出"按钮,返回"工资分摊明细"窗口,单击"类型"栏的下三角按钮,选择"职工教育经费",勾选"合并科目相同、辅助项相同的分录"复选框,单击"制单"按钮,系统打开"填制凭证"窗口,选择凭证类别为"转 转账凭证",单击"保存"按钮,生成相应的转账凭证,如图 5-220 所示。

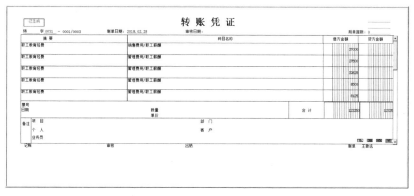

图 5-220 职工教育经费的转账凭证

实训三十八　查询并输出工资表

【任务三十八】

2018 年 2 月 28 日,查看薪资发放条、部门工资汇总表等,输出"薪资发放条.xls""部门工资汇总表.xls"文件,保存在考生目录下。

【业务说明】

本笔业务是查询和输出工资表。需要进行账表查询并输出。

【岗位说明】

人力资源部经理姜伟查看薪资发放条和部门工资汇总表,并将其以 Excel 文件格式输出。

【实验数据准备】

(1) 系统时间为 2018 年 2 月 28 日。

(2) 引入教学资源"实验数据"文件夹中的"第五章　实训三十八数据账套准备"数据账套。

【操作指导】

(1) 查看并输出薪资发放条。

① 人力资源部经理姜伟在企业应用平台中,执行"业务工作/人力资源/薪资管理/工资类别/打开工资类别"命令,在弹出的"打开工资类别"窗口中选中"在职人员"所在行,单击"确定"按钮。

② 人力资源部经理姜伟在企业应用平台中,执行"业务工作/人力资源/薪资管理/统计分析/账表/工资表"命令,打开"工资表"对话框。选中"工资发放条",单击"查看"按钮,打开"选择分析部门"窗口,选择所有部门,单击"确定"按钮,显示"工资发放条"窗口,如图 5-221 所示。

图 5-221　"工资发放条"窗口

③ 单击"输出"按钮,系统打开"另存为"对话框,如图 5-222 所示,选择凭证输出的路径,输入"文件名"为"薪资发放条","保存类型"默认为"Microsoft Excel 5-7(*.xls)",单击"保存"按钮,系统打开"请输入表/工作单名"对话框,单击"确认"按钮,完成工资条的输出。

第五章 企业日常业务处理

图 5-222　工资发放条"另存为"对话框

(2) 查看并输出部门工资汇总表。

① 人力资源部经理姜伟在企业应用平台中，执行"业务工作/人力资源/薪资管理/统计分析/账表/工资表"命令，打开"工资表"对话框。选中"部门工资汇总表"，单击"查看"按钮，打开"部门工资汇总表—选择部门范围"对话框。选中所有部门，单击"确定"按钮，打开"部门工资汇总表—选择部门范围…"对话框。单击"确定"按钮，进入"部门工资汇总表"窗口，结果如图 5-223 所示。

图 5-223　"部门工资汇总表"窗口

② 单击"输出"按钮，系统打开"另存为"对话框，选择凭证输出的路径，输入"文件名"为"部门工资汇总表"，"保存类型"默认为"Microsoft Excel 5-7(*.xls)"，单击"保存"按钮，并在系统打开的"输入对话框"的编辑栏中，输入工作表名为"2018 年 2 月部门工资汇总"，单击"确定"按钮，完成 2018 年 2 月部门工资汇总数据的输出。

实训三十九　处理盘亏及盘盈业务

【任务三十九】

2018 年 2 月 28 日，根据主管领导邓国平批示，盘亏的 6 条牛仔布双肩女包 702 元作为非常损失，转入营业外支出；盘盈的 3 个羊皮男士商务包 1 500 元作为额外收入，记入营业外收入。

【业务说明】

本笔业务是对盘亏和盘盈业务进行月末处理。需要进行自定义转账方式生成凭证并记账。

注意，在月末时需要对已发生业务的凭证进行记账处理，才能够生成结转的凭证，因此，在本业务操作之前，先对以前未记账的凭证做出纳签字、主管签字、审核和记账处理，然后再对盘盈和盘亏的业务通过自定义结转方式生成凭证。

【岗位说明】

出纳王艳负责凭证的出纳签字；会计王致远负责自定义转账凭证的设置与生成、记账处理；财务经理张德负责凭证的主管签字和审核。

【实验数据准备】

(1) 系统时间为 2018 年 2 月 28 日。

(2) 引入教学资源"实验数据"文件夹中的"第五章 实训三十九数据账套准备"数据账套。

【操作指导】

1. 对以前发生的业务的凭证进行记账处理

(1) 出纳签字。

① 出纳王艳在企业应用平台中，执行"业务工作/财务会计/总账/凭证/出纳签字"命令，进入"出纳签字"过滤条件窗口。单击"确定"按钮，进入"出纳签字"凭证列表窗口，系统显示需要进行出纳签字的凭证，双击第一行，进入"出纳签字"窗口，单击"批处理/成批出纳签字"命令，弹出"凭证"对话框，提示共完成 16 张待签字凭证的成批出纳签字。

② 单击"确定"按钮，弹出"凭证"对话框，提示是否重新刷新凭证列表数据，单击"是"按钮，返回"出纳签字"凭证列表窗口，单击"退出"按钮。

(2) 审核凭证。

① 财务经理张德在企业应用平台中，执行"业务工作/财务会计/总账/凭证/审核凭证"命令，进入"凭证审核"过滤条件窗口，单击"确定"按钮，进入"凭证审核"列表窗口，双击第一行，进入"审核凭证"窗口，执行"批处理/成批审核凭证"命令，弹出"凭证"对话框，提示共完成 43 张待审核凭证的成批审核。

② 单击"确定"按钮，弹出"凭证"对话框，提示是否重新刷新凭证列表数据，单击"是"按钮，再单击"退出"按钮。

(3) 主管签字。

① 财务经理张德在企业应用平台中，执行"业务工作/财务会计/总账/凭证/主管签字"命令，进入"主管签字"过滤条件窗口。单击"确定"按钮，进入"主管签字"凭证列表窗口，双击第一行，进入"主管签字"窗口，执行"批处理/成批主管签字"命令，弹出"凭

证"对话框,提示共完成 43 张待签字凭证的成批主管签字。

② 单击"确定"按钮,弹出"凭证"对话框,提示是否重新刷新凭证列表数据,单击"是"按钮,再单击"退出"按钮。

(4) 记账。

① 会计王致远在企业应用平台中,执行"业务工作/财务会计/总账/凭证/记账"命令,进入"记账"窗口,选择"2018.02 月份凭证"单选按钮,单击"全选"按钮,记账范围自动显示为所有已审核凭证,单击"记账"按钮,系统自动进行记账,并弹出"记账完毕!"提示框,如图 5-224 所示。

② 单击"确定"按钮。还可以查看"记账报告",打印、预览或输出。最后单击"退出"按钮返回。

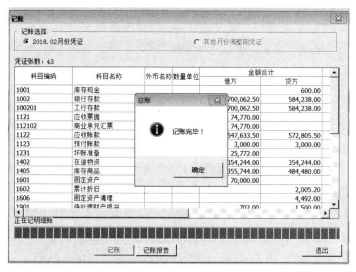

图 5-224 "记账"窗口

2. 对存货的盘亏盘盈业务的凭证进行自定义设置及生成

(1) 自定义转账设置。

① 会计王致远在企业应用平台中,执行"业务工作/财务会计/总账/期末/转账定义/自定义转账"命令,进入"自定义转账设置"窗口,单击"增加"按钮,弹出"转账目录"对话框,输入"转账序号"为 0005,"转账说明"为"盘亏","凭证类别"默认为"转 转账凭证",如图 5-225 所示。

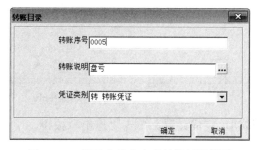

图 5-225 盘亏业务自定义转账目录设置

② 单击"确定"按钮，返回"自定义转账设置"窗口。单击"增行"按钮，输入"科目编码"为190101(待处理流动资产损溢)，"方向"为"贷"，单击金额公式参照按钮，弹出"公式向导"对话框。选择"公式名称"为"借方发生额"，单击"下一步"按钮，选择"科目"为190101(待处理流动资产损溢)，其他选项为默认，单击"完成"按钮，返回"自定义转账设置"窗口。

③ 单击"增行"按钮，输入"科目编码"为6711(营业外支出)，"方向"为"借"，选择"公式名称"为"取对方科目计算结果"，单击"下一步"按钮，再单击"完成"按钮，在"金额公式"栏中即显示"JG()"，如图5-226所示。单击"保存"按钮，完成设置。

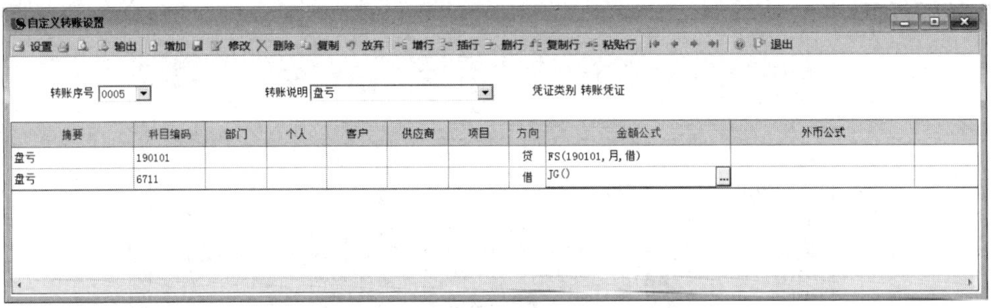

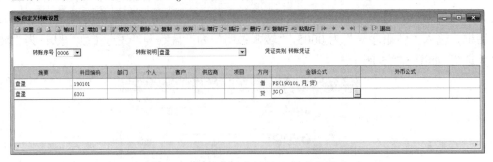

图5-226　盘亏业务自定义转账设置

④ 单击"增加"按钮，弹出"转账目录"对话框，输入"转账序号"为0006，"转账说明"为"盘盈"，凭证类别默认为"转 转账凭证"，单击"确定"按钮，返回"自定义转账设置"窗口。单击"增行"按钮，输入"科目编码"为190101(待处理流动资产损溢)，"方向"为"借"，单击金额公式参照按钮，弹出"公式向导"对话框。选择"公式名称"为"贷方发生额"，单击"下一步"按钮，单击"完成"按钮，返回"自定义转账设置"窗口。

⑤ 单击"增行"按钮，输入"科目编码"为6301(营业外收入)，"方向"为"贷"，选择"公式名称"为"取对方科目计算结果"，单击"下一步"按钮，单击"完成"按钮，在"金额公式"栏中即显示"JG()"，如图5-227所示。

图5-227　盘盈业务自定义转账设置

⑥ 单击"保存"按钮，完成设置。单击"退出"按钮。

(2) 自定义转账凭证生成。

① 会计王致远在企业应用平台中，执行"业务工作/财务会计/总账/期末/转账生成"命令，进入"转账生成"窗口。选择"自定义转账"选项，分别选中编号为 0005、0006 的记录行，双击"是否结转"栏，出现 Y，如图 5-228 所示。

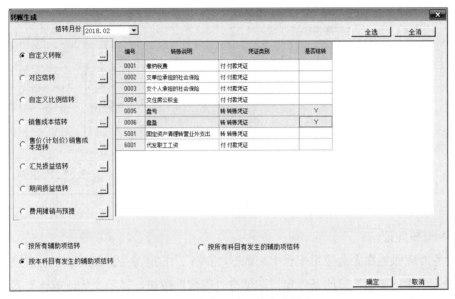

图 5-228　任务三十九自定义转账

② 单击"确定"按钮，弹出"转账"窗口，生成两张自定义结转凭证，盘亏凭证如图 5-229 所示。单击"保存"按钮，凭证左上角出现"已生成"字样。

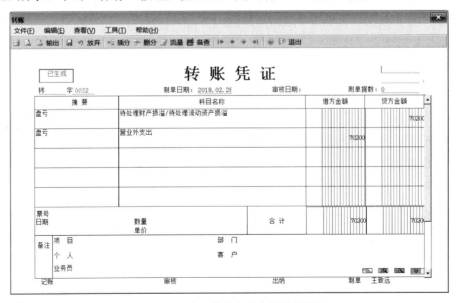

图 5-229　盘亏业务自定义转账的凭证

③ 单击"下张凭证"按钮，盘盈凭证如图 5-230 所示。单击"保存"按钮。

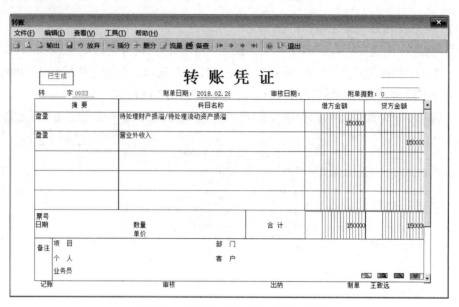

图 5-230　盘盈业务自定义转账的凭证

(3) 审核凭证。

财务经理张德在企业应用平台中，执行"业务工作/财务会计/总账/凭证/审核凭证"命令，进入"凭证审核"过滤条件窗口，单击"确定"按钮，显示"凭证审核"列表窗口，双击第一行，进入"审核凭证"窗口，执行"批处理/成批审核凭证"命令，完成所有待审核凭证的成批审核。弹出"凭证"对话框，提示共完成2张待审核凭证的成批审核，单击"退出"按钮。单击"确定"按钮，弹出"凭证"对话框，提示是否重新刷新凭证列表数据，单击"是"按钮，再单击"退出"按钮。

(4) 主管签字。

财务经理张德在企业应用平台中，执行"业务工作/财务会计/总账/凭证/主管签字"命令，进入"主管签字"过滤条件窗口。单击"确定"按钮，进入"主管签字"凭证列表窗口，双击第一行，进入"主管签字"窗口，显示待签字凭证，执行"批处理/成批主管签字"命令，完成所有待签字凭证的成批主管签字。弹出"凭证"对话框，提示共完成2张待签字凭证的成批签字，单击"退出"按钮。单击"确定"按钮，弹出"凭证"对话框，提示是否重新刷新凭证列表数据，单击"是"按钮，再单击"退出"按钮。

(5) 记账。

① 会计王致远在企业应用平台中，执行"业务工作/财务会计/总账/凭证/记账"命令，进入"记账"窗口。选择"2018.02月份凭证"单选按钮，单击"全选"按钮，记账范围自动显示为所有已审核的待记账凭证。单击"记账"按钮，系统自动进行记账，并弹出"记账完毕！"提示框。

② 单击"确定"按钮，再单击"退出"按钮。

实训四十　计算应交增值税及结转未交增值税

【任务四十】

2018年2月28日，计算本月应交增值税，并结转本月未交增值税。利用对应结转方式将"应交税费/应交增值税/销项税额""应交税费/应交增值税/进项税额转出"和"应交税费/应交增值税/进项税额"转入"应交税费/应交增值税/转出未交增值税"，生成凭证并完成记账。

【业务说明】

本笔业务是计算本月应交增值税和结转本月未交增值税业务。需要使用对应结转方式生成凭证并记账。

【岗位说明】

会计王致远负责对应结转凭证的设置与生成、记账处理，财务经理张德负责凭证的主管签字和审核。

【实验数据准备】

(1) 系统时间为2018年2月28日。

(2) 引入教学资源"实验数据"文件夹中的"第五章　实训四十数据账套准备"数据账套。

【操作指导】

(1) 对应结转设置。

① 会计王致远在企业应用平台中，执行"业务工作/财务会计/总账/期末/转账定义/对应结转"命令，进入"对应结转设置"窗口，录入"编号"为0007，"摘要"为"结转销项税额"，在"转出科目"栏输入22210103或单击参照按钮选择"22210103 销项税额"。

② 单击"增行"按钮，在"转入科目编码"栏直接输入22210106或单击参照按钮选择"22210106 应交税费/应交增值税/转出未交增值税"，"凭证类别"选择"转 转账凭证"，如图5-231所示，单击"保存"按钮。

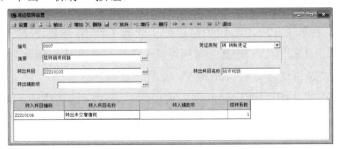

图5-231　结转销项税额对应结转设置窗口

③ 单击"增加"按钮，录入"编号"为 0008，"摘要"为"结转进项税额转出"，在"转出科目"栏输入 22210102 或单击参照按钮选择"22210102 进项税额转出"。

④ 单击"增行"按钮，在"转入科目编码"栏直接输入 22210106 或单击参照按钮选择"22210106 应交税费/应交增值税/转出未交增值税"，"凭证类别"选择"转 转账凭证"，如图 5-232 所示，单击"保存"按钮。

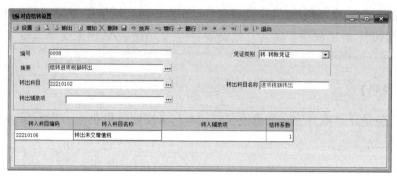

图 5-232　结转进项税额转出对应结转设置窗口

⑤ 单击"增加"按钮，继续录入"编号"为 0009，"摘要"为"结转进项税额"，在"转出科目"栏输入 22210101 或单击参照按钮选择"22210101 进项税额"。

⑥ 单击"增行"按钮，在"转入科目编码"栏直接输入 22210106 或单击参照按钮选择"22210106 应交税费/应交增值税/转出未交增值税"，"凭证类别"选择"转 转账凭证"，如图 5-233 所示。

图 5-233　结转进项税额对应结转设置窗口

⑦ 单击"保存"按钮，再单击"退出"按钮。

(2) 对应结转凭证生成。

① 会计王致远在企业应用平台中，执行"业务工作/财务会计/总账/期末/转账生成"命令，进入"转账生成"窗口。选择"对应结转"选项，分别选中编号为 0007、0008、0009 的记录行，双击"是否结转"栏，出现 Y，如图 5-234 所示。

② 单击"确定"按钮，弹出"转账"窗口，生成对应结转凭证，单击"保存"按钮，凭证左上角出现"已生成"字样，如图 5-235 所示。

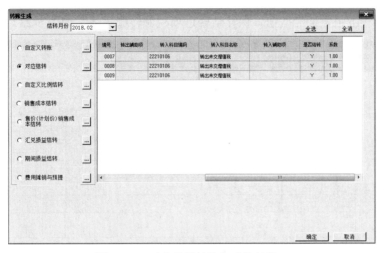

图 5-234 对应结转转账生成选择窗口

图 5-235 结转销项税额转账凭证

③ 单击"下张凭证"按钮,保存结转进项税额转出凭证,如图 5-236 所示。

图 5-236 结转进项税额转出凭证

④ 单击"下张凭证"按钮,保存结转进项税额转账凭证,如图 5-237 所示。

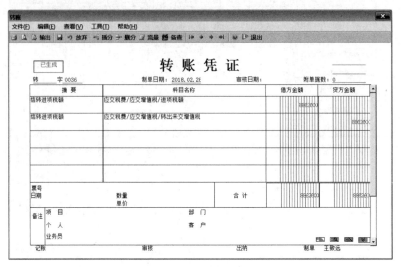

图 5-237　结转进项税额转账凭证

(3) 审核凭证。

财务经理张德在企业应用平台中,执行"业务工作/财务会计/总账/凭证/审核凭证"命令,进入"凭证审核"过滤条件窗口,单击"确定"按钮,显示"凭证审核"列表窗口,双击第一行,进入"审核凭证"窗口,执行"批处理/成批审核凭证"命令,完成所有待审核凭证的成批审核。弹出"凭证"对话框,提示共完成 3 张待审核凭证的成批审核,单击"退出"按钮。单击"确定"按钮,弹出"凭证"对话框,提示是否重新刷新凭证列表数据,单击"是"按钮,再单击"退出"按钮。

(4) 主管签字。

财务经理张德在企业应用平台中,执行"业务工作/财务会计/总账/凭证/主管签字"命令,进入"主管签字"过滤条件窗口。单击"确定"按钮,进入"主管签字"凭证列表窗口,双击第一行,进入"主管签字"窗口,显示待签字凭证,执行"批处理/成批主管签字"命令,完成所有待签字凭证的成批主管签字。弹出"凭证"对话框,提示共完成 3 张待签字凭证的成批签字,单击"退出"按钮。单击"确定"按钮,弹出"凭证"对话框,提示是否重新刷新凭证列表数据,单击"是"按钮,再单击"退出"按钮。

(5) 记账。

① 会计王致远在企业应用平台中,双击"业务工作/财务会计/总账/凭证/记账"命令,进入"记账"窗口。选择"2018.02 月份凭证"单选按钮,单击"全选"按钮,记账范围自动显示为所有已审核的待记账凭证。单击"记账"按钮,系统自动进行记账,并弹出"记账完毕!"提示框。

② 单击"确定"按钮,再单击"退出"按钮。

(6) 结转转出未交增值税。

① 会计王致远在企业应用平台中,执行"业务工作/财务会计/总账/期末/转账定义/对

应结转"命令,进入"对应结转设置"窗口。单击"增加"按钮,录入"编号"为 0010,"摘要"为"结转转出未交增值税","转出科目"输入 22210106 或单击参照按钮选择"22210106 应交税费/应交增值税/转出未交增值税"。

② 单击"增行"按钮,在"转入科目编码"栏直接输入 222102 或单击"转入科目编码"参照按钮选择"222102 应交税费/未交增值税","凭证类别"为"转 转账凭证",如图 5-238 所示。

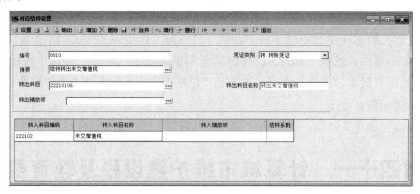

图 5-238　结转转出未交增值税对应结转设置窗口

③ 单击"保存"按钮,再单击"退出"按钮。

④ 执行"业务工作/财务会计/总账/期末/转账生成"命令,进入"转账生成"窗口。选择"对应结转"选项,选中编号为 0010 的记录行,双击"是否结转"栏,出现 Y。单击"确定"按钮,弹出"转账"窗口,生成对应结转凭证,单击"保存"按钮,凭证左上角出现"已生成"字样,如图 5-239 所示。

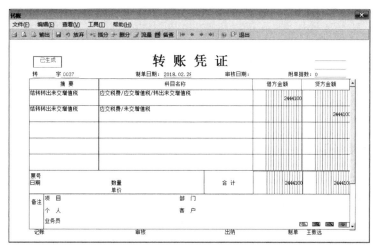

图 5-239　结转转出未交增值税凭证

(7) 审核凭证。

财务经理张德在企业应用平台中,执行"业务工作/财务会计/总账/凭证/审核凭证"命令,进入"凭证审核"过滤条件窗口。单击"确定"按钮,显示"凭证审核"列表窗口。

双击第一行，进入"审核凭证"窗口，单击"审核"按钮，再单击"退出"按钮。

(8) 主管签字。

财务经理张德在企业应用平台中，执行"业务工作/财务会计/总账/凭证/主管签字"命令，进入"主管签字"过滤条件窗口。单击"确定"按钮，显示"主管签字"凭证列表窗口。双击第一行，进入"主管签字"窗口，单击"签字"按钮，即完成该凭证的主管签字。单击"退出"按钮。

(9) 记账。

① 会计王致远在企业应用平台中，执行"业务工作/财务会计/总账/凭证/记账"命令，进入"记账"窗口。选择"2018.02 月份凭证"单选按钮，单击"全选"按钮，记账范围自动显示为所有已审核的待记账凭证。单击"记账"按钮，系统自动进行记账，并弹出"记账完毕！"提示框。

② 单击"确定"按钮，再单击"退出"按钮。

实训四十一　计算城市维护建设税及教育费附加

【任务四十一】

2018 年 2 月 28 日，计算城市维护建设税、教育费附加。通过利用自定义转账方式生成凭证。

【业务说明】

本笔业务是计算城市维护建设税、教育费附加业务。需要使用自定义转账方式生成凭证并记账。

【岗位说明】

会计王致远负责自定义转账凭证的设置与生成、记账处理，财务经理张德负责凭证的主管签字和审核。

【实验数据准备】

(1) 系统时间为 2018 年 2 月 28 日。

(2) 引入教学资源"实验数据"文件夹中的"第五章　实训四十一数据账套准备"数据账套。

【操作指导】

(1) 自定义转账设置。

① 会计王致远在企业应用平台中，执行"总账/期末/转账定义/自定义转账"命令，进入"自定义转账设置"窗口。

② 单击"增加"按钮,弹出"转账目录"对话框,输入"转账序号"为 0011,"转账说明"为"计算城市维护建设税教育费附加","凭证类别"默认为"转 转账凭证",如图 5-240 所示。

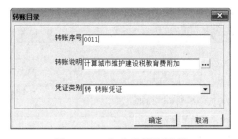

图 5-240　自定义转账设置

③ 单击"确定"按钮,返回"自定义转账设置"窗口。单击"增行"按钮,在"科目编码"栏输入 222105 或单击参照按钮选择"222105 应交城市维护建设税","方向"为"贷",单击金额公式参照按钮,弹出"公式向导"对话框。

④ 选择"公式名称"为"期末余额",单击"下一步"按钮,在"科目"栏输入 222102 或单击参照按钮选择"222102 未交增值税",其他选项为默认,单击"完成"按钮,公式带回"自定义转账设置"窗口,在编辑状态下将光标移至公式末尾,输入"*0.07",按 Enter 键。

⑤ 单击"增行"按钮,在"科目编码"栏输入 222106 或单击参照按钮选择"222106 应交教育费附加","方向"为"贷",单击金额公式参照按钮,弹出"公式向导"对话框。

⑥ 选择"公式名称"为"期末余额",单击"下一步"按钮,在"科目"栏输入 222102 或单击参照按钮选择"222102 未交增值税",其他选项为默认,单击"完成"按钮,公式带回"自定义转账设置"窗口,在编辑状态下将光标移至公式末尾,输入"*0.03",按 Enter 键。

⑦ 单击"增行"按钮,在"科目编码"栏输入 6403 或单击参照按钮选择"6403 营业税金及附加","方向"为"借",输入"金额公式"为 JG(),即取对方科目计算结果,如图 5-241 所示。

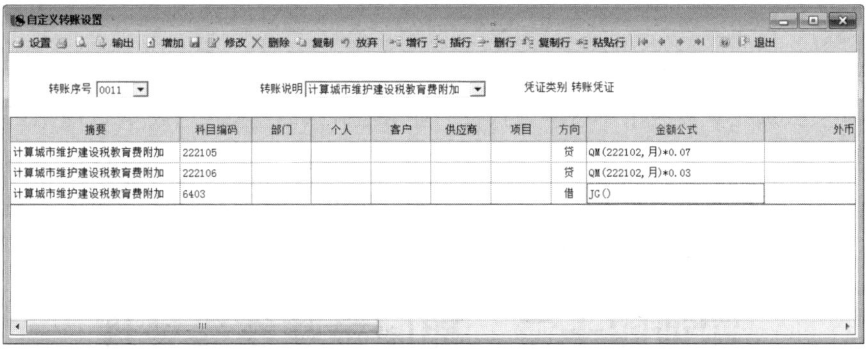

图 5-241　任务四十一自定义转账设置

⑧ 单击"保存"按钮,再单击"退出"按钮。

(2) 自定义转账凭证生成。

会计王致远在企业应用平台中,执行"总账/期末/转账生成"命令,进入"转账生成"窗口。选择"自定义转账"选项,选中编号为 0011 的记录行,双击"是否结转"栏,出现 Y。单击"确定"按钮,弹出"转账"窗口,生成自定义结转凭证,单击"保存"按钮,凭证左上角出现"已生成"字样,如图 5-242 所示。

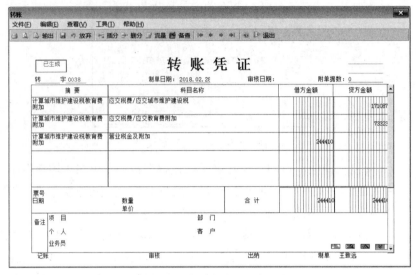

图 5-242 生成业务四十一自定义结转凭证

(3) 审核凭证。

财务经理张德在企业应用平台中,执行"业务工作/财务会计/总账/凭证/审核凭证"命令,进入"凭证审核"过滤条件窗口。单击"确定"按钮,显示"凭证审核"列表窗口。双击第一行,进入"审核凭证"窗口,单击"审核"按钮,再单击"退出"按钮。

(4) 主管签字。

财务经理张德在企业应用平台中,执行"业务工作/财务会计/总账/凭证/主管签字"命令,进入"主管签字"过滤条件窗口。单击"确定"按钮,显示"主管签字"凭证列表窗口。双击第一行,进入"主管签字"窗口,单击"签字"按钮,即完成该凭证的主管签字。单击"退出"按钮。

(5) 记账。

会计王致远在企业应用平台中,执行"业务工作/财务会计/总账/凭证/记账"命令,进入"记账"窗口。选择"2018.02 月份凭证"单选按钮,单击"全选"按钮,记账范围自动显示为所有已审核的待记账凭证。单击"记账"按钮,系统自动进行记账,并弹出"记账完毕!"提示框。单击"确定"按钮,再单击"退出"按钮。

实训四十二 期间损益结转处理

【任务四十二】

2018 年 2 月 28 日,利用期间损益结转方式进行期间损益结转。

第五章 企业日常业务处理

【业务说明】

本笔业务是月末期间损益结转业务。需要使用期间损益结转方式生成凭证并记账。

【岗位说明】

会计王致远负责期间损益结转凭证的设置与生成、记账处理,财务经理张德负责凭证的主管签字和审核。

【实验数据准备】

(1) 系统时间为2018年2月28日。

(2) 引入教学资源"实验数据"文件夹中的"第五章 实训四十二数据账套准备"数据账套。

【操作指导】

(1) 期间损益结转设置。

会计王致远在企业应用平台中,执行"业务工作/财务会计/总账/期末/转账定义/期间损益"命令,进入"期间损益结转设置"窗口。"凭证类别"选择"转 转账凭证",单击"本年利润科目"参照按钮选择"4103 本年利润"或直接在"本年利润科目编码"栏输入4103,如图5-243所示,单击"确定"按钮。

图5-243 期间损益结转设置

(2) 期间损益结转凭证生成。

① 会计王致远在企业应用平台中,执行"业务工作/财务会计/总账/期末/转账生成"命令,进入"转账生成"窗口。选择"期间损益结转"单选按钮,单击"全选"按钮,如图5-244所示。

图 5-244　期间损益结转

② 单击"确定"按钮,弹出"转账"窗口,生成期间损益结转凭证,单击"保存"按钮,凭证左上角出现"已生成"字样,生成一张 5 页的转账凭证,如图 5-245 所示。

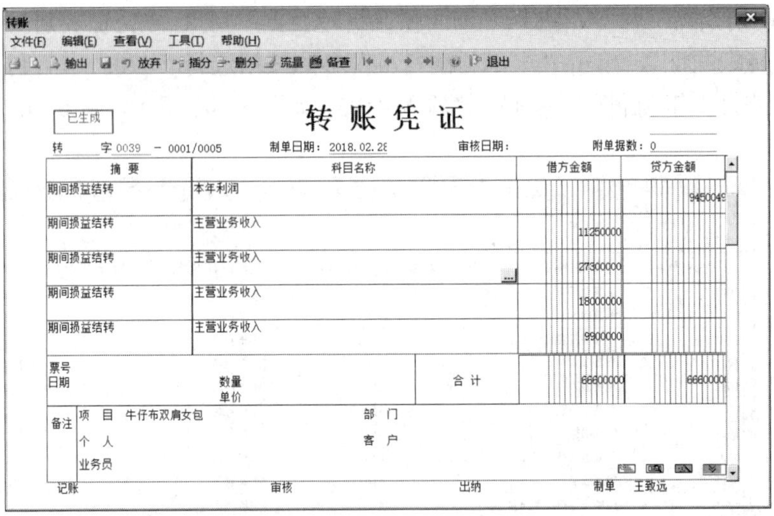

图 5-245　期间损益结转凭证(5 页)

(3) 审核凭证。

财务经理张德在企业应用平台中,执行"业务工作/财务会计/总账/凭证/审核凭证"命令,进入"凭证审核"过滤条件窗口。单击"确定"按钮,显示"凭证审核"列表窗口。双击第一行,进入"审核凭证"窗口,单击"审核"按钮,再单击"退出"按钮。

(4) 主管签字。

财务经理张德在企业应用平台中,执行"业务工作/财务会计/总账/凭证/主管签字"命令,进入"主管签字"过滤条件窗口。单击"确定"按钮,显示"主管签字"凭证列表窗口。双击第一行,进入"主管签字"窗口,单击"签字"按钮,即完成该凭证的主管签字。单击"退出"按钮。

(5) 记账。

会计王致远在企业应用平台中，执行"业务工作/财务会计/总账/凭证/记账"命令，进入"记账"窗口。选择"2018.02 月份凭证"单选按钮，单击"全选"按钮，记账范围自动显示为所有已审核的待记账凭证。单击"记账"按钮，系统自动进行记账，并弹出"记账完毕！"提示框。单击"确定"按钮，再单击"退出"按钮。

实训四十三　计算并结转本月企业所得税

【任务四十三】

2018 年 2 月 28 日，计算并结转本月企业所得税。利用自定义转账方式生成凭证，进行期间损益结转，并记账。

【业务说明】

本笔业务是计算和结转本月企业所得税业务。需要使用自定义转账方式和期间损益结转方式生成凭证并记账。

【岗位说明】

会计王致远负责自定义转账和期间损益结转凭证的设置与生成、凭证记账处理，财务经理张德负责凭证的主管签字和审核。

【实验数据准备】

(1) 系统时间为 2018 年 2 月 28 日。

(2) 引入教学资源"实验数据"文件夹中的"第五章　实训四十三数据账套准备"数据账套。

【操作指导】

(1) 自定义转账设置。

① 会计王致远在企业应用平台中，执行"业务工作/财务会计/总账/期末/转账定义/自定义转账"命令，进入"自定义转账设置"窗口。单击"增加"按钮，弹出"转账目录"对话框，输入"转账序号"为 0012，"转账说明"为"计算本月企业所得税"，"凭证类别"选择"转 转账凭证"，如图 5-246 所示。

② 单击"确定"按钮，返回"自定义转账设置"窗口。单击"增行"按钮，在"科目编码"栏输入 6801 或单击参照按钮选择"6801 所得税费用"，"方向"为"借"，单击金额公式参照按钮，弹出"公式向导"对话框。

③ 选择"公式名称"为"贷方发生额"，单击"下一步"按钮，在"科目"栏输入 4103

或单击参照按钮选择"4103 本年利润",勾选"继续输入公式"复选框,选中"-(减)"单选按钮,其他选项为默认,如图5-247所示。

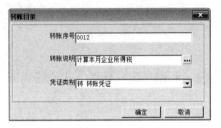

图5-246 自定义转账目录设置　　　图5-247 结转本月企业所得税公式向导窗口

④ 单击"下一步"按钮,回到"公式向导"窗口,选择"公式名称"为"借方发生额",单击"下一步"按钮,在"科目"栏输入 4103 或单击参照按钮选择"4103 本年利润",单击"完成"按钮,公式带回"自定义转账设置"窗口,在编辑状态下将公式用"()"括起来,并在公式末尾输入"*0.25",按 Enter 键,"金额公式"栏显示"(FS(4103,月,贷)-FS(4103,月,借))*0.25"。

⑤ 单击"增行"按钮,在"科目编码"栏输入 222103 或单击参照按钮选择"222103 应交所得税","方向"为"贷",输入"金额公式"为 JG(),即取对方科目计算结果,如图 5-248 所示。单击"保存"按钮,再单击"退出"按钮。

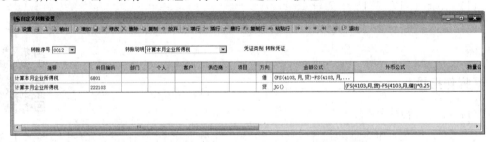

图5-248 计提本月企业所得税自定义转账设置

(2) 自定义转账凭证生成。

会计王致远在企业应用平台中,执行"业务工作/财务会计/总账/期末/转账生成"命令,进入"转账生成"窗口。选择"自定义转账"选项,选中编号为0012的记录行,双击"是否结转"栏,出现Y。单击"确定"按钮,弹出"转账"窗口,生成自定义结转凭证,单击"保存"按钮,凭证左上角出现"已生成"字样,如图5-249所示。

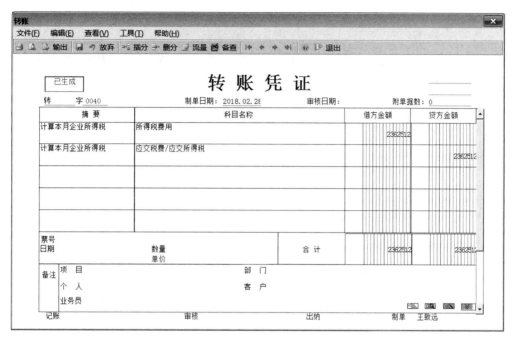

图 5-249　本月企业所得税自定义转账凭证

(3) 审核凭证。

财务经理张德在企业应用平台中,执行"业务工作/财务会计/总账/凭证/审核凭证"命令,进入"凭证审核"过滤条件窗口。单击"确定"按钮,显示"凭证审核"列表窗口。双击第一行,进入"审核凭证"窗口,单击"审核"按钮,再单击"退出"按钮。

(4) 主管签字。

财务经理张德在企业应用平台中,执行"业务工作/财务会计/总账/凭证/主管签字"命令,进入"主管签字"过滤条件窗口。单击"确定"按钮,显示"主管签字"凭证列表窗口。双击第一行,进入"主管签字"窗口,单击"签字"按钮,即完成该凭证的主管签字。单击"退出"按钮。

(5) 记账。

会计王致远在企业应用平台中,执行"业务工作/财务会计/总账/凭证/记账"命令,进入"记账"窗口。选择"2018.02 月份凭证"单选按钮,单击"全选"按钮,记账范围自动显示为所有已审核的待记账凭证。单击"记账"按钮,系统自动进行记账,并弹出"记账完毕!"提示框。单击"确定"按钮,再单击"退出"按钮。

(6) 期间损益结转凭证生成。

① 会计王致远在企业应用平台中,执行"业务工作/财务会计/总账/期末/转账生成"命令,进入"转账生成"窗口。选中"期间损益结转"单选按钮,再选中"损益科目名称"为"所得税费用"所在记录行,双击"是否结转"栏,显示为 Y,如图 5-250 所示。

图 5-250 结转所得税费用

② 单击"确定"按钮,弹出"转账"窗口,生成所得税费用结转凭证,单击"保存"按钮,凭证左上角出现"已生成"字样,如图 5-251 所示。

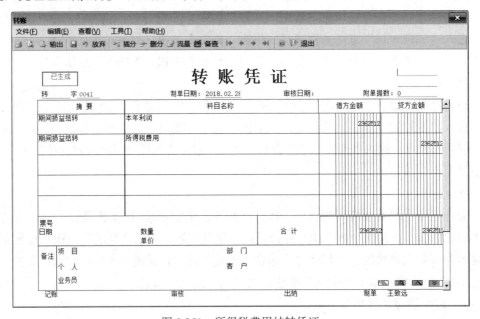

图 5-251 所得税费用结转凭证

(7) 审核凭证。

财务经理张德在企业应用平台中,执行"业务工作/财务会计/总账/凭证/审核凭证"命令,进入"凭证审核"过滤条件窗口。单击"确定"按钮,显示"凭证审核"列表窗口。双击第一行,进入"审核凭证"窗口,单击"审核"按钮,再单击"退出"按钮。

(8) 主管签字。

财务经理张德在企业应用平台中，执行"业务工作/财务会计/总账/凭证/主管签字"命令，进入"主管签字"过滤条件窗口。单击"确定"按钮，显示"主管签字"凭证列表窗口。双击第一行，进入"主管签字"窗口，单击"签字"按钮，即完成该凭证的主管签字。单击"退出"按钮。

(9) 记账。

会计王致远在企业应用平台中，执行"业务工作/财务会计/总账/凭证/记账"命令，进入"记账"窗口。选择"2018.02 月份凭证"单选按钮，单击"全选"按钮，记账范围自动显示为所有已审核的待记账凭证。单击"记账"按钮，系统自动进行记账，并弹出"记账完毕！"提示框。单击"确定"按钮，再单击"退出"按钮。

实训四十四　银行对账处理

【任务四十四】

2018 年 2 月 28 日，由会计王致远进行银行对账，编制银行存款余额调节表。本公司银行账的启用日期为 2018 年 2 月 1 日，工行存款企业日记账调整前余额为 312 354 元，银行对账单调整前余额为 309 854 元。企业未达账项有一笔为 2018 年 1 月 7 日企业已收银行未记账 2 500 元，如表5-6 所示。

表5-6　银行存款余额调节表

日期	结算方式	票号	摘要	借方金额	贷方金额
2018.02.01			交税费		44 057
2018.02.01			交税费		3 786.57
2018.02.02	电汇	15628730	付定金		3 000
2018.02.02	同城特约委托收款	301	交社会保险		4 839.9
2018.02.02	同城特约委托收款	302	交社会保险		4 880.7
2018.02.04			预收款	20 000	
2018.02.04	电汇	10356149	付购货款		27 378
2018.02.05			销货款	127 764	
2018.02.05	电汇	10357503	付购货款		114 075
2018.02.08	转账支票	13200753	交住房公积金		11 484
2018.02.08	电汇	10357604	付款单		210 600
2018.02.11			销货款	210 600	
2018.02.12			退货款	5 265	
2018.02.16			收销货款	191 646	
2018.02.17	电汇	10357607	付购货款		114 000
2018.02.20			收销货款	128 992.5	

【业务说明】

本笔业务是公司银行对账业务。需要进行自动和手动银行对账处理。

【岗位说明】

会计王致远进行银行对账业务处理。

【实验数据准备】

(1) 系统时间为 2018 年 2 月 28 日。

(2) 引入教学资源"实验数据"文件夹中的"第五章 实训四十四数据账套准备"数据账套。

【操作指导】

(1) 会计王致远在企业应用平台中,执行"业务工作/财务会计/总账/出纳/银行对账/银行对账期初录入"命令,弹出"银行科目选择"窗口,如图 5-252 所示。

图 5-252 "银行科目选择"窗口

(2) 选择默认科目"100201 工行存款",单击"确定"按钮,进入"银行对账期初"窗口,确定"启用日期"为 2018.02.01,如图 5-253 所示。

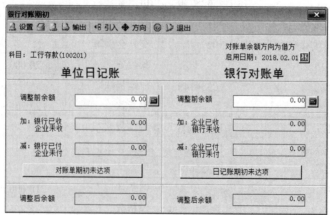

图 5-253 "银行对账期初"窗口

(3) 输入单位日记账的"调整前余额"为 312 354.00,银行对账单的"调整前余额"为 309 854.00,如图 5-254 所示。

第五章 企业日常业务处理

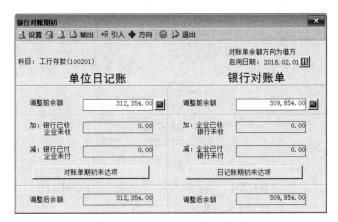

图 5-254 银行对账期初设置

(4) 单击"日记账期初未达项"按钮，进入"企业方期初"窗口。单击"增加"按钮，输入"凭证日期"为 2018.01.07，"借方金额"为 2 500。单击"保存"按钮，如图 5-255 所示。

图 5-255 企业方期初余额

(5) 单击"退出"按钮，返回"银行对账期初"对话框，如图 5-256 所示。单击"退出"按钮。

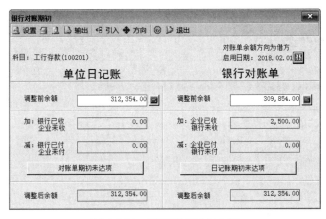

图 5-256 银行对账期初余额

(6) 执行"总账/出纳/银行对账/银行对账单"命令，弹出"银行科目选择"窗口，如图 5-257 所示。

247

图 5-257 "银行科目选择"窗口

(7) 选择"科目"为"100201 工行存款","月份"为 2018.02,单击"确定"按钮,进入"银行对账单"窗口,如图 5-258 所示。

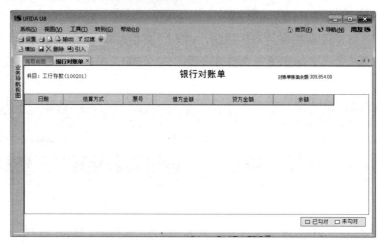

图 5-258 "银行对账单"窗口

(8) 单击"增加"按钮,参照图 5-259 依次输入银行对账单数据,包括"日期""结算方式""票号"(注意:所有票号都不录入第一个 0 字符)"借方金额"和"贷方金额",单击"保存"按钮。

图 5-259 银行对账单

(9) 执行"总账/出纳/银行对账/银行对账"命令，弹出"银行科目选择"窗口，如图 5-260 所示。

图 5-260 "银行科目选择"窗口

(10) 选择"科目"为"100201 工行存款"，"月份"为 2018.02，单击"确定"按钮，进入"银行对账"窗口，如图 5-261 所示。

图 5-261 "银行对账"窗口

(11) 单击"对账"按钮，打开"自动对账"对话框，如图 5-262 所示。

(12) 输入"截止日期"为 2018.02.28，默认系统提供的其他对账条件，如图 5-263 所示。

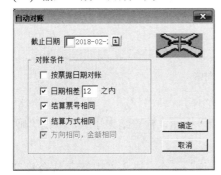

图 5-262 "自动对账"对话框

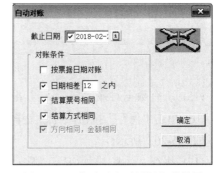

图 5-263 自动对账对话框条件设置

(13) 单击"确定"按钮，显示自动对账结果，对于已达账项，系统自动在单位日记账和银行对账单双方的"两清"栏画上"○"标志，如图 5-264 所示。

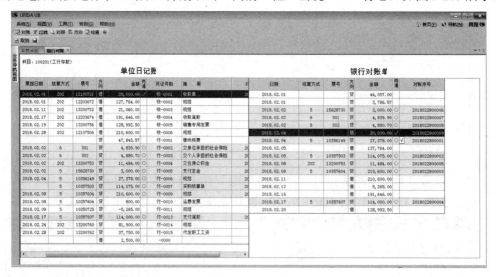

图 5-264 自动对账结果

(14) 在自动对账窗口，对于一些应勾对而未勾对上的账项，可分别双击"两清"栏，直接进行手工调整。例如，单位日记账中金额为 20 000 元的这笔账与银行对账单中金额为 20 000元的这笔账需要进行手工对账。分别双击"两清"栏，出现"√"标志，如图 5-265 所示。

图 5-265 手工对账

(15) 所有数据对账完毕后，结果如图 5-266 所示。

(16) 单击"保存"按钮。对账完毕，单击"检查"按钮，检查结果平衡，单击"确定"按钮，如图 5-267 所示。

(17) 执行"总账/出纳/银行对账/余额调节表查询"命令，进入"银行存款余额调节表"窗口，如图 5-268 所示。

图 5-266　手工对账结果

图 5-267　对账检查

图 5-268　银行存款余额调节表

(18) 选中"科目"为"100201 工行存款",单击"查看"按钮或双击该行,即显示该银行账户的银行存款余额调节表,如图 5-269 所示。

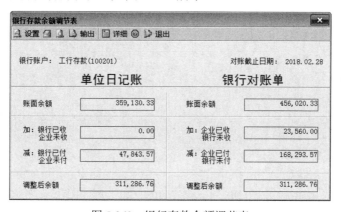

图 5-269　银行存款余额调节表

(19) 单击银行存款余额调节表中的"详细"按钮,即显示该银行账户的银行存款余额调节表的详细情况,如图 5-270 所示。

图 5-270 银行存款余额调节表详细情况

提示：

- 第一次使用银行对账功能前，系统要求录入日记账及对账单未达账项，在开始使用银行对账之后不再使用。
- 在录入完单位日记账、银行对账单期初未达账项后，请不要随意调整启用日期，尤其是向前调，这样可能会造成启用日期后的期初数不能再参与对账。
- 对账条件中的方向、金额相同是必选条件，对账截止日期为可选。
- 对于已达账项，系统自动在单位银行存款日记账和银行对账单双方的"两清"栏打上圆圈"○"标志。
- 在自动对账不能完全对上的情况下，可采用手工对账。

第六章 企业月末结账处理

内容概述

月末处理是指在期末时对各个模块进行结账处理，把一定时期内应记入账簿的经济业务全部登记入账后，计算记录本期发生额及期末余额，并将本月余额结转至下期或新的账簿。本章提供2个实训内容共计9个任务项。在用友ERP-U8 V10.1管理系统中，月末结账需要遵循以下顺序。

- 采购管理系统月末结账后，才能进行应付款管理系统的月末结账。
- 销售管理系统月末结账后，才能进行应收款管理系统的月末结账。
- 采购与销售管理系统都结账后，才能进行库存管理与存货核算系统的月末结账。
- 库存管理系统月末结账后，才能进行存货核算系统的月末结账。
- 总账系统最后进行月末结账。

在月末结账时，需要注意以下几个方面：①若上月尚未结账，本月业务则不能记账；②不允许跳月取消月末结账，只能从最后一个月逐月取消；③若没有期初记账，将不允许月末结账；④结账前用户应检查本会计月的工作是否已经全部完成，只有在当前会计月的所有工作全部完成的前提下，才能进行月末结账，否则会遗漏某些业务，导致业务数据不全面；⑤在月末结账前，用户一定要进行数据备份，否则，数据一旦发生错误，损失将无法挽回；⑥在月末结账后，该月的单据将不能修改和删除，该月未录入的单据将视为下个会计月的单据。

目的与要求

了解月末处理的含义及其作用，熟悉并掌握各个管理系统的期末业务处理的内容和操作方法，掌握各系统模块间的结账工作流程。

实训一 各业务子系统月末结账处理

2018年2月28日，对2018年2月份由采购管理、销售管理、库存管理、存货核算、固定资产管理、薪资管理模块处理的经济业务进行月末结账处理。

【实验数据准备】

(1) 系统时间为 2018 年 2 月 28 日。

(2) 引入教学资源"实验数据"文件夹中的"第六章 实训一数据账套准备"数据账套。

【任务一】对采购管理系统进行月末结账处理

【业务说明】

本笔业务是对采购管理模块的经济业务进行期末处理。采购管理系统月末结账可以将多个月的单据进行结账，但不允许跨月结账。

【岗位说明】

采购员刘旭负责采购管理系统月末结账。

【操作指导】

(1) 采购员刘旭在企业应用平台中，执行"供应链/采购管理/采购订货/采购订单列表"命令，在"查询条件选择—采购订单列表"窗口中单击"确定"按钮，在"订单列表"中单击"全选"按钮，再单击"批关"按钮，弹出"采购管理"提示窗口，单击"确定"按钮，完成未关闭采购订单的关闭操作。

(2) 执行"供应链/采购管理/月末结账"命令，弹出"结账"窗口。选中会计月份 2 记录行，如图 6-1 所示。

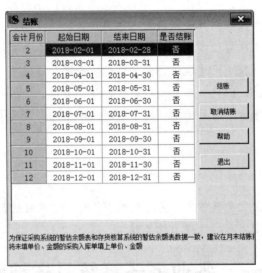

图 6-1 采购管理系统月末结账 1

(3) 单击"结账"按钮，弹出"月末结账"提示框，单击"否"按钮，即完成采购管理系统的月末结账，结果如图 6-2 所示。

图 6-2　采购管理系统月末结账 2

【任务二】对销售管理系统进行月末结账处理

【业务说明】

本笔业务是对销售管理模块的经济业务进行期末处理。该操作是将本月的销售单据封存，并将本月的销售数据记入有关账表中。

【岗位说明】

销售员郑爽负责销售管理系统月末结账。

【操作指导】

(1) 销售员郑爽在企业应用平台中，执行"供应链/销售管理/销售订货/订单列表"命令，在"查询条件选择—销售订单列表"窗口中单击"确定"按钮，在"订单列表"中单击"全选"按钮，再单击"批关"按钮，弹出"销售订单批量关闭"信息提示窗口，单击"确定"按钮，完成未关闭销售订单的关闭操作。

(2) 执行"供应链/销售管理/月末结账"命令，弹出"结账"窗口。选中会计月份 2 记录行，单击"结账"按钮，弹出"月末结账"提示框，单击"否"按钮，再单击"退出"按钮，即完成销售管理系统的月末结账，结果如图 6-3 所示。

图 6-3　销售管理系统月末结账

提示：
- 只有对销售管理系统进行月末处理后，才能对库存管理、存货核算和应收款管理系统进行月末处理。
- 若销售管理系统要取消月末结账，必须先取消库存管理、存货核算和应收款管理系统的月末结账，若它们当中的任何一个系统不能取消月末结账，则销售管理系统的月末结账也不能取消。

【任务三】对库存管理系统进行月末结账处理

【业务说明】

本笔业务是对库存管理模块的经济业务进行期末处理。该操作是将本月的出入库单据封存，并将本月的库存数据记入有关账表中。

【岗位说明】

库管员张晓琪负责库存管理系统月末结账。

【操作指导】

库管员张晓琪在企业应用平台中，执行"供应链/库存管理/月末结账"命令，弹出"库存管理"提示框询问是否继续，单击"是"按钮，即完成库存管理系统的月末结账。

提示：
- 只有对采购管理系统和销售管理系统进行月末处理后，才能对库存管理系统进行月末处理。
- 只有在存货核算系统当月未结账或取消结账后，库存管理系统才能取消结账。

【任务四】对存货核算系统进行月末结账处理

【业务说明】

本笔业务是对存货核算模块的经济业务进行月末结账处理。

【岗位说明】

库管员张晓琪负责存货核算系统月末结账。

【操作指导】

（1）库管员张晓琪在企业应用平台中，执行"供应链/存货核算/业务核算/月末结账"命令，弹出"结账"窗口，如图6-4所示。

第六章　企业月末结账处理

图 6-4　存货核算系统月末结账

(2) 选中 2 月份，单击"结账"按钮，再单击"确定"按钮，弹出"月末结账完成！"信息提示框，单击"确定"按钮，即完成存货核算系统的月末结账。

提示：
- 只有对采购管理、销售管理和库存管理系统进行月末处理后，才能对存货核算系统进行月末结账处理。
- 进行存货核算系统月末处理前，一定要求采购(发票开完和结算)、销售(发货单全部审核)、库存(所有单据录入并审核)业务全部做完。

【任务五】对固定资产管理系统进行月末结账处理

【业务说明】

本笔业务是对固定资产管理模块的经济业务进行期末处理。

【岗位说明】

会计王致远负责固定资产管理系统月末结账。

【操作指导】

(1) 会计王致远在企业应用平台中，执行"财务会计/固定资产/处理/月末结账"命令，弹出"月末结账"窗口。单击"开始结账"按钮，弹出"与账务对账结果"信息提示框，如图 6-5 所示。

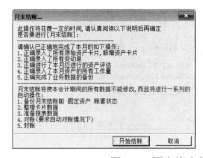 

图 6-5　固定资产管理系统月末结账

(2) 单击"确定"按钮，弹出"月末结账成功完成！"信息提示框，单击"确定"按钮，即完成固定资产管理系统的月末结账。

【任务六】对薪资管理系统进行月末结账处理

【业务说明】

本笔业务是对薪资管理模块的经济业务进行期末处理，即月末结转，将当月数据经过处理后结转至下月。

【岗位说明】

人力资源部经理姜伟负责薪资管理系统月末结账。

【操作指导】

(1) 人力资源部经理姜伟在企业应用平台中，执行"人力资源/薪资管理/工资类别/打开工资类别"命令，选择"001 在职人员"，如图 6-6 所示，单击"确定"按钮，窗口下方状态行显示当前工资类别。

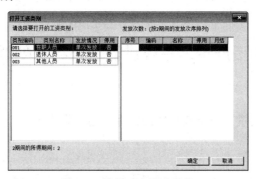

图 6-6　选择"在职人员"

(2) 执行"人力资源/薪资管理/业务处理/工资变动"命令，打开"工资变动"窗口，单击"计算"按钮，再单击"汇总"按钮，即完成对工资的汇总业务，然后关闭"工资变动"窗口。

(3) 执行"人力资源/薪资管理/业务处理/月末处理"命令，弹出"月末处理"窗口，单击"确定"按钮，如图 6-7 所示。

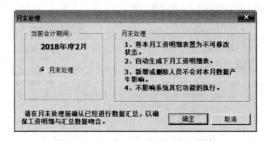

图 6-7　当期工资类别月末结转

(4) 单击"确定"按钮,弹出"薪资管理"提示框,单击"是"按钮,弹出"是否选择清零项?"提示窗口,根据实际情况单击"是"或"否"按钮,即完成薪资管理系统的在职人员工资的月末结账,如图6-8所示。若选择清零项,详见提示中的说明。

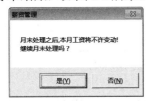 

图6-8 当前工资类别月末处理

(5) 同理,完成"002 退休人员"和"003 其他人员"的工资计算汇总、月末处理业务。

提示:

- 尽管案例本期并未发生"退休人员""其他人员"工资类别的相关业务,但是只有对所有工资类别进行汇总处理之后,才能够对薪资管理模块完成月末结账。
- 在工资项目中,有的项目是变动的,每月数据均不相同,在每月工资处理时,需将其数据清零,而后输入当月的数据,此类项目即为清零项。如图6-8中若选择清零项,则在选择窗口中,选取每月数据需要清零的工资项,完成结转后并对清零项数据清零。
- 在处理多个工资类别时,若关闭了工资类别,则进入月结批量处理;若打开某个工资类别,则是对当前工资类别(发放次数)进行月末结转。
- 批量月末处理:先关闭工资类别(人力资源/薪资管理/工资类别/关闭工资类别),再执行"月末处理"命令。如图6-9所示,单击"全选"按钮,选择全部工资类别,完成批量结账。

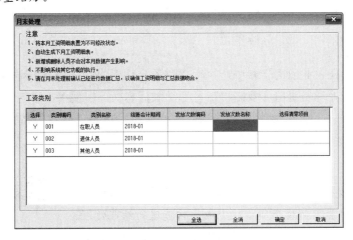

图6-9 批量月末处理

- 反结账:结账后若发现尚有未处理完成的业务或事项,可以执行"反结账"功能。先关闭工资类别(人力资源/薪资管理/工资类别/关闭工资类别),再执行"反结账"命令,选择各个工资类别取消其结账标记,如图6-10所示。

 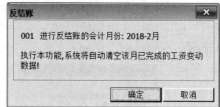

图 6-10 各工资类别反结账

实训二 各财务子系统月末结账处理

2018 年 2 月 28 日，对 2018 年 2 月份由应收款管理、应付款管理、总账模块处理的经济业务进行月末结账处理。

【实验数据准备】

(1) 系统时间为 2018 年 2 月 28 日。
(2) 引入教学资源"实验数据"文件夹中的"第六章 实训二数据账套准备"数据账套。

【任务七】对应收款管理系统进行月末结账处理

【业务说明】

本笔业务是对应收款管理模块的经济业务进行期末处理。

【岗位说明】

会计王致远负责应收款管理系统月末结账。

【操作指导】

会计王致远在企业应用平台中，执行"财务会计/应收款管理/期末处理/月末结账"命令，进入"月末处理"窗口。双击"二月"结账标志栏，出现 Y，单击"下一步"按钮。单击"完成"按钮，弹出"2月份结账成功"提示框，单击"确定"按钮，即完成应收款管理系统的月末结账。

提示：
- 只有当销售管理系统月末结账后，应收款管理系统才能进行月末处理。
- 本月的结算单必须全部审核完成，才能进行结账处理。
- 在企业应用平台的应收款管理选项设置中，若"单据审核日期依据"设置为"单据日期"，则本月的销售发票、应收单、收款单在结账前应全部审核完毕；若设置为"业务日期"，则月末有未审核的单据，仍然可以进行月末结账处理。

【任务八】对应付款管理系统进行月末结账处理

【业务说明】

本笔业务是对应付款管理模块的经济业务进行期末处理。

【岗位说明】

会计王致远负责应付款管理系统月末结账。

【操作指导】

会计王致远在企业应用平台中，执行"财务会计/应付款管理/期末处理/月末结账"命令，进入"月末处理"窗口。双击"二月"结账标志栏，出现Y，单击"下一步"按钮。单击"完成"按钮，弹出"2月份结账成功"提示框，单击"确定"按钮，即完成应付款管理系统的月末结账。

提示：
- 只有当采购管理系统月末结账后，应付款管理系统才能进行月末处理。
- 本月的结算单必须全部审核完成，才能进行结账处理。
- 在企业应用平台的应付款管理选项设置中，若"单据审核日期依据"设置为"单据日期"，则本月的采购发票、应付单、付款单在结账前应全部审核完毕；若设置为"业务日期"，则月末有未审核的单据，仍然可以进行月末结账处理。

【任务九】对总账系统进行月末对账及月末结账处理

【业务说明】

本笔业务是检查本期所发生的经济业务的记账凭证是否都已经审核和记账以及期末处理，然后完成对总账系统的对账及结账工作。需要先进行各业务子系统月末结账，再进行总账系统与各子系统对账和总账系统结账。

【岗位说明】

财务经理张德负责总账系统的月末对账和结账工作。

【操作指导】

(1) 财务经理张德在企业应用平台中，执行"财务会计/总账/期末/对账"命令，进入"对账"窗口。

(2) 将光标定位在要进行对账的月份2018.02，单击"选择"按钮，则对应"是否对账"单元格内显示Y，如图6-11所示。

(3) 单击"对账"按钮，开始自动对账，并显示对账结果，如图6-11所示。

图 6-11 "对账"窗口

(4) 单击"试算"按钮,可以对各科目类别余额进行试算平衡,单击"确定"按钮。单击"检查"按钮,可以进行核对总账、辅助账、凭证等数据的准确性检查。对账无误后即可进行结账处理。

(5) 执行"总账/期末/结账"命令,进入"结账"窗口,如图 6-12 所示,选中要结账月份 2018.02,单击"下一步"按钮,进入"对账"窗口,单击"对账"按钮,系统对要结账的月份进行账账核对。然后单击"下一步"按钮,系统显示"2018 年 02 月工作报告",如图 6-13 所示。

图 6-12 "结账"窗口

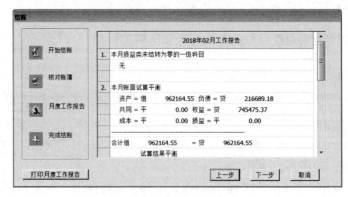

图 6-13 总账系统月末结账工作报告

(6) 查看工作报告，了解是否满足结账的要求。单击"下一步"按钮，单击"结账"按钮，若符合结账要求，系统将进行结账，否则不予结账。在工作报告中显示了不能结账的原因。

提示：
- 结账只能由有结账权限的人进行。
- 本月还有未记账凭证时，则本月不能结账。
- 结账必须按月连续进行，上月未结账，则本月不能结账。
- 若总账与明细账对账不符，则不能结账。
- 如果与其他系统联合使用，其他子系统未全部结账，则本月不能结账。
- 结账前，要进行数据备份。
- 取消结账的方法如下。
    - ◆ 执行"总账/期末/结账"命令，进入"结账"窗口。
    - ◆ 选择要取消结账的月份2018.02。
    - ◆ 按Ctrl+Shift+F6键激活"取消结账"功能。
    - ◆ 单击"确认"按钮，取消结账标记。

第七章 企业会计报表编制

内容概述

当期末所有经济业务登记入账后,财务人员必须以日常核算资料为依据,通过整理、汇总编制用以集中反映企业某一时点资产状况和一定时期财务状况的财务报告。UFO 报表系统是报表处理的工具,在 UFO 报表中可以设计报表的格式和编制公式,从总账系统或其他业务子系统中读取有关的财务信息,自动编制各种会计报表,包括资产负债表、利润表、企业财务分析表等。本章提供 3 个实训内容共计 5 个任务项,内容包括:利用 UFO 报表模板编制会计报表;利用自定义报表功能编制会计报表;查询会计报表结果。

UFO 报表系统所使用的主要术语包括以下几项。

- 格式状态:在此状态下所做的操作对本报表所有的表页都发生作用,不能进行数据的录入、计算等操作。此状态下,显示报表的格式,报表的数据全部隐藏。
- 数据状态:在此状态下管理报表的数据,如输入关键字、计算表页等。此时,不能修改报表的格式。此状态下,显示报表全部内容,包括格式和数据。
- 格式设置:利用报表模块提供的丰富的格式设计功能,根据实际需要设置表格的格式。如定义组合单元、画表格线及调整行高和列宽等。
- 公式设置:UFO 报表系统提供了单元计算公式的定义等功能。在格式状态下可以定义各种计算公式,在数据状态下进行单元格公式的计算。
- 表页:一个 UFO 报表最多可容纳 99 999 张表页,每一张表页是由许多单元组成的,一个报表中的所有表页具有相同的格式,但其中的数据不同。
- 关键字:游离于单元之外的特殊数据单元,可以唯一标识一个表页,可方便快速选择表页。关键字的显示位置在格式状态下设置,关键字的值则在数据状态下录入,每个报表可以定义多个关键字。

目的与要求

系统学习使用报表模板生成报表的方法;学习使用自定义方式绘制报表样式、设置单元公式并生成报表数据的方法。

实训一 利用 UFO 报表模板生成"资产负债表"和"利润表"

【实验数据准备】

(1) 系统时间为 2018 年 2 月 28 日。

(2) 引入教学资源"实验数据"文件夹中的"第七章 实训一数据账套准备"数据账套。

【任务一】编制资产负债表

利用"2007 年新会计制度科目"报表模板生成"001 账套"2018 年 1 月份和 2 月份"资产负债表"并输出(文件名为"资产负债表.rep")。

【业务说明】

本业务是月末对资产负债表进行编制的工作。需要利用报表模块设置资产负债表的报表格式并计算报表数据。在"格式"状态下,可以设置表样和单元公式;在"数据"状态下,可以进行关键字设置及表页计算。

【岗位说明】

财务经理张德负责"资产负债表"的编制。

【操作指导】

(1) 调用"资产负债表"模板。

① 财务经理张德在企业应用平台中,执行"财务会计/UFO 报表"命令,打开"UFO 报表"窗口。在"UFO 报表"窗口中,执行"文件/新建"命令,建立一张空白报表,报表名默认为 report1。左下角显示"格式",即为当前表格处于"格式"状态。

② 在"格式"状态下,执行"格式/报表模板"命令,打开"报表模板"对话框。选择"您所在的行业"为"2007 年新会计制度科目","财务报表"为"资产负债表",如图 7-1 所示。

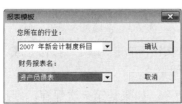

图 7-1 调用"资产负债表"模板

③ 单击"确认"按钮,弹出"模板格式将覆盖本表格式!是否继续?"提示框。单击"确定"按钮,即可打开"资产负债表"模板,如图 7-2 所示。

图 7-2 "资产负债表"模板

(2) 调整报表模板。

① 选中 A3 单元格,将"编制单位"删除。

② 选中 A3 单元格,执行"数据/关键字/设置"命令,打开"设置关键字"窗口,如图 7-3 所示。

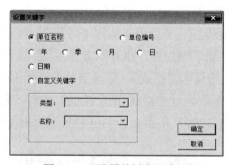

图 7-3 "设置关键字"窗口

③ 选中"单位名称"单选按钮,单击"确定"按钮完成。"单位名称"即被设置为关键字。

(3) 保存报表格式。

① 执行"文件/保存"命令。如果是第一次保存,则打开"另存为"对话框。

② 选择要保存的文件夹,输入报表文件名为"资产负债表",选择保存类型为"*.rep",如图 7-4 所示。

第七章 企业会计报表编制

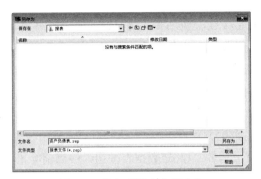

图 7-4 保存"资产负债表"

③ 单击"另存为"按钮,可以保存为其他格式的报表文件。

提示:

- 资产负债表中"未分配利润"项的期末余额和年初余额的单元公式需要修改,才能正确完成月报表的"未分配利润"项的计算。在"格式"状态下,修改"未分配利润"项的年初余额和期末余额的单元公式,增加"本年利润"对应单元公式。操作如下。

    ◆ 第一种方法:双击要修改的"未分配利润"期末余额(或年初余额)的单元格,执行"数据/编辑公式/单元公式"命令,在文本框中函数后输入加号,再单击"函数向导"按钮,选择左侧窗体中"用友财务函数",双击右侧窗体中的"期末(QM)"或"期初(QC)",在"财务函数"窗口中修改"科目"为4103,即可完成单元格函数公式的添加。修改完成的单元公式为:期末余额=QM("4104",月,,,年,,)+QM("4103",月,,,,,,,,,);年初余额=QC("4104",月,,,年,,)+QC("4103",月,,,,,,,,,),如图7-5所示。

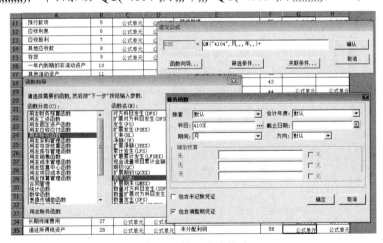

图 7-5 单元公式修改

    ◆ 第二种方法:双击要修改的"未分配利润"期末余额(或年初余额)的单元格,在文本框中直接添加公式。完成修改后的单元公式为:期末余额=QM("4104",月,,,年,,)+QM("4103",月,,,年,,);年初余额=QC("4104",全年,,,年,,)+QC("4103",全年,,,年,,)。

- 报表格式设置完成以后，切记要及时将此报表格式保存下来，以便以后随时调用。如果没有保存就退出，系统会出现"是否保存报表？"提示信息以防止误操作。
- ".rep"为用友报表文件专用扩展名。
- 报表文件的输出格式还包括".txt"".mdb"".xls"".wk4"等。

（4）生成资产负债表数据并保存。

① 单击报表底部左下角的"格式/数据"按钮，使当前状态为"数据"状态，如图7-6所示。

图7-6　报表"数据"状态

② 在"数据"状态下，执行"数据/计算时提示选择账套"命令。

③ 执行"数据/关键字/录入"命令，弹出"录入关键字"对话框。输入"单位名称"为"品尚公司"，"年"为"2018"，"月"为1，"日"为31，如图7-7所示。

图7-7　录入关键字

④ 单击"确认"按钮，弹出"是否重算第1页？"提示框。单击"是"按钮，弹出选择账套窗口。

⑤ 选择"001"账套，单击"登录"按钮，系统会自动根据单元公式计算1月份数据，如图7-8所示。若单击"否"按钮，系统不计算1月份数据，以后可以执行"数据/表页重算"功能生成1月份数据。执行"文件/保存"命令，保存文件。

资产负债表

会企01表

单位名称：品尚公司　　2018 年　1 月　31 日　　单位：元

资　　产	行次	期末余额	年初余额	负债和所有者权益（或股东权益）	行次	期末余额	年初余额
流动资产：				流动负债：			
货币资金	1	367, 222. 62	299, 869. 38	短期借款	32		
交易性金融资产	2			交易性金融负债	33		
应收票据	3			应付票据	34		
应收账款	4	24, 972. 00	46, 672. 00	应付账款	35	161, 850. 00	182, 250. 00
预付款项	5			预收款项	36		
应收利息	6			应付职工薪酬	37	12, 735. 15	4, 859. 15
应收股利	7			应交税费	38	47, 843. 57	13, 368. 33
其他应收款	8			应付利息	39		
存货	9	338, 560. 00	306, 210. 00	应付股利	40		
一年内到期的非流动资产	10			其他应付款	41	10, 622. 70	6, 182. 70
其他流动资产	11			一年内到期的非流动负债	42		
流动资产合计	12	730, 754. 62	652, 751. 38	其他流动负债	43		
非流动资产：				流动负债合计	44	233, 051. 42	206, 660. 18
可供出售金融资产	13			非流动负债：			
持有至到期投资	14			长期借款	45		
长期应收款	15			应付债券	46		
长期股权投资	16			长期应付款	47		
投资性房地产	17			专项应付款	48		
固定资产	18	176, 896. 80	182, 908. 80	预计负债	49		
在建工程	19			递延所得税负债	50		
工程物资	20			其他非流动负债	51		
固定资产清理	21			非流动负债合计	52		
生产性生物资产	22			负债合计	53	233051. 42	206660. 18
油气资产	23			所有者权益（或股东权益）：			
无形资产	24			实收资本（或股本）	54	375, 000. 00	375, 000. 00
开发支出	25			资本公积	55		
商誉	26			减：库存股	56		
长期待摊费用	27			盈余公积	57	54, 000. 00	54, 000. 00
递延所得税资产	28			未分配利润	58	245, 600. 00	200, 000. 00
其他非流动资产	29			所有者权益（或股东权益）合计	59	674, 600. 00	629, 000. 00
非流动资产合计	30	176896. 80	182908. 80				
资产总计	31	907651. 42	835660. 18	负债和所有者权益（或股东权益）总计	60	907, 651. 42	835, 660. 18

图 7-8　1 月份资产负债表数据

⑥ 执行“编辑/追加/表页”命令，弹出“追加表页”窗口，输入追加表页数量为 1，单击“确认”按钮，即新增一张表页，选中“第 2 页”，执行“数据/关键字/录入”命令，弹出“录入关键字”对话框。输入“单位名称”为“品尚公司”，“年”为 2018，“月”为 2，“日”为 28。单击“确认”按钮，弹出“是否重算第 2 页？”提示框，单击“是”按钮，弹出“选择账套”窗口，选择 001 账套，单击“登录”按钮，系统会自动根据单元公式计算 2 月份数据，如图 7-9 所示。执行“文件/保存”命令，保存文件。

资产负债表

会企01表

单位名称：品尚公司　　2018 年　2 月　28 日　　单位：元

资　　产	行次	期末余额	年初余额	负债和所有者权益（或股东权益）	行次	期末余额	年初余额
流动资产：				流动负债：			
货币资金	1	411, 598. 95	299, 869. 38	短期借款	32		
交易性金融资产	2			交易性金融负债	33		
应收票据	3	74, 770. 00		应付票据	34		
应收账款	4	25, 572. 00	46, 672. 00	应付账款	35	128, 232. 00	182, 250. 00
预付款项	5			预收款项	36		
应收利息	6			应付职工薪酬	37	26, 458. 15	4, 859. 15
应收股利	7			应交税费	38	51, 054. 43	13, 368. 33
其他应收款	8			应付利息	39		
存货	9	209, 824. 00	306, 210. 00	应付股利	40		
一年内到期的非流动资产	10			其他应付款	41	10, 944. 60	6, 182. 70
其他流动资产	11			一年内到期的非流动负债	42		
流动资产合计	12	721, 764. 95	652, 751. 38	其他流动负债	43		
非流动资产：				流动负债合计	44	216, 689. 18	206, 660. 18
可供出售金融资产	13			非流动负债：			
持有至到期投资	14			长期借款	45		
长期应收款	15			应付债券	46		
长期股权投资	16			长期应付款	47		
投资性房地产	17			专项应付款	48		
固定资产	18	240, 399. 60	182, 908. 80	预计负债	49		
在建工程	19			递延所得税负债	50		
工程物资	20			其他非流动负债	51		
固定资产清理	21			非流动负债合计	52		
生产性生物资产	22			负债合计	53	216689. 18	206660. 18
油气资产	23			所有者权益（或股东权益）：			
无形资产	24			实收资本（或股本）	54	375, 000. 00	375, 000. 00
开发支出	25			资本公积	55		
商誉	26			减：库存股	56		
长期待摊费用	27			盈余公积	57	54, 000. 00	54, 000. 00
递延所得税资产	28			未分配利润	58	316, 475. 37	200, 000. 00
其他非流动资产	29			所有者权益（或股东权益）合计	59	745, 475. 37	629, 000. 00
非流动资产合计	30	240399. 60	182908. 80				
资产总计	31	962164. 55	835660. 18	负债和所有者权益（或股东权益）总计	60	962, 164. 55	835, 660. 18

数据　第1页　第2页

图 7-9　2 月份资产负债表数据

【任务二】编制利润表

利用"2007年新会计制度科目"报表模板,生成"001账套"2018年2月份"利润表"并输出(文件名为"利润表.rep")。

【业务说明】

本业务是月末对利润表进行编制的工作。需要利用报表模块设置利润表的报表格式并计算报表数据。

【岗位说明】

财务经理张德负责"利润表"的编制。

【操作指导】

(1) 调用"利润表"模板。

① 财务经理张德在企业应用平台中,执行"财务会计/UFO报表"命令,打开"UFO报表"窗口。在"UFO报表"窗口,执行"文件/新建"命令,建立一张空白报表。

② 执行"格式/报表模板"命令,打开"报表模板"对话框。选择"您所在的行业"为"2007年新会计制度科目","财务报表"为"利润表",如图7-10所示,单击"确认"按钮,弹出"模板格式将覆盖本表格式!是否继续?"提示框,单击"确定"按钮,即可打开"利润表"模板,如图7-11所示。

图7-10 调用"利润表"模板　　图7-11 "利润表"模板

(2) 调整报表模板。

① 选中A3单元格,将"编制单位"删除。

② 选中A3单元格,执行"数据/关键字/设置"命令,打开"设置关键字"窗口,如图7-12所示。

图 7-12 "设置关键字"窗口

③ 选中"单位名称"单选按钮,单击"确定"按钮完成。"单位名称"即被设置为关键字,如图 7-13 所示。

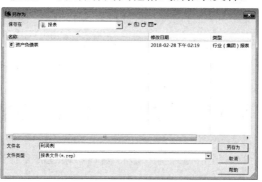

图 7-13 设置单位名称为关键字

(3) 保存报表格式。

① 执行"文件/保存"命令。

② 选择要保存的文件夹,输入报表"文件名"为"利润表",选择"保存类型"为"*.rep",如图 7-14 所示。

③ 单击"另存为"按钮,可以保存为其他格式的报表文件。

图 7-14 保存"利润表"

提示：
- 报表格式设置完以后切记要及时将这张报表格式保存下来，以便以后随时调用。
- 如果没有保存就退出，系统会出现提示："是否保存报表？"以防止误操作。
- ".rep"为用友报表文件专用扩展名。
- 报表文件的输出格式还包括".txt"".mdb"".xls"".wk4"。

(4) 生成利润表数据并保存。

① 单击报表底部左下角的"格式/数据"按钮，使当前状态为"数据"状态。

② 在"数据"状态下，执行"数据/关键字/录入"命令，弹出"录入关键字"对话框。输入"单位名称"为"品尚公司"，"年"为2018，"月"为2，单击"确认"按钮，弹出"是否重算第1页？"提示框，单击"是"按钮，弹出选择账套窗口。

③ 选择001账套，单击"确定"按钮，系统会自动根据单元公式计算2月份数据，如图7-15所示。若单击"否"按钮，则系统不计算2月份数据，以后可以执行"数据/表页重算"功能生成2月份数据。执行"文件/保存"命令，保存报表文件。

图7-15　2月份利润表数据

实训二　利用自定义报表功能编制"企业财务分析表"

本业务是月末对企业财务指标分析表进行编制，通过对企业经营结果进行分析，以便辅助企业经营决策。

【实验数据准备】

(1) 系统时间为 2018 年 2 月 28 日。

(2) 引入教学资源"实验数据"文件夹中的"第七章 实训二数据账套准备"数据账套。

【任务三】编制企业财务分析表的报表样式

绘制 2018 年 2 月份"企业财务分析表"的表格样式(文件名为"企业财务分析表.rep")。格式如表 7-1 所示。

表 7-1 企业主要财务指标分析表

单位名称:　　　　　　　　年　　月

能力	指标	数值
偿债能力分析	流动比率	
	速动比率	
	资产负债率	
营运能力分析	应收账款周转率	
	总资产周转率	
盈利能力分析	资产利润率	
	销售净利率	

【业务说明】

本业务是利用自定义方式绘制"企业财务分析表"的报表格式。

【岗位说明】

财务经理张德负责"企业财务分析表"的编制。

【操作指导】

(1) 建立空白报表。

① 财务经理张德在企业应用平台中,执行"财务会计/UFO 报表"命令,进入 UFO 报表管理系统。执行"文件/新建"命令,建立一张空白报表。

② 单击报表底部左下角的"格式/数据"按钮,使当前状态为"格式"状态。

③ 执行"格式/表尺寸"命令,打开"表尺寸"窗口。输入"行数"为 10,"列数"为 3,如图 7-16 所示,单击"确认"按钮。

(2) 定义组合单元。

① 选中 A1 单元格后按住鼠标不放,水平拖动到 C1 单元格。执行"格式/组合单元"命令,打开"组合单元"窗口,如图 7-17 所示。

② 单击"整体组合"或"按行组合"按钮,该单元即合并成一个单元格,如图 7-18 所示。

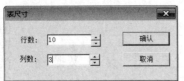

图 7-16 表尺寸设置

图 7-17 "组合单元"窗口

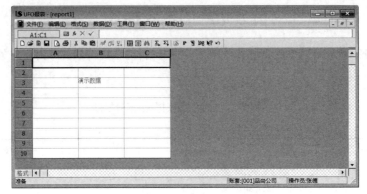

图 7-18 组合单元

③ 选中 A2 单元格后按住鼠标不放水平拖动到 C2 单元格。执行"格式/组合单元"命令,打开"组合单元"窗口。单击"整体组合"或"按行组合"按钮,该单元即合并成一个单元格。

④ 选中 A4 单元格后按住鼠标不放垂直拖动到 A6 单元格。执行"格式/组合单元"命令,打开"组合单元"窗口。单击"整体组合"按钮,该单元即合并成一个单元格。

⑤ 选中 A7 单元格后按住鼠标不放垂直拖动到 A8 单元格。执行"格式/组合单元"命令,打开"组合单元"窗口。单击"整体组合"按钮,该单元即合并成一个单元格。

⑥ 选中 A9 单元格后按住鼠标不放垂直拖动到 A10 单元格。执行"格式/组合单元"命令,打开"组合单元"窗口。单击"整体组合"按钮,该单元即合并成一个单元格。

(3) 画表格线。

选中 A3 单元格后按住鼠标不放拖动到 C10 单元格。执行"格式/区域画线"命令,打开"区域画线"窗口。选择"网线",单击"确认"按钮,将所选区域画上表格线,如图 7-19 所示。

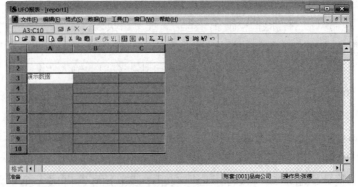

图 7-19 画表格线

(4) 输入报表项目。

根据图 7-20，在表中对应单元格或组合单元输入报表文字项目内容。

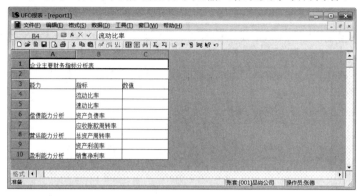

图 7-20　输入报表项目内容

提示：

- 报表项目指报表的文字内容，主要包括表头内容、表体项目、表尾项目等，不包括关键字。
- 编制报表日期不作为文字内容输入，而是需要设置为关键字。

(5) 定义报表行高和列宽。

① 选中 A1 单元所在行，执行"格式/行高"命令，打开"行高"对话框，输入"行高"为 15，如图 7-21 所示，单击"确认"按钮。

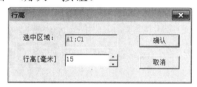

图 7-21　设置 A1 行高

② 选中 A2 单元格后按住鼠标不放拖动到 C10 单元格，执行"格式/行高"命令，打开"行高"对话框，输入"行高"为 10，如图 7-22 所示，单击"确认"按钮。

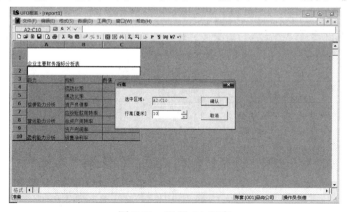

图 7-22　设置 A2 行高

③ 选中 A 列和 B 列,执行"格式/列宽"命令,打开"列宽"对话框,输入"列宽"为 40,单击"确认"按钮。同理,设置 C 列的列宽为 30,结果如图 7-23 所示(注意:行高、列宽的单位为毫米)。

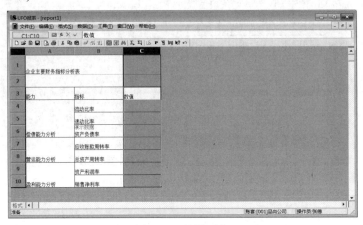

图 7-23 设置列宽

(6) 设置单元风格。

① 选中标题所有组合单元格,执行"格式/单元属性"命令,打开"单元格属性"对话框。单击"对齐"选项卡,设置水平方向、垂直方向对齐方式为"居中",单击"确定"按钮,如图 7-24 所示。

② 选中 A1 单元格,执行"格式/单元属性"命令,打开"单元格属性"对话框。单击"字体图案"选项卡,设置字体为"黑体","字号"为"16 号",如图 7-25 所示。

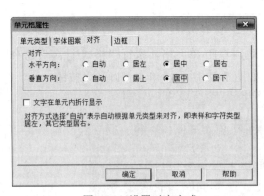

图 7-24 设置对齐方式

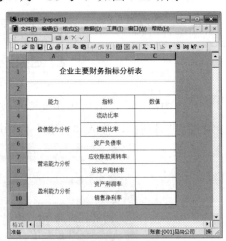

图 7-25 设置单元风格

(7) 定义单元属性。

选中 C4 单元格按住鼠标不放拖动到 C10 单元格。执行"格式/单元属性"命令,打开"单元格属性"对话框。单击"单元类型"选项卡,选择"数值"选项,选中"百分号"复选框,"小数位数"为 2,如图 7-26 所示,单击"确定"按钮。

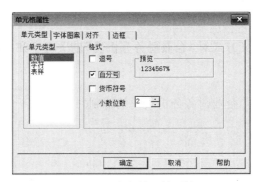

图 7-26　定义单元格属性

提示：

- "格式"状态下输入内容的单元均默认为表样单元；未输入数据的单元均默认为数值单元，在"数据"状态下可输入数值。若希望在"数据"状态下输入字符，应将其定义为字符单元。
- 字符单元和数值单元输入后只对本表页有效，表样单元输入后对所有表页有效。

【任务四】定义关键字和单元格计算公式

对"企业财务分析表"的关键字进行设置，对报表单元格的计算公式进行定义。资料如表 7-2 所示。

表 7-2　企业财务分析表中单元格的公式定义

指标	公式	单元格公式	单元格位置
流动比率	流动资产/流动负债	"资产负债表"->C18@2/"资产负债表"->G19@2	C4
速动比率	(流动资产-存货-预付账款)/流动负债	("资产负债表"->C18@2-"资产负债表"->C15@2-"资产负债表"->C11@2)/"资产负债表"->G19@2	C5
资产负债率	负债总额/资产总额	"资产负债表"->G29@2/"资产负债表"->C38@2	C6
应收账款周转率	营业收入/(期初应收账款+期末应收账款)/2	2*"利润表"->C5@1/("资产负债表"->C10@1+"资产负债表"->C10@2)	C7
总资产周转率	营业收入/(期初资产总额+期末资产总额)/2	2*"利润表"->C5@1/("资产负债表"->C38@1+"资产负债表"->C38@2)	C8
资产利润率	利润总额/(期初资产总额+期末资产总额)/2	2*"利润表"->C19@1/("资产负债表"->C38@1+"资产负债表"->C38@2)	C9
销售净利率	净利润/营业收入	"利润表"->C21@1/"利润表"->C5@1	C10

【业务说明】

本业务是利用自定义方式对"企业财务分析表"的关键字和单元格计算公式进行定义。

【岗位说明】

财务经理张德负责"企业财务分析表"的编制。

【操作指导】

(1) 设置关键字。

① 选中需要输入关键字的组合单元 A2。

② 执行"数据/关键字/设置"命令,打开"设置关键字"对话框。选中"单位名称"单选按钮,单击"确定"按钮完成设置。同理,设置"年""月"关键字。

提示:
- 每个报表可以同时定义多个关键字。
- 如果要取消关键字,需执行"数据/关键字/取消"命令。

(2) 调整关键字位置。

① 执行"数据/关键字/偏移"命令,打开"定义关键字偏移"对话框。输入偏移量"单位名称"为 0,"年"为-140,"月"为-110,如图 7-27 所示。

② 单击"确定"按钮,如图 7-28 所示。

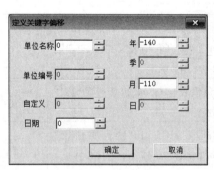

图 7-27 定义关键字偏移

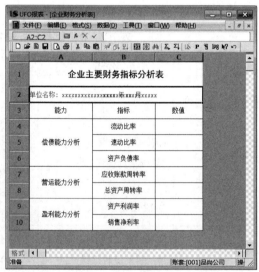

图 7-28 设置关键字位置

提示:
- 关键字的位置可以用偏移量来表示,负数值表示向左移,正数值表示向右移。在调整时,可以通过输入正或负的数值来调整。
- 关键字偏移量单位为像素。

(3) 报表公式定义。

① 选中需要定义公式的单元格 C4，即"流动比率"的数值。

② 执行"数据/编辑公式/单元公式"命令，打开"定义公式"对话框。在"定义公式"对话框内直接输入公式："资产负债表"->C18@2/"资产负债表"->G19@2，如图 7-29 所示，单击"确认"按钮。

图 7-29　定义单元格公式

③ 同理，完成 C5～C10 单元格计算公式的录入，如图 7-30 所示。

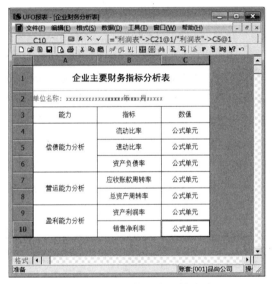

图 7-30　录入单元格计算公式

提示：
- 单元公式中涉及的符号均为英文半角字符。
- 单击 fx 按钮或双击公式单元或按"="键，都可打开"定义公式"对话框。

(4) 保存报表格式。

① 执行"文件/保存"命令。

② 选择要保存的路径，输入报表"文件名"为"企业财务分析表"，选择"保存类型"为"*.rep"，单击"保存"按钮。

提示：
- 报表格式设置完以后，切记要及时将这张报表格式保存下来，以便以后随时调用。
- 如果没有保存就退出，系统会出现："是否保存报表？"提示信息以防止误操作。

- ".rep"为用友报表文件专用扩展名。
- 报表文件的输出格式还包括".txt"".mdb"".xls"".wk4"。

【任务五】报表数据计算

生成2018年2月份"企业财务分析表"数据并保存报表(文件名为"企业财务分析表.rep")。

【业务说明】

本业务是月末对企业财务分析报表进行数据计算并保存报表文件。

【岗位说明】

财务经理张德负责"企业财务分析表"的编制。

【操作指导】

(1) 单击报表底部左下角的"格式/数据"按钮,使当前状态为"数据"状态。
(2) 在"数据"状态下,执行"数据/计算时提示选择账套"命令。
(3) 在"数据"状态下,执行"数据/关键字/录入"命令,弹出"录入关键字"对话框。输入关键字:单位名称为"品尚公司","年"为2018,"月"为02。单击"确认"按钮,弹出"是否重算第1页?"提示框。单击"是"按钮,弹出"选择账套"窗口。
(4) 选择001账套,单击"登录"按钮,系统会自动根据单元公式计算2月份数据,结果如图7-31所示。若单击"否"按钮,系统不计算2月份数据,以后可以执行"数据/表页重算"命令生成2月份财务指标分析数据。

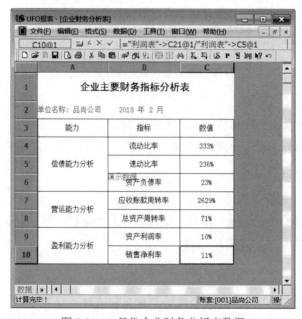

图7-31 2月份企业财务分析表数据

(5) 执行"文件/保存"命令，保存文件名为"企业财务分析表"的报表文件。

实训三　会计报表数据结果查询

【实验数据准备】

(1) 系统时间为 2018 年 2 月 28 日。

(2) 将教学资源"实验数据"文件夹中的"第七章　实训三报表数据结果文件.RAR"复制到账套所在文件夹中，解压后得到资产负债表、利润表、企业财务分析表三个会计报表文件。

【操作指导】

登录"企业应用平台"，在"UFO 报表"系统中直接打开相应的会计报表文件，即可查看会计报表的数据结果信息。

提示：
- 资产负债表、利润表、企业财务分析表数据结果文件(*.rep)在"第七章　报表数据结果文件.RAR"压缩文件中。
- 书中所有业务工作处理完成后的数据结果账套在"第七　章全部业务完成数据账套.RAR"压缩文件中。若需要查看所有业务结果数据内容，可以将此账套导入系统，查看全部业务处理完成后的结果。